U0677553

基金投资
百问百答

小红书

腾安研究 ◎ 编著

电子工业出版社

Publishing House of Electronics Industry

北京·BEIJING

未经许可，不得以任何方式复制或抄袭本书之部分或全部内容。
版权所有，侵权必究。

图书在版编目（CIP）数据

基金投资百问百答小红书 / 腾安研究编著. —北京：电子工业出版社，2020.7
ISBN 978-7-121-38910-8

Ⅰ.①基… Ⅱ.①腾… Ⅲ.①基金－投资－问题解答 Ⅳ.①F830.59-44

中国版本图书馆CIP数据核字（2020）第052819号

责任编辑：刘　伟
印　　刷：天津嘉恒印务有限公司
装　　订：天津嘉恒印务有限公司
出版发行：电子工业出版社
　　　　　北京市海淀区万寿路173信箱　　　　　邮编：100036
开　　本：880×1230　1/32　　　印张：13.75　　字数：418千字
版　　次：2020年7月第1版
印　　次：2022年1月第6次印刷
定　　价：99.00元

凡所购买电子工业出版社图书有缺损问题，请向购买书店调换。若书店售缺，请与本社发行部联系，联系及邮购电话：（010）88254888，88258888。

质量投诉请发邮件至zlts@phei.com.cn，盗版侵权举报请发邮件至dbqq@phei.com.cn。

本书咨询联系方式：010-51260888-819，faq@phei.com.cn。

《基金投资百问百答小红书》编辑委员会

编　　著：腾安研究

执行主编：韩　超

编辑委员：邓云锦　梁宇晨　柳　玲

在本书的编写过程中，还有博时、财通证券资管、长城、长信、东方红资管、富国、工银瑞信、光大保德信、广发、国泰、海富通、华安、华宝、华富、华商、华夏、汇添富、嘉实、建信、交银施罗德、景顺长城、南方、农银汇理、诺安、鹏华、鹏扬、浦银安盛、前海开源、融通、上投摩根、申万菱信、万家、兴证全球、银华、招商、中欧，以及晨星、中证指数等多家国内知名基金公司和投资机构参与了相关内容的审定，各家机构的详细信息请参阅书中相应的介绍，在此一并表示衷心的感谢。

本书的出版还得到了刘明军、张振兴等专家老师的大力支持与帮助，在此亦深表谢意。

本书约定

本书所有数据均来自相关基金公司或上市公司的公开报表数据，如果读者需要相关资料，可以通过相关公司官网、中国证券投资基金业协会（下称基金业协会）或中国证券监督管理委员会（下称证监会）指定网站等地方查询获得。

本书涉及部分专有名词或基金公司名称和实际公司名称不一致的情况，下面挑选有代表性的部分进行简要说明，其他专有名词在书中第一次出现时，一般均有说明。如有未说明之处，欢迎上网查询或向我们咨询。

- 货基/股基：货币基金或货币型基金/股票基金或股票型基金。

- 基民：基金投资者。

- 年收益：书中大部分指的是年化收益率。

- 博时：博时基金或博时基金管理有限公司。

- A股：A股市场。

投资有风险，入市需谨慎。

风险提示

就本书所有章节所涉及的内容和数据做如下提示：我国基金运作时间较短，不能反映股市发展的所有阶段。由第三方专业机构出具的业绩证明并不能替代基金托管银行的基金业绩复核函。基金管理公司不保证基金一定盈利，也不保证最低收益。基金的过往业绩不代表基金的未来表现。投资有风险，详情请认真阅读基金的基金合同、招募说明书和基金份额发售公告。基金经理管理的其他基金业绩不构成基金业绩表现的保证。

推荐序

公募基金行业自 1998 年诞生以来，秉承"受人之托、代人理财"的理念，坚持"组合投资、强制托管、公开披露、独立运作、严格监管"的制度特色，凭借长期积累的主动管理能力和风险控制能力，逐渐成为百姓青睐的投资理财方式之一。

在刚刚过去的 2019 年，股票型和偏股混合型公募基金普遍实现了可观的净值增长，但许多投资者却拿不到基金的收益。追根溯源，一些投资者缺乏对基金的基本了解、不知道如何正确投资基金，是造成"基金赚钱但投资者不赚钱"现象的部分原因。每一位投资者在购买公募基金之前，花时间对相关的基金知识进行学习，对于判断基金投资是否适合自己、具体某类基金是否适合自己很有帮助。

这本《基金投资百问百答小红书》提供了一个很好的学习途径，采用一问一答的形式，站在百姓初识基金投资的角度，用通俗易懂的语言讲解了公募基金的基础性知识。每一个知识点均由腾安基金研究团队联合基金公司的专业人士编写，无论你对基金类型、信息披露、净值算法等基础知识有疑惑，还是希望了解基金投资中的定投技巧，都可以从本书中找到答案。本书很好地兼顾专业性、可读性和实用性，相信普通投资者、专业投资者、基金从业者等均能从本书中获益良多。

钟蓉萨

中国证券投资基金业协会副会长

序1

　　中国首批规范运作的公募基金，诞生于1998年，基金金泰、基金开元为全行业的发展拉开了序幕；世界上第一只公募基金，诞生于1868年的英国，主要投资于英国海外殖民地的公债和股票。经过长时间的发展，在海外成熟市场，公募基金已经是个人投资者实现资产配置的重要金融工具之一。而在中国，14.8万亿元（2019年度，Wind）的公募基金在整个财富管理市场129.7万亿元的总规模中[①]，占比只有11.4%。

　　在海外成熟市场，公募基金被大量应用在长期投资中，如作为个人养老金账户的资产配置工具；在中国，公募基金投资俗称"炒基"，顾名思义，短线交易是主流模式。中国基金业协会的数据显示：有16%的投资者持有基金时长为半年以内，有31.0%的投资者持有基金时长为半年到1年之间，这意味着将近半数的投资者持有时长不超

---

　　① 数据来源：腾讯理财通联合国家金融与发展实验室发布的《2019年度互联网理财行为与安全研究报告》。

过1年。这样的投资行为有什么问题吗?

基金业协会同期的数据还显示,截至2018年年底,近15年来,股票型基金年化收益率平均为14.1%,债券型基金年化收益率平均为6.9%,显著高于市场无风险收益率水平。而投资者反馈的数据却显示,自投资基金以来有盈利的投资者占比仅为41.2%,这一比例在2017年年底与2016年年底分别为36.5%和30.9%,始终难以超过半数[①]。这个"剪刀差",就是大家熟知的"基金赚钱、基民不赚钱"的现象,这也是一个令人痛心的现象。在这样的现实之下,广大投资人错失了分享中国经济社会发展红利的一个重要机会,而整个基金行业,其价值创造能力也饱受质疑。这样一个看上去"双输"的现实,却已经持续了很长一段时间,有解决方法吗?

我不是基金行业的"原住民",但有幸因为工作原因参与到财富管理、资产管理行业中,尤其幸运的是,我们能够依托于腾讯金融科技的平台加入到这项事业中。在日常工作中,我们一直在思考、在探索,我们能够为投资人、为行业做些什么?

冰冻三尺非一日之寒,中国的资管行业刚刚进入"后刚兑"时代,"卖者尽责,买者自负"虽然是短短的8个字,但对于全行业是翻天覆地的变化,道阻且长。写这些文字的时候,全球金融市场正因为汹涌的疫情而经历动荡,程度之剧烈令许多行业元老失语,而且,我们恐怕才刚刚进入这场暴风骤雨中。前路迷茫,我们如履薄冰,也能预见,很多投资人难免又要经历损失。事实上,在A股市场最近几次剧烈波动时,我们已经观察到平台上的很多投资人在进行恐慌交易,

---

① 数据来源:中国基金业协会2018年度基金个人投资者投资情况调查问卷分析报告。

短期内坐实了投资损失。怎么办？经历剧痛往往是变革的前奏。目前，中国的基金投顾牌照已经在酝酿授予给新一批公司。我们的腾安公司，也有幸被纳入投顾业务试点。投顾牌照的发放让投资人有机会将基金投资委托给专业投顾，用资产配置的方法满足投资人财富管理的需求，这是将深远影响中国基金行业乃至整个财富管理、资产管理行业的里程碑事件，势在必行，也志在必得。

　　而同时，我们也深刻意识到，投资者教育将是促进、促成这场变革的一项核心举措，是资管行业必须建设的重要能力。这是我日常工作中的责任之一，也是我们整个团队的一项使命：为个人投资者传递正确的投资理念，结合金融专业与投资者洞察，从认知上推动"剪刀差"的收拢。《基金百问百答小红书》是腾讯金融科技多个团队共同努力的成果，我们基于日常工作总结了投资人在基金投资中的常见问题、迷失、误区，力求用简明易懂的方式答疑解惑，让投资人可以多一些判断的依据。

　　撰写此书的时候，我们往往感觉自己是在跟广大个人投资者对话，知无不言，也诚恳殷切。我们期待有机会用专业、当责和勤勉，更长远地陪伴更多的投资人，希望在财富管理的路上，您可以少一些无助和迷茫；我们也期待能够助力连接基金行业和广大投资人，从"双输"到"共赢"，让资管行业与投资者之间能更好地彼此成就。念念不忘，必有回响。感谢您的时间，也感谢所有为本书的问世做出努力的朋友。

　　风雨路，同行则不惧，祝安好！

张越

腾讯金融科技副总裁

Preface

序2

    基金作为一种金融产品，和普通商品有着本质的区别。最大的差异在于，金融产品是有风险的，甚至风险是巨大的。因此投资者需要谨慎投资，而基金管理人和财富管理机构则责任重大，必须始终把投资者的利益放在第一位，勤勉尽责。

    海内外的数据都表明，投资者最终的回报在很大程度上取决于其投资行为的专业和理性。因此，对于资产管理和财富管理机构而言，投资者教育（简称投教）工作是非常重要而又是一项长期的工作。要把投教工作融入到业务的所有环节当中，贯穿投资者整个投资生命周期，做到潜移默化，润物细无声。

    但投教工作的开展非常困难，一些看似最基础的问题可能也会给投资者，甚至给资产管理机构和财富管理机构带来极大的困扰。比如，尽管我们都知道历史业绩不代表基金未来的收益，但投资者甚至专业人士还是喜欢历史业绩尤其是短期业绩突出或者是符合当前热门主题的这样"好看"的基金而非"看好"的基金。因为真正看好的基金很可能当前看起来并不起眼，业绩不那么好看。更不要说，投资者大都不习惯于真正从自己的需求和偏好出发来选择基金。

投资者都希望买到好基金，负责任的专业机构也会想着给客户精选所谓的好基金，但什么是好基金？这个问题并不那么容易回答。事实上，一只基金好不好，首先应该是针对投资者而言的。如果基金的定位跟投资者的投资目标或者风险承受能力不匹配，甚至有很大的偏差，那么这只基金对于该投资者而言就不是一只"好"基金，也就是一只别人看起来很好的产品可能会被一些人认为是不好的原因，但这并非是投资者的问题。因此，抛开投资者需求来谈基金的好坏毫无意义。其次，基金好不好取决于其是否实现了自身的定位或者目标。例如，一只基金的投资目标是追求绝对收益，要控制好波动与回撤，力争实现每年正收益且能长期回报，能够战胜通胀，结果实际投资却是追求相对排名，波动很大，尽管长期回报很高，也不应视为一只好的基金。基金好不好，比较基准很关键。合理的比较基准、科学的分类、确定产品的赛道很关键，只有在同一赛道的比赛才合理，才有所谓的好与不好。更进一步，基金好不好不是看过去，而是看未来。一只基金好不好，本质上只取决于它的未来表现，并不取决于它的过去，理论上只有事后才知道。历史可以参考，但真的并不代表未来。另外，基金好不好，还取决于投资者或者评价人的主观判断，尤其是对市场的研判。没有一只基金适合所有人，同样，也没有一只基金适合所有市场环境。最后，基金好不好还有一个时间维度的问题。考虑到经济发展和金融市场等周期性，因此不同时间段得出的结论是不尽相同的。无论是对历史业绩的评价，还是投资后持有期内获得的回报都跟时间长短有关系。

　　以上事实告诉我们，投资者必须要好好的学习了解基金乃至投资的很多知识，才能够避免出现明显的偏差。同样，对于基金公司和财富管理机构而言，我们不仅自身要更专业和理性，还要去了解用户，更是必须要做好投教，才能真正让专业能力发挥应有的作用，最终提升客户的价值。

刘明军

腾安基金销售（深圳）有限公司董事长，

腾讯金融科技智库首席投资专家

Contents

目录

第 **1** 章
基金投资入门

1.1 普通投资者应该炒股还是买基金

普通投资者应该炒股还是买基金？

如果你的宠物生病，你是去买本动物医疗书边看边治，还是去找宠物医生？如果你的汽车有问题，你是根据说明书自己修理，还是去4S店？这些问题的答案似乎没有太大的争议，但在"普通投资者应该自己炒股，还是委托专业的基金公司投资？"这个问题上大家却争论不休，股民（股票投资者）和基民（基金投资者）也常常争论。如有的股民认为一些基金公司不靠谱，买基金收益不高还收管理费，不如自己亲自操作；有的基民认为炒股不容易赚钱，在二级市场上，个人投资容易被大资金（俗称庄家）钳制，且个人获得信息的时间比大资金要滞后。当然，他们之间也有互相转换身份的，如股民炒股长期亏损，最终心灰意冷转而投资基金，也有基民嫌基金上涨太慢从而踏入股海，还有一些投资者则两边都配置参与。

对于基金和股票投资孰优孰劣的问题，似乎永远难有定论。不过对于普通投资者而言，我们建议选择基金投资，而不是直接去二级市场上参与股市搏杀，原因请听我们娓娓道来。

炒股难以逾越的"四座大山"

1. 第一座大山：复杂的财务和法规知识

想做好股票投资，投资者至少要有财务和法规两个方面的知识储备。

财务知识帮助投资者看懂上市公司的报表，理解每一个项目和数字背后的含义，以及它们之间的逻辑关系，从而对公司的财务健康状况和发展前景做出判断，绝不是仅仅看一个收入或利润指标就万事大吉了。股神巴菲特说他读年报像读报纸一样，每年要读几千份年报，而大多数个人普通投资者（也称为散户）却从来没有认真完整地读过一份年报。枯燥的数字和复杂的财务知识是挡在很多投资者面前的一只拦路虎。

法规知识帮助投资者弄懂资本市场的各种规则，一方面，可以理解不同政策环境对上市公司及其股票的影响；另一方面，自身在投资时也可以更好地顺应规则的要求和变化，不犯低级错误。这些法规和政策也不仅仅局限于金融领域，它涵盖了上市公司的方方面面，甚至细分到每一个不同行业或领域。

然而，这两方面的知识积累，需要投资者花大量的时间和精力才能获得，绝不是简单听听新闻、上上课、看看软件就能熟练掌握的。

2. 第二座大山：深入的行业研究能力

俗话说隔行如隔山，上市公司所处的每一个行业，都有其特定的行业历史（如周期更替）和运作模式，如没有深厚的行业背景或研究能力，想摸透一个上市公司的发展运作情况无异于盲人摸象。如投资医药股，可能需要生物、化学、病理方面的研究能力；投资5G概念股，可能需要通信、网络方面的研究能力；投资金融股，则需要深度了解银行、保险等行业的盈利模式及宏观环境的周期变化。即便是投资白酒股，也要有分销渠道、酿造工艺方面的知识储备。

对于普通投资者，如果没有专业的行业背景或研究能力，仅凭听概念、看政策甚至草根调研，是很难看懂一家上市公司的。

3. 第三座大山：信息获取与处理能力

投资中，信息链就是食物链，处于信息链顶端，占据信息顶端的人，无疑拥有了巨大的优势。

散户在信息获取方面劣势明显，平时听"小道消息"居多，一来信息来源的可靠性不强，二来等传到耳中都不知道是几手信息。如每天在股吧发布的消息成千上万条，哪一条是真？你如何从中挑选出有价值的那一条呢？

我们都可能遇到这样的问题："明明是利好消息，为什么股价反而下跌？""同样一条消息，有人说是利好，有人说是利空，该听谁的？"这就涉及信息处理的问题，专业机构投资者在信息的获取和加工处理方面的能力，是远远强于散户的。一方面，专业机构会付出一定成本，获取质量更好的信息（包括软件、研究报告等），毕业于名校的专业研究团队判断信息对企业是好是坏，而且有大量的卖方分析师帮他们出谋划策，还有渠道能与行业专家沟通来研判信息的价值；另一方面，专业机构投资者还可以利用科技手段对信息进行加工处理，深度挖掘。

这些对于普通投资者都是遥不可及的。

4. 第四座大山：成熟的投资心态

我们常说炒股最重要的是心态，而散户最容易出问题的也是心态。贪婪和恐惧，是人性中难以克服的弱点，没有受过专业训练的投资者非常难以逾越这一关。无论是观察股票交易数据、融资余额数据，还是基金申购数据，都可以明显发现个人投资者的仓位和行情成正比，如高点大举买入、低点忍痛割肉，最后亏损出局。如下图所示是中国股市点位（上证指数/月）与成交额对比。

想要做到巴菲特所说的"别人贪婪的时候我恐惧，别人恐惧的时候我贪婪"，需要投资者对所投资的标的有非常扎实的研究和强大的信心来支撑，这又离不开投资者对前面"三座大山"（财务和法规知识、行业研究能力、信息获取与处理能力）的深入研究。

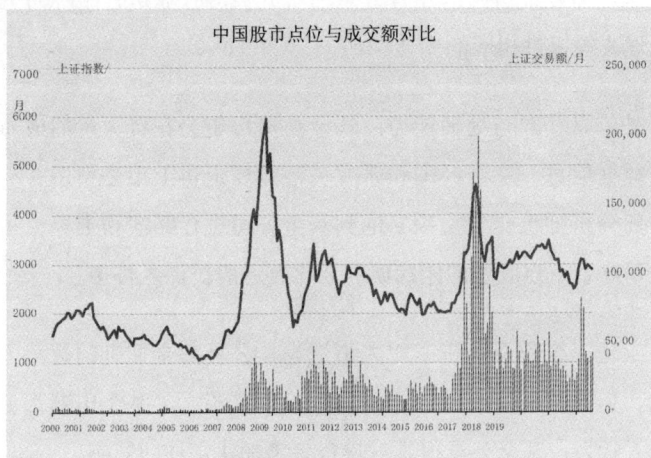

数据来源：Wind，2000/01--2019/08

总之，想要做好投资，需要有非常强的复合知识背景和专业能力，还投入大量的时间和精力，个人投资者想要成功进阶，难度还是不小的。也正是因为这"四座大山"，导致广大散户更乐于去听信各种"预测"、热衷"技术分析"，从而误入歧途，越陷越深。

公募基金如何翻越一座座大山

上述这"四座大山"，公募基金有什么本领翻过去呢？

一是财务和法规知识：公募基金投研人员很多是金融、财务、法律专业出身，大都具备CPA（注册会计师）、CFA（特许金融分析师）等专业资质所认定的能力，可以说他们很多人本身就是财务、法规方面的专家。

二是行业研究能力：公募基金的投研人员很多来自实业界，以医药类投资为例，很多基金经理就是医药公司的工程师或生物、化学方面的专家，另外公司内部还有大量的研究员对行业进行跟踪研究，为基金经理决策提供相应的支持。

三是信息获取与处理能力：基金公司每年会花费大量的成本购买软件、数据信息，基金经理和研究员还需要走访上市公司进行一线调研，券商分析师也会非常频繁地到基金公司进行路演和推介。可以说基金公司对于重点股票的跟踪研究要比普通股民深入许多。

在上述三个方面（三座"大山"），公募基金拥有的优势无疑是巨大的，但在"投资心态"方面，由于股票买卖、基金申赎都是投资者的个人行为，基金公司很难对投资者施加决定性的影响。

长久以来，公募基金所拿出来的业绩都是非常不错的。据基金业协会的数据显示，截至2018年年底，近15年股票型基金年化收益率平均为14.1%，债券型基金年化收益率平均为6.9%，显著高于市场无风险收益水平。

　　而基金投资者之所以感觉没有赚到钱，主要是由于第四座"大山"：因股市波动较大，投资者喜欢追涨杀跌。极端情况下，投资者大量的申赎行为，还会使公募基金被动增减仓。这一点，从成交额数据可见一斑。

　　近年来，越来越多的投资者开始重视资产配置，销售机构也越来越重视投资者的用户体验，希望通过策略建议、基金组合等投资顾问模式帮助投资者提升收益率，减少波动，延长持有时间和提升盈利概率。

　　我们相信，只要投资者能够在投资心态方面更加健康，利用好公募基金这个省时、省心，又好用的投资工具，必定可以轻松地翻山越岭，实现自己的投资目标。

腾安研究	编写	**腾安研究**	审阅

1.2　公募基金业绩好，但为什么投资者没赚到钱

公募基金的业绩

　　都说"专业的人做专业的事"，市场上一直有传言说普通投资者把钱交经基金经理打理要比自己投资收益好很多，那么公募基金业绩到底怎么样呢？

　　关于公募基金的业绩统计，可以直接参考中证指数公司的中证基

金系列指数。中证指数公司对各种不同类型的公募基金都编制了相应的指数，指数"成份股"基本包含了该类型的所有基金产品，如下表所示。

代码	名称	代码	名称
H11020	中证基金	H11023	债券基金
H11021	股票基金	H30266	进取债基
930890	主动股基	930609	纯债债基
930891	被动股基	930610	普通债基
930892	普通混基	930895	定开债基
H30264	稳健股基	930896	分级债A
H30265	进取股基	930897	非纯债基
H11027	金牛股票	930898	转债债基
H11022	混合基金	H30267	高收益债ETFs
930893	灵活混基	H11026	QDII基金
930894	保本混基	931153	FOF基金
930950	偏股基金	H11025	货币基金
H11028	金牛混合	930889	ETF市价

根据股票基金指数（代码：H11021）和债券基金指数（代码：H11023）可以看出，从2003年年初至2019年7月底，股票基金的年化收益率为12.9%（同期沪深300指数年化收益率为7.97%），债券基金指数年化收益率为6.26%（同期中证全债年化收益率为4.14%），均远远超过市场指数的涨幅，如下图所示。

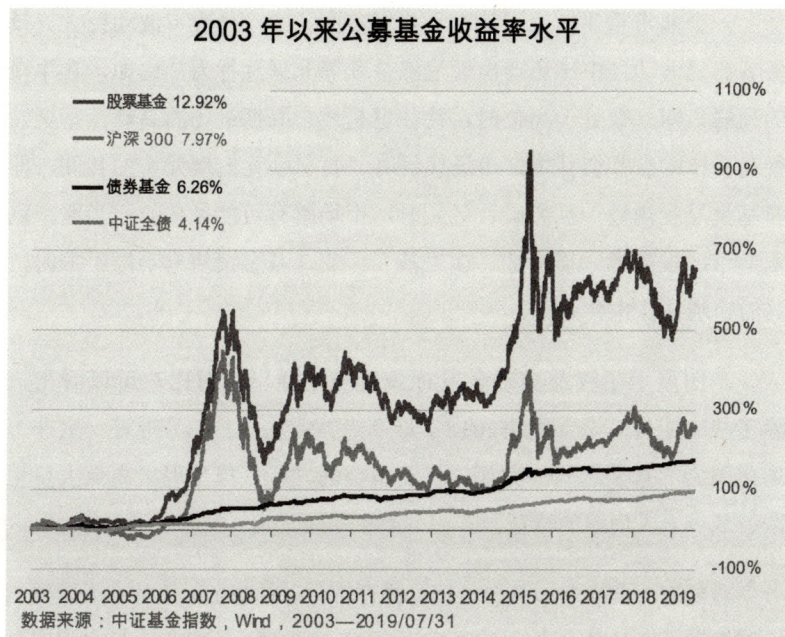

2003 年以来公募基金收益率水平

股票基金 12.92%
沪深 300 7.97%
债券基金 6.26%
中证全债 4.14%

2003 2004 2005 2006 2007 2008 2009 2010 2011 2012 2013 2014 2015 2016 2017 2018 2019
数据来源：中证基金指数，Wind，2003—2019/07/31

从图中可以看出，股票型基金的整体业绩非常好，虽然2019年大盘指数（此处主要指上证指数）还在3000点左右徘徊，但基金的整体收益水平已经超过了2007年大盘指数在6124点时的水平。但同时股票型基金业绩波动也特别剧烈，这是A股市场由来已久的特色，可能也是股民、基民不赚钱的核心原因。

投资者没赚到钱的原因

上面的数据和普通投资者的直觉形成了非常大的反差，多数人印象中无论是投资股票还是投资基金都是"七亏二平一赚"的结果，为什么基金长期业绩非常好，但其投资者却没有赚到钱呢？

一个非常重要的原因就在于我们前面说的——股市波动巨大。投资者身处波动之中难免会出现追涨杀跌等非理性行为，比如，在牛市的顶峰，即指数处于高位时，往往也是散户蜂拥进场的高峰，基金发行量和申购量都会猛增，市场曾经有"百亿（元）魔咒"的传闻，即新基金发行规模一旦突破百亿元时，市场就有可能见顶。而当股市跌入熊市，投资者亏损增加、谈"基"色变，基金销售也萎靡不振时，这时市场往往也会见底。

下图展示了权益类基金发行规模与上证指数对比，可以看出，除了战略配售基金（图中2018年最高点）、央企ETF等带有一定非市场化因素的基金之外，大部分权益基金的发行规模呈现出高点大量申购、低点无人问津的特征。

曾经有一位著名的基金经理这样评价自己的基金："持有人赚钱的比例很高，但是赚大钱的比例不高，因为这需要一直拿着。散户很容易在市场最热的时候进入，我们一家基金也不太可能改变这种特性。"

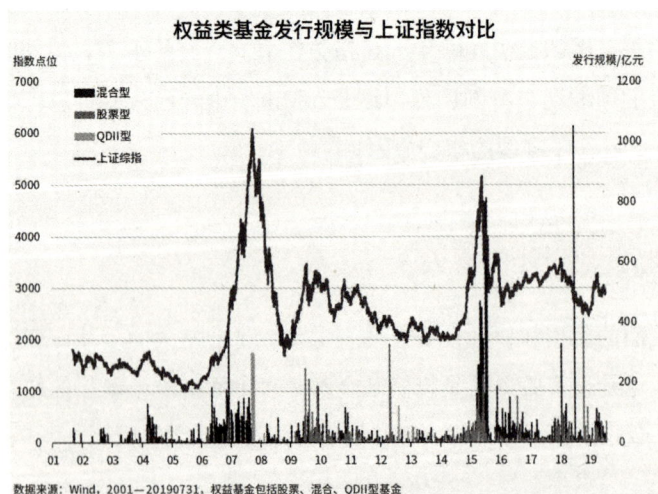

权益类基金发行规模与上证指数对比

数据来源：Wind，2001—20190731，权益基金包括股票、混合、QDII型基金

正因为人性难以改变，所以越来越多的基金公司、基金销售机构开始向投资者宣传资产配置、长期投资的理念，借助各种策略、投资工具等辅助手段，以期提升投资者的投资体验和提升赚钱概率，解决"基金赚钱，基民不赚钱"这一行业关键问题。

腾安研究	编写	**腾安研究**	审阅

1.3　和其他资管产品比，公募基金有何特点

改革开放40多年来，中国经济取得了举世瞩目的成就，居民财富增长速度也非常迅猛。在财富增长的过程中，人们的理财意识也越来越强，银行存款、国库券、保险、信托、银行理财、基金等各式各样的理财产品层出不穷。公募基金自1998年首批发行以来，已经走过了20多年，经历了从无到有、从小到大的风雨历程。现在公募基金凭借5大特点，已经成为中国金融市场上最具有普惠性质的资管产品之一。

特点1：平等对待中小投资者

人人平等首先体现在购买起点上。目前，银行等渠道发售的个人理财产品一般以人民币1万元、5万元或10万元为起购点，私募产品的门槛更是高达数十万元甚至上百万元。而现在公募基金产品最高1000元起投，10元、1元起投更是常态，有些产品甚至能做到1分钱起投。

除了门槛上的平等，更重要的是收益和风险上的平等。目前，市场上有一些理财产品，收益率和购买的资金量是正相关的，投资者购

买的资金量越大其收益率就越高，这显然对中小投资者是不平等的。而公募基金产品则没有这样的约定，只要你购买的是同一种产品，大机构和小散户获得的收益率和承担的风险是完全一样的。

特点2：产品流动性好，渠道便捷

从流动性上看，很多理财产品都有锁定期，在锁定期内，如果用户急用钱是没办法快速取出来的。而大部分的公募基金都是开放式的，可随时进行申购赎回。今天申购，下一个交易日就享受收益；今天赎回，资金过几天都能到账，部分货币基金赎回甚至可以做到一分钟内到账（大部分货币基金对T+0赎回有额度限制）。

从投资渠道上看，公募基金也是最为广泛的。公募基金销售渠道基本覆盖了常见的银行、券商和三方销售机构，而且都实现了互联网化，投资者在自己常用的银行、券商、三方机构的网站或App上动一动手指，就可以完成申赎。

较低的门槛、较高的流动性、便捷的投资渠道，这些都让公募基金成为普惠金融的一面旗帜，为服务中小投资者立下了汗马功劳。

特点3：产品线齐全，覆盖多种底层标的

从大的类型上看，公募基金可分为股票基金、混合基金、债券基金、货币基金等，每一个大类内部还可以根据行业、策略、主题等进行细分，通过对风险收益的细分，满足不同风险偏好的投资者。

近年来，公募基金在工具型产品上也迅猛发力，对各类资产的覆

盖越来越全面，产品线也变得更加齐全。从股票型基金，到债券型、混合型、货币型基金，风险收益呈现出不同的特点。近两年来指数型基金和主题型基金大发展，基本覆盖了各个行业各种指数；另类投资产品也纷纷上线，黄金、白银、石油等行业产品都已被公募基金覆盖，股权类、房地产类行业产品创新也崭露头角；境外投资更是方兴未艾，投资对象包括美股、港股、海外债券等产品，QDII基金已经成为国内投资者进行境外投资的最佳标的之一。总之，大部分投资者想到的大类资产，都可以借助公募基金进行投资。

特点4：信披完善，运作透明

这两年，理财市场出现了"庞氏骗局"的现象，各种高收益产品满天飞，很多人在损失惨重之后才发现，自己根本就没有可靠的信息披露渠道了解投资产品的真实信息，既不知道平台的真实实力，也搞不清楚资金最终的投资方向。

在信息披露方面，公募基金是最公开透明的。投资者可以在中国证券投资基金业协会（下称基金业协会）、基金公司官网、基金代销平台找到公募基金的各种信息，从基金公司股东构成、高管团队简历，到基金经理的学历和从业经历等应有尽有；且在基金公告中，会非常详细地阐述基金经理的投资理念，并说明基金的投资范围、投资限制和投资策略。

根据监管要求，公募基金需要对投资运作情况定期披露，如每个季度一份季报，每年一份中期报告（又称半年报）、一份年报，里面要对基金的持仓情况（如重仓股、重仓债）进行非常详细的披露，还要对基金的运作进行解读和展望。除了定期报告，如果基金在运作中遇到重大事件，比如基金重仓的股票估值、申购赎回出现重要变化，还需要及时对外进行单独披露。除了这些公开信息，证监会、基金业协会、托管机构也会对基金的运作进行不同频率的监管监督，保证基金规范运作，尽量不出现重大投资风险。

在所有投资品种中，可能只有公募基金有这么多及时、完整的运作信息对外披露，同时又有监管层、媒体、基民等无数双眼睛盯着，这对投资者而言当然是好事。

特点5：监管严格，管理制度完善

从1997年《证券投资基金管理暂行办法》实施以来，经过20多年的发展，公募基金历经多次牛熊市场的洗礼，已形成了一套相对完善的运作管理制度。无论是基金公司、托管机构、销售机构等各参与方的运作规范性，还是证监会、基金业协会等监管部门的市场监管水平，公募基金都是国内各类资管产品中相对比较成熟的。甚至从现有的情况来看，未来其他理财产品的监管都将以公募基金监管办法为标杆。

这对普通投资者来说，无疑是相当有利的。

腾安研究	编写	腾安研究	审阅

1.4　基金的常见分类方式有哪些

随着基金行业的发展，全市场基金数量已经超过6000只（代码合并统计），从实践来看，基金种类越来越复杂，根据投资范围、投资方式、运作方式、销售方式、费率方式、投资者对象等差异均会形成不同的基金类型或份额，而投资者也常常因为基金分类方式的不同而造成混淆。这里，向大家介绍市面上主流的分类方法。

根据法规分类

根据中国证监会2015年5月11日颁布的《公开募集证券投资基金运作管理办法》，基金合同和基金招募说明书应当按照下列规定载明基金的类别，如下表所示。

具体类型	基本含义
股票基金	80%以上的基金资产投资于股票的
债券基金	80%以上的基金资产投资于债券的
货币基金	仅投资于货币市场工具的
基金中基金（FOF）	80%以上的基金资产投资于其他基金份额的
混合型基金	投资于股票、债券、货币市场工具或其他基金份额，且投资比例不同于股票型基金、债券型基金和FOF投资范围的
其他基金	中国证监会规定的其他基金类别

证监会的基金分类的依据是基金的投资范围。

可以看出，股票基金和债券基金必须有百分之八十（80%）以上的基金资产投资于对应标的，这使得基金的风险收益属性更加明确。

货币基金所投资的货币市场工具主要指一年以内的银行存款、债券回购、央行票据和剩余期限在397天以内的债券等，整体风险较小。

　　基金中基金也被称为FOF（Fund of Funds），针对FOF，证监会有更加详细的规定。而没有严格比例投资限制的都被归为混合基金，所以一些风险收益属性区别很大的基金都会被归为混合基金。

根据投资范围分类

　　证监会是根据投资范围来划分的，我们还可以在此基础上进一步细分，把投资于海外市场和另类资产的基金单独拿出来，相关分类方式如下表所示，仅供投资者参考。

一级分类	二级分类	二级分类含义
股票基金	常规主动	投资方式为主动投资，投资范围未明确限定特定资产的比例，或虽有所限定但特定资产的含义较为模糊
	行业	投资范围明确规定80%以上的非现金资产投资于特定行业股票
	主题	投资范围明确规定80%以上的非现金资产投资于特定主题股票
	市值	投资范围明确规定80%以上的非现金资产投资于特定市值类型的股票
债券基金	纯债	投资于固定收益类金融工具、不投资股票或不直接从二级市场投资股票，且未明确限定债券投资期限
	中短债券	合同中约定80%以上的基金资产投资于3年以内的债券
	二级债券	除固定收益类金融工具以外，有不超过20%的基金资产可投资股票

续表

一级分类	二级分类	二级分类含义
货币基金	常规货币	每日可申赎的货币基金，包括市价法和摊余成本法估值两种
	短期理财	固定周期可申赎的理财型产品
混合基金	偏股混合	合同中约定以股票为主要投资方向，业绩比较基准中也以股票指数为主。这里包括合同中约定股票资产占基金资产的比例下限为60%的混合型基金，也包括虽不满足60%股票投资比例下限要求，但业绩比较基准中股票比例值等于或者大于60%的混合型基金
	偏债混合	合同中约定以债券为主要投资方向，业绩比较基准中也以债券指数或存款利率为主。这里包括合同中约定债券资产占基金资产的比例下限为60%的混合型基金，也包括虽不满足60%债券投资比例下限要求，但业绩比较基准中债券或存款利率比例值等于或大于60%的混合型基金
	灵活配置	各类资产投资比例为0~95%、合同载明或合同本义是股票和债券等大类资产之间有较大比例灵活配置比例，一般基金名称中带有"灵活配置"字样
	平衡混合	合同中约定股票投资比例为基金资产净值的30%~60%或30%~70%或20%~50%等，且不属于上述三类的混合型基金
境外基金	港股	主要投资于香港股票市场，合同约定80%以上的非现金资产必须投资于港股
	美股	主要投资于美国股票市场，合同约定80%以上的非现金资产必须投资于美股
	全球	主要投资于全球股票、债券或基金市场，不限定特定地区和特定品种
	新兴市场	主要投资于新兴市场地区（如除中国外的"金砖四国"等）股票、债券或基金市场的基金，不限定特定品种

一级分类	二级分类	二级分类含义
境外基金	海外债券	主要投资于海外债券市场的基金，合同约定80%以上的基金资产投资于债券市场且有相当大的比例可投资于境外资产
另类基金	大宗商品	主要投资于大宗商品实物、基金、股票，以跟踪大宗商品价格（包括石油、黄金等）为目的，合同约定80%以上的非现金资产或权益资产投资于具有大宗商品属性的资产
	股票多空	主要运用股指期货对冲市场波动风险，合同约定权益类空头头寸的价值占本基金权益类多头头寸的价值的比例范围在80%~120%
	房地产信托	主要投资于房地产信托资产（REITs），无论是境内REITs还是境外REITs资产，均包含在内
FOF基金	养老目标FOF	名称中带有"养老目标"的FOF，又分为目标日期和目标风险两种类型
	常规FOF	养老目标FOF以外的FOF

上述分类方法中需要注意几点：

（1）由于被动投资较多的应用在股票投资中，所以很多分类方法也把股票基金分为主动股票基金和股票指数基金。而这里仍按照合同中的投资范围来分，依据投资方式的分类方法我们会在后面讲解。

（2）投资于境外资产和另类资产的基金，我们单独拿出来进行分类。虽然它们在基金合同中很可能归属于混合基金、股票基金和债券基金等，但是由于这两类资产比较特殊，故单列。

（3）基金进行境外投资可以通过QDII制度，也可以通过港股通、沪伦通等专门制度方式，无论是哪种方式，只要基金投资的标的是境外资产，我们都将其归类为境外基金。

（4）有一类专门投资于可转债的基金，其合同中的基金类型可能是纯债、二级债或者偏债混合，无论是哪种方式，由于可转债具有一定的股性，故波动较大，需要投资者注意。

根据投资方式分类

根据投资方式，可将基金分为主动投资型和被动投资型（即常见的指数基金），具体分类方式如下表所示。

分类	说明	简介
主动投资		基金的投资主要取决于基金经理的主观分析判断，在合同约定范围内，基金经理可就仓位、选股进行主动决策
被动投资	常规指数	被动跟踪公开编制的、编制方法以市值、交易量等常规加权方法为主的指数
	Smart Beta	被动跟踪公开编制的、经市值、波动率等因子优化后的指数
	指数增强	跟踪公开编制的指数，以获得超越该指数增强收益为目标

投资方式可以应用到任何一类基金上，以被动投资为例，我们常见的股票指数基金、债券指数基金，甚至全部投资于境外资产的标普500指数基金、实物黄金指数基金，都属于被动投资。

根据运作模式分类

投资范围、投资方式是和基金投资有关的维度，而运作模式主要是和基金运作、申赎有关的维度，具体分类方式如下表所示。

分类	说明	简介
场外开放式基金	常规开放式	只能在银行、券商、三方等场外渠道进行申赎的基金
	ETF联接	持有目标ETF基金的基金，且持有的市值不得低于该联接基金资产净值的90%。投资于ETF份额的联接基金，本质是FOF，但和跟踪指数的常规开放式基金区别不大
上市开放式基金（LOF）	常规LOF	既可以在场外申赎，又可以在场内申赎，并且可以在场内进行交易
	分级母基金	分级基金的母份额，既可以在场外申赎，又可以在场内申赎，也可以上市交易或者其子份额可上市交易，其母子份额可以进行拆分与合并。基于资管新规，该类产品将于近期完成转型
交易开放式基金（ETF）		可以通过一揽子股票等实物资产在场内进行申购赎回，也可以直接在交易所进行交易，通常为指数基金。随着基金市场的发展，除了股票ETF，又形成了货币ETF、债券ETF和境外ETF等类型
定期开放式基金	定开（上市）	基金发行成立以后不可每日进行申购赎回，而是定期开放申购赎回，这类基金可以选择上市或不上市
	定开（不上市）	
封闭式基金	封闭（上市）	基金发行成立以后不接受申购赎回，中间不开放申赎或只开放申购不开放赎回，有明确到期日，到期清盘或转型。这类基金可以选择上市或不上市
	封闭（不上市）	
分级子份额	分级A	分级母基金拆分后形成的子份额，在场内进行交易，或不交易（多为债券型）。根据基金风险属性，将分级子份额基金进一步分为分级A和分级B两种二级分类。其中，分级A指分级基金稳健份额，分级B指分级基金杠杆份额。基于资管新规，该类产品将于近期完成转型
	分级B	

投资者常说的场外基金，主要是指场外开放式基金。而所谓的场内基金，指包含LOF、ETF、上市的定开基金、上市的封闭式基金和分级基金子份额等所有可以在交易所交易的基金。

迅速了解一只基金的技巧

任何一只基金，都会有投资范围、投资方式和运作模式这三个维度，读者只要熟悉掌握了上述三个分类维度，看到任何一只基金就可以准确地定位。

如"华安MSCI中国A股国际交易型开放式指数证券投资基金联接基金"，从这个超长全称可以看出，该基金投资于MSCI中国A股国际指数；从投资范围看，它是股票型基金；从投资方式看，它是被动投资的指数基金；从运作模式看，它是ETF联接基金。

除此之外，有的基金还会有A、C类等不同份额，我们后面解读。

腾安研究	编写	华安基金 HuaAn Funds	审阅
华安基金成立于1998年，是国内首批成立的5家公募基金公司之一。截至2019年年底，华安基金为超过5304.29万个人客户和累计超过30349家机构客户提供服务，累计为投资者实现分红超过730亿元。同时，据海通证券《基金公司权益类基金绝对收益排行榜》（2019年）统计，华安基金在最近一年、最近两年、最近三年的整体业绩均跻身整个行业前10位			

1.5 基金A类和C类有何区别

为什么C类份额没有申购赎回费

很多投资者都遇到过这种情况，在搜索某只基金时，发现基金名称后面写着A、C或别的字母。其实，它们是同一只基金的不同份额，它们的投资策略、投资标的是完全一样的。

那两者的区别在哪里呢？主要在于收费方式！A份额会有申购赎回费，C份额只要持有一段时间大多没有申购赎回费。其实，在早期没有C类份额的时候，所有的基金都要收取申购赎回费。但有些投资者喜欢"炒"基金，买卖十分频繁，高额的手续费成了最大障碍。于是后来出现了C类份额，不收取申购费，持有超过7天或30天，赎回费也为零，使得交易的摩擦成本降到了最低。

那这种情况下，大家都买C类份额不是更合适吗，为什么还会有人买A类份额呢？这是因为C类基金虽然免了申购赎回费，但会另外收取一项"销售服务费"，这一费用不像申购赎回费是一次性收取的，而是像管理费一样，是按年收取、按日计提的，持有时间越久，收的也越多。

所以，对于投资者而言，如果计划持有基金时间较长，投资A类份额更合适，因为虽然交了申购费，但随着持有期拉长，赎回费会越来越低，且没有销售服务费；如持有时间较短，投资C类份额更为合适，因为进出的摩擦成本很低，并且由于持有期短，实际支付的销售服务费可忽略不计。

下表是某债券基金费率结构表，也是典型的基金费用列表。

费率类型	A类		C类	
管理费率	0.75%/年			
托管费率	0.18%/年			
销售服务费率	无		0.60%/年	
申购费	金额<100万元	0.80%	无	
	100万元≤金额<1000万元	0.50%	无	
	1000万元<金额	1000元/笔	无	
赎回费	期限<7日	1.50%	期限<7日	1.50%
	7日≤期限	0.30%	7日≤期限<30日	0.50%
			30日≤期限	0.00%

基金份额后缀字母含义速查

下表为基金份额后缀字母含义。

份额类别	基金类型	特点	背景
A类份额	货币基金	主要面对普通投资者，申购门槛较低，收益比B类份额略低	通常B类份额有500万元门槛，但是销售服务费比A类份额低，所以整体收益更高
	分级基金	与分级B对应，A份额属于分级基金中的优先份额，不可单独申赎，但可在场内交易	分级基金在2007年出现，于2015年达到高潮，由于风险过大，目前处在逐渐萎缩并退出市场的状态

份额类别	基金类型	特点	背景
A类份额	债券基金 股票基金 混合基金 QDII基金 商品基金	这类份额主要是前端收费，即申购时收取申购费，较为普遍。与之对应的有C类份额等不同收费模式	为满足不同投资者的需求，基金公司创设了很多不同的收费模式，其中最基础的一种就是A类份额
B类份额	货币基金	主要面对高净值客户或机构客户，销售服务费低，收益更高	一些货币基金设置A、B份额，其中B类份额有500万元门槛，但是销售服务费比A类份额低，所以整体收益更高
	分级基金	与分级A对应，B份额属于分级基金中的劣后份额，不可单独申赎，但可在场内交易	分级基金在2007年出现，于2015年达到高潮，由于风险过大，目前处在逐渐萎缩并持续退出市场的状态
	债券基金	（1）有C类份额时：后端收费，赎回时收取赎回费；（2）无C类份额时：与C类份额类似，不收取申赎费，但计提销售服务费	对于持有期不确定的投资者，适合普通A类份额；对于长期投资者，适合收取后端赎回费的B类份额；对于短期投资者，适合不收取申赎费用的C类份额（无C类时为B类）
	混合基金		
C类份额	货币基金	当只有A、C类份额时，与B类份额类似，门槛较高	一些货币基金有A、B份额，其中B类份额有500万元门槛，但是销售服务费比A类份额低，所以整体收益更高。有时不用B，而用C来表示该份额
		当ABC份额均有时，该份额主要通过直销平台或定制平台申购	某些直销平台的货币基金会用C份额来表示

续表

份额类别	基金类型	特点	背景
C类份额	债券基金 股票基金 混合基金 QDII基金 商品基金	这类份额主要是不收取申购赎回费，但收取销售服务费的模式。与之对应的有A类份额等不同收费模式	对于持有期不确定的投资者，适合普通A类份额；对于长期投资者，适合收取后端赎回费的B类份额；对于短期投资者，适合不收取申赎费用的C类份额（无C类时为B类）
D、E、F、I、Y类等份额	各类基金	适用于直销平台或某特定销售平台的产品	一般是基金公司官网，App或特定电商平台
		对费率进行了特别设置的产品	如某货币基金设置有A、B、C、D、E、F份额，各种份额根据投资人持有期进行自动切换
		调低申购门槛	如某现金增利F，指定在电商平台销售，单笔起点0.01元
		收益分配方式不同	如某钱多宝I：每日分配、按月支付；而其A类份额是按日支付
		针对特定投资人群	如某货币R，只有养老金、社保基金、企业年金客户可以购买
H类份额	货币基金	一般为场内份额，对应的A类份额为场外份额	如某理财金H
	债券基金 股票基金 混合基金	中港基金互认后，南下新增的份额，仅在中国香港地区销售	一般南下的互认基金后缀都是H，但也有例外，比如设为O或R
O、R类份额	债券基金 股票基金 混合基金	中港基金互认后，南下新增的份额，仅在中国香港地区销售	

腾安研究	编写	腾安研究	审阅

1.6 开放式基金、封闭式基金、定开式基金有何区别

根据运作模式不同，基金可以分为开放式基金和封闭式基金。封闭式基金是指基金份额总额在基金合同期限内固定不变，基金份额持有人不得提前申请赎回的基金；开放式基金是指基金份额总额不固定，基金份额可以在基金合同约定的时间和场所申购或者赎回的基金。除此之外，还有一种定开式（定期开放式）基金，特点介于二者之间。

它们的不同点主要有以下几个方面。

1. 期限不同

封闭式基金一般有固定的存续期，基金到期后通常选择结束运作、延期运作或转为开放式基金；开放式基金一般没有固定期限，只要不清盘一般会持续运作下去；定开式基金一般也会持续运作下去。

2. 份额限制不同

封闭式基金的份额是固定的，在封闭期内投资者不能申购赎回，基金规模的变化仅来自投资盈亏；开放式基金的份额是不固定的，投资者可以随时申购或赎回，基金规模的变化既可以来自投资盈亏，也可以来自投资者的申赎；定开式基金在封闭期内份额是固定的，但在每次开放期内，投资者可以申赎。

3. 交易场所不同

封闭式基金募集完成后可以选择在证券交易所上市流通，投资者可以在股票账户内进行买卖；而开放式基金一般仅可以在场外渠道申赎。不过LOF、ETF等特殊的开放式基金，也可以在交易所上市；定开式基金可以选择上市或者不上市，两种形态都有。

4. 价格形式不同

封闭式基金如果上市，投资者在其存续期内参与投资是以其在交易所的交易价格为准，该价格主要受二级市场供求关系影响，相对于基金净值会出现折价或者溢价；开放式基金的申购或赎回主要是以其场外的基金净值为准；定开式基金如果上市，则存在交易价格和基金净值，如果不上市，则只有基金净值。

5. 价格公布周期不同

封闭式基金的净值每周公布一次（一般是每周五），交易价格在交易时间内实时更新；开放式基金的净值在开放期内每个交易日都会公布；定开式基金的净值每周公布一次，如果上市，也会有实时更新的交易价格。

6. 收益分配方式不同

封闭式基金的收益分配，每年不得少于一次，封闭式基金年度收益分配比例不得低于基金年度可供分配利润的90%；开放式基金和定期开放式基金的收益分配，由基金合同约定。

7. 投资策略不同

封闭式基金和定期开放式基金在可预期的期限内，规模不会剧烈变化，基金经理在投资时可以做更长远的计划。

开放式基金要应对投资者申赎，必须准备一定的现金作为流动性管理之用。当市场波动较大时，投资者申赎的冲击会在一定程度上影响基金经理的操作和投资收益。

封闭式基金和定期开放式基金的杠杆率（基金总资产与基金净资产之比）不得超过200%；开放式基金的杠杆率不得超过140%。

腾安研究	编写	浦银安盛基金 AXA SPDB Investment Managers	审阅
浦银安盛基金为浦发银行旗下基金管理公司，注册资本19.1亿元，位列行业第一位，公司管理资产总规模近5000亿元，投资风格稳健，严控风险。连续2年蝉联"金基金•债券投资回报基金管理公司奖"。（颁奖机构：《上海证券报》，数据来源：海通证券，截至2019/12/31）			

1.7 基金的发行期、封闭期、建仓期有何区别

一只基金从发行到成立，再到建仓运作，会经历发行期、封闭期、建仓期3个阶段，每个阶段基金的投资运作方式都有所不同，投资者需要注意以下几点。

1. 发行期

发行期也叫募集期或认购期，当基金拿到证监会批文，与托管机构和销售机构协商好发行日期后，就可以开始正式募集资金。

新基金募集成立需要满足一系列条件，最重要的两条如下：

（1）认购人数超过200人；（2）认购份额不少于2亿份、认购金额不少于2亿元。除此之外，还有一些其他监管规定，比如开放式基金单一持有人占比不得超过50%等。

如果新基金在募集期内无法满足这些条件，基金公司通常会延长募集期，但募集期自基金份额发售之日起不得超过3个月。而一旦达到成立条件，基金募集也可以提前结束，一些比较热门或者意向资金比较明确的基金常常一两天就可以完成募集。

和基金申购不同，在基金认购期内，产品还没有正式成立运作，所以净值不会随市场波动。同时基金公司会将募集期内的资金存在金融机构获得一部分利息，等认购期结束，这部分利息收入会换算成份额一并确认。

2. 封闭期

基金募集完成后就可以验资成立，成立后首先会进入一段时间的封闭期，在这期间，基金不能申购和赎回。按照规定，封闭期不得超过3个月，大多数基金会在1~2月左右打开封闭。

需要投资者注意的是，封闭期内的净值公布频率是一周一次，一般每周五晚上公布，这一点和很多封闭式基金很像。好的开始是成功的一半，基金经理在封闭期内一般操作比较谨慎，希望在打开封闭以后有一个比较好的表现，从而留住投资者。

3. 建仓期

根据《公开募集证券投资基金运作管理办法》，"基金管理人应当自基金合同生效之日起六个月内使基金的投资组合比例符合基金合同的有关约定。这期间，基金的投资范围、投资策略应当符合基金合同的约定。"

这6个月就是建仓期，投资者经常把建仓期与封闭期的概念搞混，前者是投资管理相关的期限，后者是运作模式相关的期限。

在建仓期这6个月内，基金可以不满足合同中投资组合比例的约定，但需要遵守投资范围和投资策略。一旦过了建仓期，无论什么时候都必须满足合同中投资范围、投资策略、投资比例的约定。

如某医药主题基金投资比例如下：

本基金的股票投资比例为基金资产的60%~95%，其中，投资于医药生物相关股票的比例不低于股票资产的80%。现金、债券资产及中国证监会允许基金投资的其他证券品种占基金资产比例为5%~40%，其中，持有现金或者到期日在一年以内的政府债券不低于基金资产净值的5%。

在基金刚成立的6个月内，基金经理如不看好市场，可以不建仓，股票投资比例低于60%也正常，即便建仓，他也可以买一些非医药类股票。这会导致基金的净值走势和投资者的预期出现偏差，只不过这种偏差的最终结果是好是坏难以说清。但到规定的6个月时间期满时，基金经理就必须做出相应的调整，如股票仓位必须增加到60%到95%的区间内，其中不低于80%要买医药类股票。

下图表示发行期、封闭期、建仓期之间的关系。

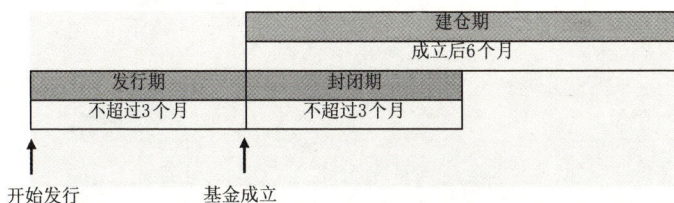

建仓期	
成立后6个月	
发行期	封闭期
不超过3个月	不超过3个月

开始发行　　　　基金成立

腾安研究	编写	前海开源基金 First Seafront Fund	审阅

前海开源基金成立于2013年，曾获得十大金牛基金公司、金牛进取基金公司和数个产品金牛奖项。其主动管理能力耀眼，已打造响亮的权益投资品牌。前海开源基金具有优异的大类资产配置能力和风险控制能力、中长期持有的耐力、优异的业绩，受到专业评价机构的肯定，累计获得各类奖项50余项

1.8　基金分红对投资有影响吗

如果某一天，你持有的基金净值降了许多，如下图所示。

| 净值走势 | 涨跌幅走势 |

近一月净值走势

■ 单位净值：1.1954元

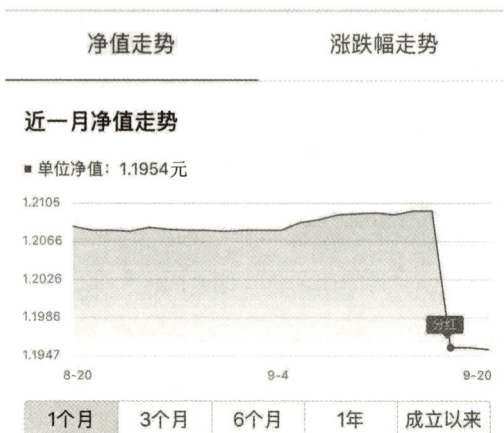

| 1个月 | 3个月 | 6个月 | 1年 | 成立以来 |

不要担心，很可能是该基金分红了。基金分红是什么？投资者又怎么参与呢？基金分红有哪些方式？

什么是基金分红

简单来说，基金分红就是把基金赚得的钱返还一部分给投资人。所以说，分红并不是额外的收益，只是基金净值增长的兑现而已。

分红后，基金的净值会下降，但投资者的总资产没有变。

基金净值是1元，你买了1000份，那么总资产是1000元；每份分红0.1元，那么基金净值就变成0.9元，总资产就是基金资产加上分红的资产，即0.9×1000+0.1×1000=1000元，可以看到分红前后总资产没有变化。

所以，有投资者想在分红前买入，企图"赚"到额外分红款的想法是不现实的。

分红的常见步骤

如何知道自己的基金要分红了呢?

一般基金分红,都会提前发布分红公告,规定分红的具体时间。比如银华信用季季红债券A这只基金,2019年7月12日发布了分红公告,规定权益登记日在7月16日,红利发放日在7月17日,如下图所示。

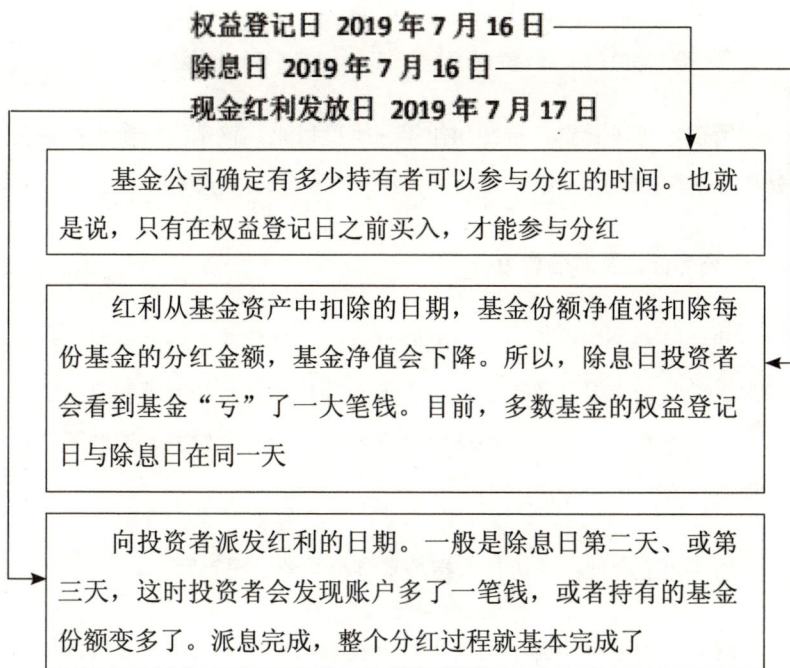

权益登记日 2019 年 7 月 16 日
除息日 2019 年 7 月 16 日
现金红利发放日 2019 年 7 月 17 日

基金公司确定有多少持有者可以参与分红的时间。也就是说,只有在权益登记日之前买入,才能参与分红

红利从基金资产中扣除的日期,基金份额净值将扣除每份基金的分红金额,基金净值会下降。所以,除息日投资者会看到基金"亏"了一大笔钱。目前,多数基金的权益登记日与除息日在同一天

向投资者派发红利的日期。一般是除息日第二天、或第三天,这时投资者会发现账户多了一笔钱,或者持有的基金份额变多了。派息完成,整个分红过程就基本完成了

什么情况下，基金会分红

1. 基金合同规定分红

在基金合同里会规定收益分配原则。比如银华信用季季红债券A基金规定，每季度末最后一个工作日每份基金份额可供分配利润超过0.01元时，至少进行收益分配一次，如下图所示。

三、基金收益分配原则

1、在符合有关基金分红条件的前提下，本基金 A 类或 H 类基金份额每份基金份额每年收益分配次数最多为 12 次，当本基金 A 类或 H 类基金份额每季度末最后一个工作日每份基金份额可供分配利润超过 0.01 元时，至少进行收益分配 1 次，每次收益分配比例不得低于收益分配基准日该类基金份额每份基金份额可供分配利润的 50%，若《基金合同》生效不满 3 个月可不进行收益分配。

所以，可以看到，自2014年第三季度以来，该基金每个季度都会分红一次，已经连续分红21个季度之久（截至2019年3季度）。

2. 市场高位，及时落袋为安

我们经常看到，很多主动偏股型基金会选择在市场高位时分红，因为这类基金主要投资股票，当股市涨幅较大时，基金赚的收益自然就多。对持有人来说，市场高位分红，相当于卖出份额、赎回基金，落袋为安。

有人可能会问："为什么指数基金很少分红呢？"

这是因为分红来源不同，主动型基金的分红主要来源于股票买卖价差的收益，而指数基金则来源于成份股的分红款。并且，很多指数基金要求只有跑赢同期指数1%以上才能分红，如下图所示。

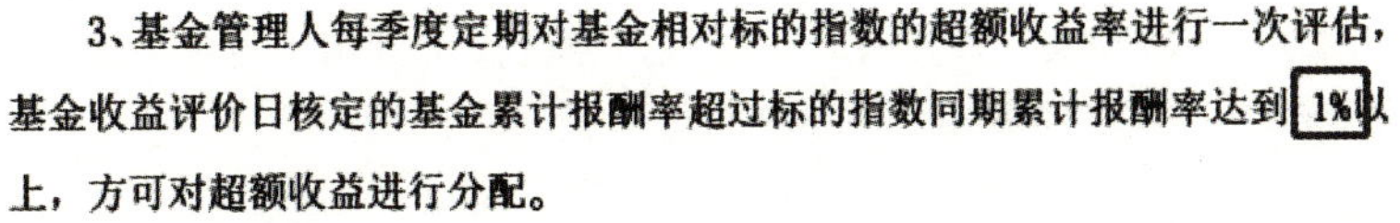

3、基金管理人每季度定期对基金相对标的指数的超额收益率进行一次评估，基金收益评价日核定的基金累计报酬率超过标的指数同期累计报酬率达到 1% 以上，方可对超额收益进行分配。

这就是为什么我们偶尔才会看到个别红利指数、沪深300指数基金会分红，而代表成长风格的创业板指数基金几乎没有分红。

常见的分红方式，以及投资者该如何选择

1. 现金分红和红利再投

基金的分红方式有两种：现金分红和红利再投。现金分红就是将分红以现金的形式返还到投资者账户，而红利再投则是将分红的钱再次投入这只基金，且不收取申购费。简单来说，基金分红后，选择前者多了"现金"，选择后者多了"基金份额"。

2. 选择分红方式的技巧

（1）看市场环境。

当投资者发现股市处在较低点位，并看好未来市场时，可以选择红利再投，获得更多的份额。通过分红增加的仓位，可以更多地享受基金上涨带来的收益，还免除了申购费；当市场不佳时，选择现金分红是回避市场风险的理想选择。如你不确定要不要继续持有这只基金，可以选择现金分红，及时落袋为安。如你是基金定投，建议选择红利再投方式，赚到的钱可以再投资或买入更多份额，发挥复利效果。

（2）看投资目的、需求等。

除了市场环境，投资者还可以根据自身投资目的、需求等选择分红方式。

如果投资者希望能够从基金分红中获取稳定的现金流，可以选择现金分红方式。如果不着急用钱，可以设为红利再投方式，自动把分红投入基金。

不管是现金分红，还是红利再投方式，其实都是把基金赚得的一部分收益返还给投资者。分红完成后，基金净值会下降，你要么多了"现金"，要么多了"基金份额"，但总资产是不变的。下次看到净值突然下跌，千万不要惊慌，先看基金是否分红了。

银华基金 YINHUA FUND	编写	银华基金 YINHUA FUND	审阅
银华基金成立于2001年，是一家全牌照、综合型资产管理公司。截至2019年年底，银华基金资产管理总规模超过6200亿元，累计为投资者实现分红476亿元。作为一家专业的资管管理公司，为持有人提供长期稳健的回报是银华基金的核心价值所在。成立以来，银华旗下管理的多只基金业绩排名同类产品前列，多次赢得独立专业机构的高度评价，七次获得"金牛基金管理公司"奖			

1.9 单位净值、累计净值、复权净值与收益率的计算有何区别

我们经常听到基金的各种净值，如单位净值、累计单位净值（又

称累计净值）、复权单位净值（又称复权净值），很多基金的这些数值不同，而有些基金这些数值又相同，这是为什么呢？原来，这是按照不同的分红处理方式划分的。

单位净值、累计净值、复权净值的区别

简单来说，如下表所示。

	单位净值/元	累计净值/元	复权净值/元
时点1：初始时点	1	1	1
时点2：分红0.1元（每份额）	0.9	1	1
时点3：上涨10%	0.99	1.09	1.1

各项说明如下。

1. 单位净值

单位净值就是基金公司每天公布的基金净值，单位净值没有考虑分红的情况。

假如基金单位净值刚开始是1元，分红0.1元后，单位净值就变成了0.9元（1-0.1），如果基金净值上涨10%，那么单位净值就是0.99元（0.9×1.1）。由于单位净值没有考虑基金分红，虽然基金净值上涨了，但单位净值可能还不到1元。

2. 累计净值

累计净值是单位净值加上基金成立后累计单位派息金额，即累计净值考虑了基金分红。

在上表中，虽然分红了0.1元，但累计净值仍然是1元（分红前后实质上没有变化）。但需要注意的是，如果基金净值上涨10%，则累计净值是1.09元，即0.9×1.1=0.99元的净值，加上0.1元分红。

可以看出：累计净值假设基金持有人都选择了"现金分红"，因此分红金额（0.1）并没有做上涨10%的计算。

但实际情况是，分红还包括"红利再投"，而红利再投的回报并没有反映到累计净值里面，这时就引出了复权净值。

3. 复权净值

复权净值考虑了红利再投，对基金的单位净值进行了复权计算。也就是将"单位净值+分红"再投资进行了复利计算。

上表中，复权净值就是1.1元，也就是1×1.1，拆分看就是（0.9×1.1+0.1×1.1）元。

基金收益率是指什么收益率

从单位净值、累计净值和复权净值的定义可以看出，只有复权净值考虑了"红利再投资"这种情况。

理论上，复权净值可以根据基金每天公布的涨跌幅进行计算得出，而利用复权净值计算的收益率被称为"复权净值收益率"，也是最为常用的描述基金收益率的指标。目前主流的基金数据软件，均会采用这种方法计算基金不同周期的回报率。

从下图可以看出，一个净值稳健增长并持续分红的基金（如银华信用季季红A），会出现如下特征：

复权净值>累计净值>单位净值

同理，复权收益率>累计收益率。

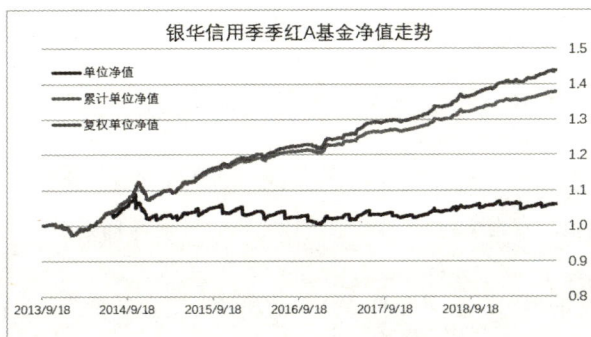

数据来源：银河证券，2013/09/18—2019/09/16

银华基金 YINHUA FUND	编写	银华基金 YINHUA FUND	审阅

1.10　基金成立和清盘有哪些条件

在市场形势较差的时期，常常会出现基金发行募集资金比较困难的情形，有时已成立的基金还可能出现清盘的状况，这都关系到投资者的切身利益。因此建议投资者了解基金的成立和清盘条件，从而更好地掌握所投资基金的情况。

基金成立需要哪些条件

公募基金募集成立一般需要满足下面两个条件：

（1）基金募集份额总额不少于2亿份，基金募集金额不少于2亿元人民币；

（2）基金份额持有人数不少于200人。

发起式基金不受上述限制（后面专门介绍）。

不仅如此，新基金的募集期不能超过3个月，当市场形势不好，基金发行困难，常常会出现3个月时间连2亿元规模都募集不到的情况。

200人的要求其实是公募基金产品和私募基金产品的分界线。私募性质的基金产品无论是基金专户还是私募基金，都不得超过200人，而公募性质的基金产品则通常必须超过200人。

由于近年来机构定制的委外基金层出不穷，许多基金的机构投资者占比过高，在特定时期机构资金同进同出可能会对基金流动性产生负面影响，因而证监会发布了《公开募集开放式证券投资基金流动性风险管理规定》，明确以下要求：

基金管理人新设基金，拟允许单一投资者持有基金份额超过基金总份额50%的，应当采用封闭或定期开放运作方式且定期开放周期不得低于3个月（货币市场基金除外），并采用发起式基金形式，在基金合同、招募说明书等文件中进行充分披露及标识，且不得向个人投资者公开发售。

交易型开放式指数基金及其联接基金可不受前款规定的限制。

拟允许单一投资者持有基金份额比例达到或超过50%，有5大要求：

（1）采用封闭或定期开放运作方式且定期开放周期不得低于3个月（货币市场基金除外）；

（2）发起式基金形式；

（3）予以充分披露及标识；

（4）不得向个人投资者公开发售；

（5）承诺拥有完全、独立的投资决策权。

在这个基础上，证监会后来又对客户占比进行了更严格的修订，比如单一客户占比不得超过30%等。当然，除了"2亿元+200人"这条被写入《基金法》变动不会太大之外，其他"补丁"会随着市场环境的变化而不断修订。

什么是发起式基金

发起式基金，是指基金管理人在募集基金时，使用公司股东资金、公司固有资金、公司高级管理人员或者基金经理等人员资金认购基金的金额不少于1000万元人民币，且持有期限不少于3年的基金。发起式基金的基金合同生效3年后，若基金资产净值低于2亿元的，基金合同自动终止。

这种基金把基金公司、投资人员的利益和基民绑在一起，是监管机构鼓励的发展方向。同时由于不需要满足"2亿元+200人"的门槛限制，发起式基金的发行难度更小，基金公司可以"自掏腰包"做更多的创新与尝试。

基金的清盘需要满足什么条件

按照基金运作管理办法，非发起式的开放式基金合同生效后，连续20个工作日出现基金份额持有人数量不满200人或基金资产净值低于5000万元情形的，基金管理人应当在定期报告中予以披露；连续60个工作日出现上述情形的，基金管理人应当向中国证监会报告并提出解决方案，如转换运作方式、与其他基金合并或终止基金合同等，并召开基金份额持有人大会进行表决。

而发起式基金的基金合同生效3年后，若基金资产净值低于2亿元的，基金合同自动终止。

以前，基金公司认为旗下基金清盘是一件"不太光彩"的事情，从声誉角度考虑会在基金资产低于5000万元后，想办法通过召开持有人大会转型、持续营销等方式将其"救回"。但从2014年首只基金清盘开始，越来越多的基金公司正常看待"清盘"一事，如今每年都会有几十甚至上百只基金清盘。

由于清盘流程漫长，对投资者的资金会造成一定的占用，所以投资者在选择基金的时候，应尽量选择规模大的基金，远离接近5000万元清盘线的小基金。

腾安研究	编写	ICBC 🏦 工银瑞信	审阅
工银瑞信基金管理有限公司由中国工商银行和瑞士信贷合资设立,自2005年6月成立以来,始终坚持"稳健投资、价值投资、长期投资"的经营理念。截至2019年12月31日,为逾3500万境内外个人和机构投资者提供财富管理服务,资产管理总规模(含子公司)近1.3万亿元。(数据来源:工银瑞信、中国基金业协会)			

1.11 什么是券商公募大集合

公募化改造后的参公大集合简介

2018年资管新规[①]出台,新规要求证券公司应当严格遵照《基金法》等公开募集证券投资基金相关法律、行政法规及中国证监会的规定管理运作大集合产品,并对新开展的大集合产品和存量的大集合产品进行公募化改造,也就是"参公大集合",在获得监管审批之后,就能完全按照公募基金的方式来销售和运作了。

新规要求存量的大集合产品都应当在2020年12月31日前对标公募基金进行管理,因此券商的大集合资管计划都已走上了"参公"的道路。

对于连续60个工作日投资者不足200人或资产净值低于5000万元的存量大集合产品,应当在过渡期内逐步转为私募资产管理计划进行运作,因此并不是所有的券商大集合都会"参公"改造。改造之后的大

① 注1:资管新规是指2018年4月27日中国人民银行、银保监会、证监会、国家外汇管理局发布的《关于规范金融机构资产管理业务的指导意见》

集合产品将"公私"分明，如下图所示。

公募化运作

200人及以上

私募运作

200人以下
or
资产净值＜5000万元

对于参公的大集合产品，新规也提出了五项要求：

（1）产品销售、份额交易与申购赎回、份额登记、投资运作、估值核算、信息披露、风险准备金计提等要求与公募基金一致。

（2）证券公司应当对照法律法规对有关公募基金管理人的要求调整完善合规管理、内部控制、风险管理等制度体系。

（3）证券公司从事大集合产品管理业务的相关高级管理人员与其他从业人员应当遵守公募基金相关法律法规的资质条件与行为要求。

（4）对存量产品已计提业绩报酬事项及中国证监会认定的其他事项，待公募基金相关专项规范等要求出台后进行调整规范。

（5）中国证监会规定的其他事项。

参公大集合与普通的公募基金有什么区别呢

券商大集合产品在业内一般被认为是类公募产品，但门槛比较高，一般为5~10万元，改造后的参公大集合与原来相比，首先是门槛降低了，其次是可以公开宣传了。

参公大集合产品，无论从投资范围、投资集中度等投资层面，还是从募集方式、申购门槛、估值、信息披露等其他层面，都和公募基金的监管要求一致。但也存在几点区别，同时具有一定的优势。

1. 产品名称

如果管理人具备公募牌照，改造后产品后缀可为"证券投资基金"，也就是普通公募基金的后缀；如果管理人不具备公募牌照，改造后产品后缀仍为"资产管理计划"。

2. 业绩报酬

从已经完成公募化的大集合产品合同来看，业绩报酬计提有以下几个原则。

（1）产品主体

原先无业绩报酬计提安排的大集合，公募化改造时不能新设业绩报酬。

原先有业绩报酬计提安排的大集合，公募化改造时可以保留业绩报酬。

（2）固定管理费和业绩报酬限额

对于收取业绩报酬的产品：

第一，固定管理费有上限，上限是同类型公募基金一般管理费水平的一半左右，比如股票型不超过0.8%/年；

第二，业绩报酬计提比例有上限，从已获批产品的合同来看，目前是不能高于20%；

第三，业绩报酬计提基准有下限，如混合型不低于6%/年，也就是说，只有当产品实现了较高的年化收益率，管理人才能计提业绩报酬。

（3）设最短持有期

收取业绩报酬的产品，目前要求最短持有期至少为1年，也就是投资者每笔申购的份额，都要持有至少1年才能赎回（注：收取业绩报酬的公募化大集合，可类比公募基金公司发行的浮动管理费基金，二者的监管思路也是一致的。2013年开始，公募基金公司发行了第一批浮动费率基金，在2016年暂停审批这类产品；2018年年底开始获批的第二批浮动费率基金，都要求有至少1年的最短持有期）。

（4）份额区分，新老投资者持有份额不同

收取业绩报酬的产品需要新设一类份额，与原持有者份额分开。一般新认购的份额为B类，且设定锁定持有期。

3. 产品优势

（1）券商对行情的研判、个股的甄选有一定的专业优势，参公改造的大集合让我们普通投资者也能投资券商的产品，并且以更低的投资门槛享受原大集合团队的投研服务。

（2）部分大集合产品可保留业绩计提基准，业绩达到计提基准才能从超越基准的部分中获得一定报酬。而报酬与业绩挂钩，将极大促进管理人的积极性。

（3）参照公募的监管要求，该类产品在监管上同样要求严格、完善，这也保障了投资人的利益。

如果用户对参公大集合感兴趣，欢迎关注具备公募牌照的券商资管旗下的大集合产品。

财通证券资管	编写	财通证券资管	审阅
财通证券资产管理有限公司系财通证券全资子公司，成立于2014年12月，注册资本2亿元人民币。业务覆盖二级市场权益、固收及量化投资，以及投资银行、资本市场等多个领域，截至2019年年底，管理总规模逾1500亿元，其中主动管理规模突破1200亿元，位于行业第一梯队。成立以来，获业内权威奖项50余座，其中2017—2019连续三年蝉联"三年期金牛券商集合资产管理人"（数据来源：Wind、财通资管）			

1.12　基金风险评级是什么

基金的风险评级种类

中国证券投资基金业协会发布的《基金募集机构投资者适当性管理实施指引（试行）》（简称《指引》）法则从2017年7月1日起正式实施，其中有一条非常核心的规则是要求普通投资者与基金产品或得到服务的风险匹配。

基金产品或者服务的风险等级要按照风险由低到高顺序，至少划分为R1、R2、R3、R4、R5 五个等级。相对应地，也按照风险承受能力，将普通投资者由低到高分为 C1（含风险承受能力最低类别）、C2、C3、C4、C5 五种类型，其中：

- C1级投资者匹配R1级的产品或服务；

- C2级投资者匹配R2、R1级的产品或服务；

- C3级投资者匹配R3、R2、R1级的产品或服务；

- C4级投资者匹配R4、R3、R2、R1级的产品或服务；

- C5级投资者匹配R5、R4、R3、R2、R1级的产品或服务。

普通投资者怎么评测自己的风险承受能力

《指引》给出了解答：基金募集机构向普通投资者以纸质或电子文档形式提供风险测评问卷，对其风险承受能力进行测试，并遵循以下程序：

（一）基金募集机构要核查参加风险测评的投资者或机构经办人员的身份信息；

（二）基金募集机构以及工作人员在测试过程中，不得有提示、暗示、诱导、误导等行为对测试人员进行干扰，影响测试结果；

（三）风险测评问卷要在填写完毕后 5 个工作日内，得出相应结果。

在移动互联网流行的当前，这种问卷调查大多在手机端完成，投资者只要根据提示进行评测即可，评测结果也会立即以分数的形式显示出来。

不同基金产品的风险等级如何，标准是什么

中国证券投资基金业协会发布了《基金产品或者服务风险等级划分参考标准》，基金募集机构可以参考这个标准，根据实际情况进行划分。也就是说，基金销售机构有一定的机动决策权，但不能偏离官方给出的标准，下表为一个分类参考案例。

风险等级	产品参考因素	参考案例	适合投资者风险承受能力
R1	产品结构简单，过往业绩及净值的历史波动率低，投资标的流动性很好、不含衍生品，估值政策清晰，杠杆不超监管部门规定的标准	货币基金、理财型基金	C1
R2	产品结构简单，过往业绩及净值的历史波动率较低，投资标的流动性好、投资衍生品以套期保值为目的，估值政策清晰，杠杆不超监管部门规定的标准	债券型基金	C1、C2
R3	产品结构较简单，过往业绩及净值的历史波动率较高，投资标的流动性较好、投资衍生品以对冲为目的，估值政策清晰，杠杆不超监管部门规定的标准	偏债混合基金、平衡混合基金、量化对冲基金等	C1、C2、C3
R4	产品结构较复杂，过往业绩及净值的历史波动率高，投资标的流动性较差，估值政策较清晰，一倍（不含）以上至三倍（不含）以下杠杆不超过监管部门的标准	偏股混合基金、股票型基金等	C1、C2、C3、C4

续表

风险等级	产品参考因素	参考案例	适合投资者风险承受能力
R5			C1、C2、C3、C4、C5

注：（1）上述风险划分标准为参考因素，基金募集机构可以根据实际情况，确定评估因素和各项因素的分值和权重，建立评估分值与具体产品风险等级的对应关系，基金服务的风险等级应按照服务涵盖的产品组合的风险等级划分。（2）产品或服务的风险等级至少为五级，风险等级名称可以结合实际情况进行调整。（3）基金服务指以销售基金产品为目的的开展的基金推介、基金组合投资建议等活动。（4）R4、R5杠杆水平是指无监管部门明确规定的产品杠杆水平

博时基金 BOSERA FUNDS	编写	博时基金 BOSERA FUNDS	审阅
博时基金是中国内地首批成立的五家基金管理公司之一，是目前我国资产管理规模最大的基金公司之一。截至2019年年底，博时基金管理资产总规模逾10,668亿元。其中，公募资产管理规模逾3270亿元（剔除货币基金与短期理财债券基金），行业排名第三，累计分红逾1206亿元。（数据来源：博时基金）			

第2章
基金交易知识入门

2.1 基金的申赎费用如何计算并收取

基金的申赎计价原则

基金的申购赎回的"盲盒"原则：未知价格申赎。

基金的申赎和当前比较热的盲盒市场有点像，只有打开盲盒后才会知道自己买到了什么东西，基金申购、赎回时也一样，你只知道交易的品种却不知道交易的确切价格。

这是因为投资者T日（T日一般是指交易日，以15点为分割线，15点前是T日，过了15点是T+1日）申购或赎回的基金是按T日的净值计算的，但大多数基金的净值是T日晚上八九点钟以后才公布的（这时已经是T+1日了）。这就导致投资者在申购或赎回基金时，无法准确掌握成本价，只能根据日间行情进行估算，即未知价格申赎。

所以，基金申赎有"金额申购、份额赎回"的说法，就是买的时候根据你投入的钱数计算能买到的份额（钱数是确定的，买到的基金份额是不确定的），卖的时候根据你的基金份额计算能赎回多少钱（基金份额是确定的，得到的钱是不确定的），这和买卖股票时按股票数量计算略有不同。

认购费和申购费的区别

认购费和申购费其实是同一类费用，都是投资者在购买基金时要交的手续费。投资者在基金首次公开募集时购买，它被称为认购费；

在基金成立以后开放时购买，它被称为申购费。通常情况下，认购费要比申购费低廉，这是给发行期就参与的投资者的一种优惠。

认购费、申购费和份额的计算

申购费和认购费的计算方法相同，都是使用"价外扣除法"。公式如下：

申购费用＝申购金额-净申购金额＝申购金额-申购金额／（1＋申购费率）

假设用户申购10万元基金，当日基金净值为1元，申购费率为1.2%，则计算过程如下：

净申购金额＝申购金额／（1＋申购费率）＝100,000／（1+1.2%）＝98814.23元

申购费用＝申购金额-净申购金额＝100,000-98814.23＝1185.77元，比直接用100,000乘以1.2%计算的1200元要低一些。

申购份额＝净申购金额／申购日基金净值＝98814.23元/1元＝98814.23份。

认购费的计算方法与申购费相同，细微的区别是：投资者的认购金额在认购期产生的利息收入会在基金成立时折算成份额确认给投资者。

申购费率和认购费率都会随着申购金额的变大而降低，超过一定金额（比如500万元）就会变成固定的按笔收取（比如1000元/笔）。所以

对拥有较大资金的机构客户而言，申购费和认购费常常可以忽略不计。

赎回费和份额的计算

赎回费公式如下：

基金赎回费用 = 赎回份额 × 赎回日基金净值 × 赎回费率

假设你之前申购的10万元赎回费率为0.25%，基金净值经过一年时间涨到了1.5元，这时候赎回的话，计算过程如下：

赎回费用 = 赎回份额 × 赎回日基金净值 × 赎回费率
=98814.23 × 1.5 × 0.25%=370.55元

赎回金额 = 赎回份额 × 赎回日基金净值 - 赎回费用
=98814.23 × 1.5-370.55=147850.80元

当然，赎回金额的算法也可以直接用"赎回份额×赎回日净值×（1-赎回费率）"公式，答案是一样的。

赎回费一般都是在后端赎回时收取，并且持有越久，赎回费越低，很多基金如果持有期超过一定时间（比如3年），赎回费便变为0。

需要注意的是，如果投资者先后多笔申购基金，赎回份额是按照先进先出法，即先赎回较早申购的份额，再赎回后期申购的份额，赎回费根据持有期不同分别收取。

不同类型基金的申赎费用区别

为方便经常交易的投资者，有些基金会设有C类份额，不收取认购费或申购费，而是收取按日计提的销售服务费。下表展示不同类型基金（依据A类份额）申购赎回费的范围。

	申购费	赎回费
股票基金（主动管理）	1.2%～1.5%	0～0.5%
股票指数基金	0.8～1.5%	0～0.5%
债券基金	0.4～1.0%	0～0.1%
混合基金	0.6～1.5%	0～0.5%
货币基金	无申购费	无赎回费

注：具体产品的费率以平台说明为准，本表仅供参考。

申购赎回费是基金进出的交易成本，这项费用虽然不会直接影响基金的涨跌，但会影响投资者实际的投资效果。投资者应根据自身的资金量和资金使用期限来进行投资。但要特别留意，部分基金针对短期交易会有惩罚性赎回费，曾经有短期买卖的客户账户浮盈很高，但是一赎回发现没赚到多少钱，就是因为短期的赎回费用太高了。

销售服务费

销售服务费主要用于支付销售机构佣金，以及基金管理人的基金行销广告费、促销活动费、基金份额持有人服务费等。

一般来说，基金销售服务费每日计提，按月支付，由托管人根据与管理人核对一致的财务数据，自动在月初五个工作日内、按照指定的账户路径进行资金支付，管理人无须再出具资金划拨指令。若遇法定节假日、休息日等，支付日期顺延。

腾安研究	编写	上投摩根 基金管理	审阅
上投摩根基金管理有限公司，成立于2004年5月，由上海信托和摩根资产管理共同组建，2016年加入浦发集团，总部位于上海。上投摩根坚持为不同类型的投资者提供多元化、国际化的资产管理服务，满足投资人不同风险偏好和收益需求。截至2019年12月31日，公司业务条线资产规模约1500亿元，服务个人、机构客户近4160万			

2.2 不同基金的申赎效率有何不同

不同类型基金的申购效率

通常，普通开放式基金的申购流程如下：

T日下午3点以前进行申购，T日晚上公布当日净值（即申购成本价），T+1日基金公司确认申购份额，T+2日份额到账，到账后可随时进行赎回操作。下午3点以后进行的申购，则各项顺延到下一个交易日计算。

稍有不同的是QDII基金，由于境外市场与A股市场存在时差，T日申购，T+1日才公布T日的净值（即申购成本价），T+2日基金公司确认申购份额，T+3日份额到账，在这之后可随时进行赎回操作。不过有个别投资港股的基金，部分基金公司已经可以做到T日晚上公布当日净值，效率可以做到和普通开放式基金一样高，如下表所示。

基金类型	T日	T+1日	T+2日	T+3日
普通开放式基金	申购，当晚公布T日净值	确认份额	份额到账	
大多数QDII基金	申购	T+1日晚上公布T日净值	确认份额	份额到账
个别港股QDII基金	申购，当晚公布T日净值	确认份额	份额到账	

不同类型基金的赎回效率

在赎回效率方面，不同类型的基金到账时间区别很大，具体如下表所示。

	到账日	备注
货币基金	T+1日	有些货币基金在特定渠道支持T+0实时到账，但有额度限制
债券基金	T+3~ T+4日居多	有些短债基金最快可以做到T+1或T+2日到账
股票基金	T+3~ T+4日居多	
混合基金	T+3~ T+4日居多	
QDII基金	T+7~ T+10日居多	
FOF	T+4~ T+7日居多	取决于底层基金的流动性

对于同一只基金，通过直销渠道赎回可能会比通过代销渠道赎回的到账时间更早。

对于大部分基金，投资者申赎基金的成本价就是申赎日当天晚上的净值。而有些QDII基金的净值发布日期会延后1天，投资者在T日下午3点前申请赎回，实际成本则是T+1日晚上公布的净值，而这一净值的对应日期，仍旧是T日。

另外，现在很多基金公司都支持客户在赎回非货币基金的时候，指定到账形式为同一公司旗下的货币基金。通常这样到账时间会更早，投资者可以在货币基金到账后立即进行赎回，提高变现的效率。

腾安研究	编写	⊞ 国泰基金 GROUP	审阅
国泰基金是国内首家规范成立的基金管理公司，自1998年3月23日公开发行国内第一只封闭式基金——金泰以来，国泰基金的产品线不断得到丰富和完善。拥有公募基金、养老金、专户、年金、社保、投资咨询等多类产品，各类资产管理规模4206亿元。公司在2017—2019年获得"三大报"共计11项奖项，屡获殊荣			

2.3　除了申赎费用，基金还有哪些运作费用

费率是基金投资者非常关心的一个问题。投资基金过程中会产生两类费用，一类是单次收取的申购赎回费，是投资者比较容易感知的显性费用；另一类是按照持有期收取的日常管理费用等，由于平时公布的基金净值均是扣除掉这类费用后计算产生的，所以投资者感受并不明显。

基金管托销的费用

管理费、托管费、销售服务费（简称管托销费）按照比例收取，

也是购买基金的最大成本，这三项费用需要指数基金投资者重点关注，长期投资的话，一定是费用低的基金有优势（尤其是投资指数基金）。下表是某基金日常费用表。

费率类型	费率
管理费	1.00%
托管费	0.2%
销售服务费	A类无、C类为0.5%

- 管理费：指支付给基金管理人（即基金公司）的费用，也就是基金公司帮基金投资者管理资产，投资者支付给它们的报酬。该项费用是基金管理人的主要收入来源，通常按年表示、按日计提，直接从基金资产中扣除。

- 托管费：指基金托管人（一般为银行）为基金提供服务而向基金收取的费用，比如托管机构为保管、处置基金信托财产；提供基金估值、核算、监督等服务而提取的费用。该项费用是托管机构（如银行、券商）的主要收入来源。托管费通常按年表示、按日计提，按月支付给托管人，直接从基金资产中扣除。

- 销售服务费：基金管理人可以从基金财产中计提一定比例的销售服务费，用于基金的持续营销和给基金份额持有人提供服务。该费用通常会再支付给销售渠道作为其维护服务客户的费用（直销产生的除外）。销售服务费通常按年表示、按日计提，直接从基金资产中扣除。但并非所有的基金都收取该费用。

不同类型基金的管托销费用区别

不同类型基金的管托销费率不同，目前市场主流情况如下表所示。

	管理费	托管费	销售服务费 （仅C类份额收取）
股票基金 （主动管理）	1.0%～1.5%	0.1%～0.25%	0.25%～0.8%
股票指数基金	0.15%～1.2%	0.1%～0.25%	0.1%～0.5%
债券基金	0.3%～1.0%	0.05%～0.2%	0.1%～0.4%
混合基金	0.6%～1.5%	0.1%～0.25%	0.1%～0.8%
货币基金	0.15%～0.33%	0.05%～0.1%	0.01%～0.3%

基金运作的其他费用

（1）审计和律师费用：基金运作过程中发布的各类公告，需要聘请会计师事务所对年度报告进行审计和聘请律师事务所对相关文件出具法律意见书的费用。

（2）信息披露费：根据证监会要求，基金在投资运作过程中的各类公告需要在指定媒体披露（主要是三大报《中国证券报》《上海证券报》和《证券时报》），这需要支付相关费用。

（3）上市费用：对于到交易所上市的基金，还需要每年交给交易所相应的费用。

（1）～（3）主要是一次性固定费用，无论基金规模大小都必不可少。这些费用一般情况下对净值影响较小，但如果是基金规模特别小的迷你基金（比如只有几百万元），那这些费用对基金净值的消耗就非常惊人，所以建议远离迷你基金。

（4）银行费用：主要是一些交易的转账费用。

（5）指数许可使用费：指数基金所使用的指数都是由专门的指数公司开发、维护和管理的，比如中证指数公司、深圳证券信息公司等，使用它们发布的指数发行指数基金，就要交指数使用费，该使用费一般为基金规模的万分之几。

（6）交易费用：这项费用主要是指基金买卖证券的交易佣金等。对于股票型指数基金而言，该项费用主要产生于沪深交易所，因为股票都在这两个交易所上市交易。而对于债券型基金，该项费用将主要产生于银行间市场，因为大部分的债券交易都是在这里发生的。

腾安研究	编写	景顺长城 Invesco Great Wall	审阅
景顺长城基金管理有限公司成立于2003年6月，是国内首家中美合资基金管理公司。公司以股票投资见长，连续三年荣获"金牛基金公司"权威奖项，旗下权益类基金过去三年加权平均净值增长率在101家基金公司中排第2（注1）。公司亦拥有强大的固定收益投资、量化投资、跨境投资、养老/资产配置等投资能力，致力于做股票投资领先的多资产管理专家。截至2019年12月底，公司管理资产规模达2869亿元，其中公募规模达2422亿元（注2）。（注1：获奖信息来源《中国证券报》，2020年3月、2019年4月、2018年3月；排名数据来源海通证券，截至2019/12/31，公司权益类投资绝对收益率为公司权益类产品的规模加权平均净值增长率。注2：数据来源景顺长城，截至2019/12/31）			

2.4 基金转换的费用与交易效率如何

什么是基金转换

基金转换业务是指基金份额持有人申请将其持有的某一基金的全部或部分基金份额，转换为该基金管理人管理的其他基金份额的行为。

基金转换的交易效率

正常的基金赎回再申购时间较长，常见流程如下。

T日申请赎回基金A，T+1日确认，最快情况下T+2日资金到账，当日申购基金B，T+3日新基金B份额确认。而大多数情况下，股票型和债券型基金可能需要T+3或者T+4日才到账，QDII基金的赎回时间更长。

整个过程快则3个工作日，慢则4~5个工作日。

如果通过基金转换流程，则可以大幅减少时间。

一般而言，如果T日提出基金转换申请，T+1日即可确认。T+1日即可享受基金B的收益，而不再享受基金A的收益，如下图所示。

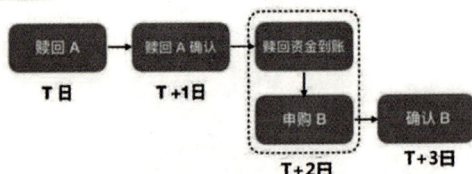

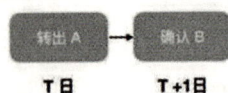

整个过程只需要1个工作日就完成了。

基金转换的费用节省在哪儿

能够节省多少费用呢？

如果基金A的申购费率＝基金B的申购费率，那么申购基金B免费；

如果基金A的申购费率＜基金B的申购费率，那么补足其中的差额即可。

举例说明如下（以下为理论数值，仅供参考学习，精确算法见基金公告）：

如果基金A和基金B的申购赎回费率都是0.6%，那么把10,000元基金A转换为基金B，只需要交基金A的赎回费10,000×0.6%=60元。而如果先赎回基金A再申购基金B，则需要再交一次申购费10,000×0.6%=60元，共计需要120元。

相关规则可以用下表所示。

假设		那么	
基金A申购费率	基金B申购费率	是否申购费补差	转换费用
0.6%	0%	否	基金A赎回费
	0.15%	否	基金A赎回费
	0.6%	否	基金A赎回费
	1.5%	是 （1.5%–0.6%=0.9%）	基金A赎回费 申购费补差

由于现在各大销售渠道的基金申购费率都有折扣，在考虑基金B的申购费补差时，也可以按照打折以后的基金B申购费率来计算，具体情况参见各销售渠道的规定。

如果你转入转出的基金都是没有申赎费用的C类份额，那么基金转换自然也没有费用。

了解了费用怎么计算，我们就可以计算转入基金B后所得到的份额数量，公式如下：

转换后的基金份额数量=转出基金份额数量×申请日转出基金份额净值×（1–转换费率）/申请日转入基金份额净值

哪些基金之间可转换

基金之间如果想转换，一般情况下需满足以下几个条件：

（1）两只基金都属于同一家公司的产品；

（2）两只基金的注册登记机构相同，属于同TA（Transfer Agent，注册登记账户机构）产品；

（3）在同一个销售渠道销售的两只基金；

（4）两只基金都是开放式基金，且可以正常申赎；

（5）前端收费的基金只能转换成前端收费的基金，后端收费的基金可以转换成前端或后端收费的基金；

（6）QDII基金一般不支持转换，部分参与港股通投资的基金不支持转换。

不过随着科技的进步，一些销售机构已经开始在条件（1）和条件（2）上尝试突破，进而改善投资者的体验。

腾安研究	编写	招商基金 CHINA MERCHANTS FUND	审阅
招商基金管理有限公司于2002年12月27日经中国证监会〔2002〕100号文批准设立。截至2019/12/31，管理总资产规模超5000亿元，其中公募基金规模超3700亿元，排名前列；其他还包括专户理财组合、社保组合、年金组合等非公募资产规模超1500亿元			

2.5 什么情况下基金会暂停或限制申购

通过公告看信息

首先，来看一个典型的基金限制申购的公告，如下表所示。

基金名称	汇添富价值精选混合型证券投资基金
基金简称	汇添富价值精选混合
基金主代码	519069
基金管理人名称	汇添富基金管理股份有限公司
公告依据	根据《证券投资基金信息披露管理办法》等法律法规和《汇添富价值精选混合型证券投资基金基金合同》的规定

基金名称		汇添富价值精选混合型证券投资基金
暂停相关业务的起始日、金额及原因说明	暂停大额申购起始日	2019 年 6 月 14 日
	暂停大额转换转入起始日	2019 年 6 月 14 日
	限制申购金额（元）	1,000,000.00
	限制转换转入金额（元）	1,000,000.00
	暂停大额申购、转换转入的原因说明	为保护基金份额持有人的利益，根据《汇添富价值精选混合型证券投资基金基金合同》的有关规定

注：（1）本基金管理人自2019年6月14日起（含2019年6月14日）对本基金的大额申购、大额转换转入业务进行限制，即单日每个基金账户累计申购（含定投及转入）本基金的金额不超过100万元。如单日某基金账户单笔申购（含定投及转入）本基金的金额超过100万元，则100万元确认申购成功，超过100万元金额的部分将确认失败；如单日某基金账户多笔累计申购（含定投及转入）的金额超过100万元，基金管理人将逐笔累加至符合不超过100万元限额的申请确认成功，其余确认失败。单日同一客户通过不同销售机构发起的申购（含定投及转换入）申请将合并判断处理。

（2）在本基金限制大额申购及大额转换转入业务期间，本公司将正常办理本基金的赎回等业务。

（3）自2019年6月20日起，本基金将恢复办理大额申购及大额转换转入业务，届时不再另行公告

下面，对公示中的关键信息进行解读。

关键信息解读

公告中的3个关键信息和4个小细节。

1. 3个关键信息

- 100万元：限制申购/转换转入金额。

- 6月14日：暂停大额申购/转换转入起始日。

- 6月20日：恢复大额申购/转换转入起始日。

这3个信息是限制或暂停申购的公告中最重要的内容。

（1）对于限制金额的大小，范围可能非常大。有的情况下限制100万元、500万元甚至更多，基本不影响个人投资者投资，而有的限制到1000元，甚至0元，即直接暂停大额申购。

（2）限制和暂停的起始日，通常是公告发出后的第二个交易日，从这天起，投资者的申购就会受到影响。

（3）恢复正常申购的起始日，则是不确定的。有的情况下基金公司能提前确定什么时候恢复，有的情况下则难以确定，这时就会等到恢复前才会公布。

2. 4个小细节

（1）定投的申购是否也限制？

除了普通的基金申购、基金转换转入的份额，定投的申购也一并限制。这一点投资者要注意，因为有的基金在限制申购公告中，并不会限制定投。

（2）单日单笔申购金额超过100万元怎么处理？

申购（含定投和转入）金额超过100万元，则100万元部分确认申购成功，超出部分将确认失败。

（3）单日多笔累计申购金额超过100万元怎么处理？

申购（含定投及转入）金额超过100万元，将逐笔累加至符合不超过100万元限额的申请确认成功，其余确认失败。

（4）单日同一客户通过不同销售机构发起申购，将怎么处理？

单日同一客户通过不同销售机构发起的申购（含定投及转换入）申请将合并判断处理。

（5）所有份额都限制申购？

是的，虽然公告中只写了基金的主代码（A份额代码），但是基金名称中并未单独区分份额，实际上无论是A类份额还是其他类份额，都会被限制申购。

限制或暂停申购

关于限制或暂停申购的原因，基金公司通常是为了"保护持有人的利益"，不过实际中存在不同的情况。

1. 特殊时点

国庆节、春节长假前，为防范申购套利行为，基金公司会进行暂停申购或限制申购，这种情况以货币基金居多。

2. 规模暴涨

基金业绩表现过好，短期资产规模增长过大，而基金管理人无法找到合适的投资品种。如QDII基金，就常常遇到因额度不足而限制申购的情形。

3. 持仓重大变动

当基金持仓预计将有重大变动时，基金公司通常会选择暂停申购。如持仓中有股票停牌且预期复牌后会大涨、持有的债券踩雷预计会产生损失等。

4. 分红处理

有时候基金预计要大比例分红，又不想让新进入的投资者参与分红避税套利或影响基金的运作仓位，也会在分红前暂停申购。

汇添富基金	编写	汇添富基金	审阅
汇添富基金成立于2005年，截至2019年底，资产管理规模超7400亿元，公募基金管理规模（剔除货基及短期理财债基）在所有基金管理人中位居第5（数据来源：银河证券基金研究中心，截至2019/12/31）。汇添富始终坚持"客户第一"的价值观和"一切从长期出发"的经营理念，以优秀的长期投资业绩和一流的客户服务，赢得"选股专家"的美誉			

2.6　面对比例配售，投资者应如何应对

比例配售

比例配售主要分为末日比例配售（常见）和全额比例配售。

末日比例配售，是指在基金募集期内，募集期末日前的有效认购申请全额确认成功，对最后一日的有效认购申请，根据剩余额度，予以比例配售。

全额比例配售，是指对基金募集期内所募集的全部金额，按照统一的比例进行比例确认，剩余资金全部退回，这种应用方式并不常见。

举例来说，在全额比例配售制度下，如果限额100亿元的基金一共募集了200亿元，不管是第一天认购还是最后一天认购的，基民都是按照100/200=50%的比例获得配额；而如果按末日比例配售，比如募集100亿元，第一天卖了80亿元，第二天卖了40亿元，那么第一天认购的80亿元可以全额确认，而第二天认购的40亿元中，只有20亿元可以确认，也就是最后一天的投资者只买到了认购金额的50%。

而未确认部分的认购款项将由各销售机构根据业务规则退还给投资者。

目前，末日比例配售是比较主流的方式。

为什么会发生比例配售

比例配售发生的原因通常有以下两个：

（1）基金业绩好，基金经理号召力强，销售机构推广力度大，通常会出现"爆款"，而基金公司为了控制规模，会根据情况主动触发比例配售。

（2）受各项政策限制，基金发行时的额度有一定的上限，发售金额一旦突破就可能引发比例配售。比如科技创新基金，当初发行时都有10亿元的限额，而投资者的购买热情可能使得申购资金远不止这么多。

投资者如何应对比例配售

如果一只基金预期会发生比例配售，投资者有以下几种选择：

（1）加大投资金额。如果预期配售比例约为50%，那么如果你想买10万元，就需要认购20万元。当然，这只是一种预期，误差可能很大，而且一旦所有投资者都据此操作，会使得基金认购金额变得更大，到时候配售比例很可能进一步降低。

（2）新基金的封闭期一般不超过三个月，投资者可以等基金成立正常开放申购后，再寻找机会进场。

（3）在市场上寻找替代品。如相同基金公司、相同基金经理、相同策略和主题的其他基金产品。

腾安研究	编写	建信基金 CCB Principal Asset Management	审阅
建信基金管理有限责任公司成立于2005年9月，是国内首批由商业银行发起设立的基金管理公司。历经多年发展，公司构建了较为完善的公募基金产品线			

第3章
货币基金

3.1 货币基金的净值为什么永远是1元

为何净值永远是1元

要回答这个问题，我们先看传统的基金价格是如何计算的？

传统的基金都是净值型的，从成立伊始的1元净值开始，每天的涨跌在此基础上进行累加。如某只基金上涨了1.68%，那么它的净值就从1元变成1.0168元。在过去相当长的一段时间内，基金净值统计都只精确到小数点后面三位数（例如1.035元），而涨跌幅都只精确到万分之一，即1个BP（Base Point，基点，0.01%）。由于股票型基金的波动很大，每天动辄都是百分之几的涨跌幅，债券型基金每天也会有几个BP到几十个BP的波动，所以这样的精确度完全够用，投资者几乎不用担心因为净值的四舍五入问题对持有的资产产生重大影响。

但对于货币基金而言，精确度则对其影响非常大。因为货币基金每天的收益率都很微小，少的时候是0.00X%，多的时候是0.01X%，如果还用传统的计价方法，就会出现两个问题。

一是每天的涨跌幅只能精确到0.01%（即1个BP），如果这只货币基金当天的收益是0.006%，这时候四舍五入成0.01%，误差太大；

二是如果货币基金累计收益率是3.656%，那么用净值法显示就应该是1.03656元，虽然目前很多基金都可以精确到小数点后第四位，但仍然不够，误差仍然存在。继续增加小数点？这会让投资者看得头晕。

于是人们想了一个办法：固定货币基金的净值为1元，然后把基金的收益每天都计提出来，用独立的收益指标对其进行描述：7日年化收益率和每万份收益。7日年化收益率可以帮助投资者清晰地看到某只货币基金过去7天收益率的年化水平，如果过去7天平均每天是0.01%，那么一年365天，7日年化收益率就是3.65%。同时每万份收益能准确地告诉投资者当天单日的收益处于什么水平，如果每万份收益是1元，那么换算成收益率就是0.01%，也就相当于单日的年化收益率是3.65%，只不过单日计算经常有异常值，用7日年化会使收益率显得更为平滑。

关于7日年化收益率和每万份收益，我们后面单独讲解。

货币基金的收益如何发放

货币基金净值永远是1元，所有产生的投资收益如何发放给投资者呢？细心的投资者会发现，买了货币基金从来不会收到现金分配，但账户里的份额会逐渐增加，即货币基金的收益大都转变为份额发放给投资者账户，结转发放方式有两种：（1）按日计提、按月结转；（2）日日结转。

第一种方式是，每天的收益都计提为未支付收益，先存着，到了每个月的某个时点一并以份额的形式发放给投资者。如果投资者在每月的结转日之前把份额全部赎回，基金公司也会在赎回日把已计提未支付的收益一并发放给投资者。

第二种方式是每天的收益都结转为份额发放给投资者。

这两种结转方式哪一种更好？直观上看，后者天天发放收益，日日复利，似乎有优势。但货币基金作为一池子资产，无论哪种结转方式，都不影响实际运作中的基金总资产，仅仅是会计记账方式的不同

（份额增加和应计收益之间的分配），因此在基金投资操作完全一样的前提下，结转方式不影响基金的总收益。

唯一的区别主要体现在管理费的收取上，按日结转模式收取的管理费更多，以截至2019/10/10的全市场所有货币市场基金为例，按月结转的基金管理费算术平均值为0.258%，而按日结转的管理费平均值为0.274%。所以，在产品运作、收费情况等相同的前提下，按日结转模式的基金整体收益率会略微低于按月结转模式。

腾安研究	编写	华夏基金 CHINA ASSET MANAGEMENT	审阅
华夏基金成立于1998年，是经中国证监会批准成立的首批全国性基金管理公司之一。截至2019年12月底，华夏基金母公司及子公司管理资产规模超过1.1万亿元，服务近1.3亿户个人投资者及近5万户机构客户，华夏基金旗下公募基金累计为持有人盈利超过2451.88亿元。华夏基金获得多项业绩殊荣，荣获《中国证券报》颁发的"中国基金业20年卓越贡献公司（2018年度）""金牛基金管理公司（2010、2011、2013年度）""被动投资金牛基金公司奖（2012、2015、2016、2017、2018、2019年度）"等（数据来源：华夏基金、《中国证券报》）			

3.2　7日年化收益率和每万份收益

7日年化收益率

7日年化收益率，是把货币基金过去7天获取的总收益进行年化以后得出的数据。比如一只货币基金在过去7天每天产生0.01%的收益（即万分之一），那么7日的收益就是0.07%，它的7日年化收益率就是

3.65%（0.07%/7×365=3.65%）。

7日年化收益率是投资者投资货币基金时看得最多的指标，因为它最直观。我们平时看到的存款利率、理财产品、逆回购等金融产品，大多是采用年化收益率作为计算方式，投资者也习惯了用年化收益率作为评判基金优劣的工具。

但这个指标也不是万能的。如果某一单日的收益特别高，它就会使得包含这一日数据的7日年化收益率都非常高（如下图所示）。

某货币基金每万份收益 VS 7 日年化收益率

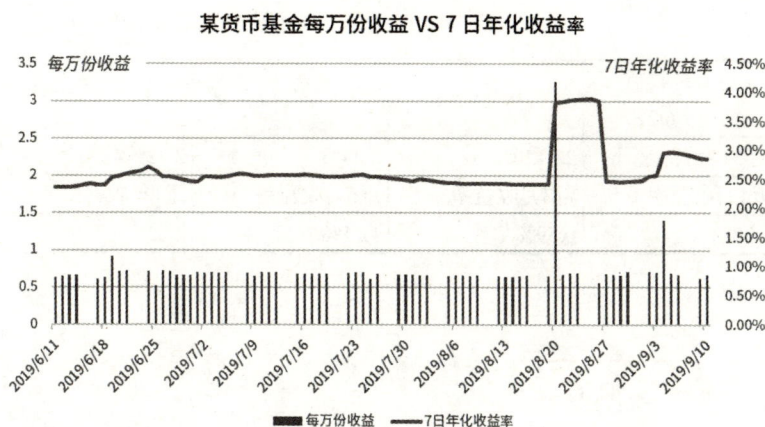

收益异常高的日数据后续几天虽然看起来7日年化收益率很高，但若在异常高收益日之后的交易日进行申购，那么进入投资者口袋的收益却可能非常一般。这时就需要另一个指标来辅助：每万份收益。

每万份收益

每万份收益指每一万份货币基金每天产生多少收益，它表示货币基金持有人每天能够真实得到的收益。每万份收益和年化收益率之间可以相互换算，即"每万份收益1元"="年化收益率3.65%"，假如某只货币基金的每万份收益是1元，就是说投资者持有1万份该货币基金，每天能够获取1元的收益，按单日年化其实就是3.65%（因为一年有365天）。如每万份收益是0.5元，那么单日的年化收益率就是1.825%。

实际上，7日年化收益率是对每万份收益的一个平滑处理，二者相辅相成，放在一起能比较全面地考察一个货币基金的短期业绩情况。如果看长期业绩，还是看今年以来、近一年、近半年这样的指标更好，如下表所示。

每万份收益（2019/6/22）	7日年化收益率	14日年化收益率	28日年化收益率
0.6313元	2.3120%	2.34%	2.32%
近1月收益率	近3月收益率	近6月收益率	近1年收益率
0.20%	0.59%	1.21%	2.62%

货币基金如何估值

与其他基金的市价法不同，大多数货币基金的估值方法是摊余成本法。所谓摊余成本法，是指估值对象以买入成本列示，按照票面利率或商定利率并考虑其买入时的溢价与折价，在其剩余期限内平均摊销，每日计提收益。

比如某货币基金持有一只债券，期限为365天，息票收益为3%/年，票面价格和买入价格均为100元。如果采用市价法，那么这个债券每天的价格波动就会体现在基金资产上，表现是债券每天的收益可能为正也可能为负。如采用摊余成本法，那么该债券每天的收益是固定的，包括当天摊销的利息收益（100×3%×1/365）。

如果未来债券交易价格出现波动，而基金估值仍以成本价为准，这会使得货币基金的估值与所持资产的市价出现偏离。那么，当某一天货币基金对其持有的某个债券进行抛售（按照市价），估值和市价之间的价差就体现出来了，如果某只债券的市价比估值要高很多，那么高出来的部分就会被当作收益释放（这也是为什么有时候货币基金的单日的收益会特别高、7日年化收益异常的原因）。反之，如果出现债券市价比估值低的情况，那就是所谓的"负偏离"。持续和较大比例的负偏离有可能造成挤兑，是非常危险的，所以，历史上出现过货基严重负偏离，基金公司自掏腰包把亏损补上的情况。

可见，使用摊余成本法估值一定程度上"掩盖"了背后的风险，造成货基"稳赚不赔"的幻觉。所以，监管层一直在密切关注货币基金的发展规模，采用各种手段打破货币基金"保本保息"的非理性预期，希望降低风险事件发生的概率。

腾安研究	编写	▲ 华夏基金 CHINA ASSET MANAGEMENT	审阅

3.3　货币基金申赎需要注意什么

货币基金申购、赎回没有手续费，到账快，操作十分方便。但有几点需要投资者注意，以免影响收益。

在节假日前申赎货币基金有技巧

由于节假日期间股市不交易，股票价格也不会发生变化，所以股票基金的净值在节假日期间不会发生变化。货币基金与股票基金不同，它在节假日期间仍有收益计提，所以货币基金的投资者在申赎时要注意节假日的影响。

对于货币基金，T日15点前申购的基金份额自下一工作日起享有基金的分配权益；T日15点前赎回的基金份额自下一工作日起不享有基金的分配权益。

以周末为例，如果你在周五15点前申购货币基金，份额要到下周一才会确认，周五、周六和周日三天没有收益。如果你在周四15点前申购，周五确认成功，就可以享受这三天的收益。

遇上假期也是同样的道理，假如9月30日是交易日，10月1日—7日为国庆假期，如果你在9月29日15点前申购货币基金，9月30日份额确认成功后，30日当天和接下来的7天假期的收益你都可以享有。如果你9月30日15点前申购，份额要到国庆节后第一个交易日才确认，假期没有收益，资金还被锁定7天，所以部分基金公司在放假前2~3个工作日会暂停申购货币基金。比如9月30日是最后交易日，就会把9月28日设为最后申购日。这样一来就不会出现客户最后一天申购进来却享受不到收益的情况，也能避免在假期前最后一两天资金大量涌入，导致之前客户收益被稀释的情况。不过，需要注意的是，基金投资中的日期分割线是15点，即你在周四15:01分申购，也会被当成周五申购，周五到周日还是没有收益的，如下表所示。

T日申购	T+1日确认份额	T+1日享受收益	假期收益情况
周四申购	周五确认份额	周五开始享受收益	周六、周日有收益
周五申购	下周一确认份额	下周一开始享受收益	周五到周日没有收益
9月30日申购	10月8日确认份额	10月8日开始享受收益	国庆假期没有收益

实际上，大部分货币基金的假期收益都会在假期后的某一天集中体现（有的会做平滑处理）。

下表为某货币基金假期前后情况，从中可以看出，该货币基金的每万份收益在10月7日（假期最后一天）一天集中显示，包含了2018年9月29日（周六）—10月7日共计9天的收益，而该基金在9月27日便暂停了申购，投资者必须在9月26日15点之前申购，才能获得这些假期之间的收益。

净值日期	每万份收益（元）	7日年化收益率	申购状态	赎回状态
2018/10/10	0.8169	2.95%	开放申购	开放赎回
2018/10/9	0.815	2.94%	开放申购	开放赎回
2018/10/8	0.7983	2.93%	开放申购	开放赎回
2018/10/7	7.2395	2.94%	开放申购	开放赎回
2018/9/28	0.7068	2.63%	暂停申购	开放赎回
2018/9/27	0.8251	2.63%	暂停申购	开放赎回
2018/9/26	0.7308	2.68%	开放申购	开放赎回
2018/9/25	0.7066	3.03%	开放申购	开放赎回

另外，如你在假期前最后一个交易日赎回基金（如本例中的9月28日），仍可以享受整个假期的收益，因为基金公司必须等到假期后的第一个交易日（如本例中的10月8日）才能做赎回确认，这之前的收益都归投资者所有。

所以大家一定记住：

周五15点前申购货币基金，周五、六、日没有收益，周一才有收益；

周五15点前赎回货币基金，周五、六、日有收益，周一才确认赎回。

节假日同理，但需注意申购暂停日会不会提前。

当然，这里是指正常申购赎回，如果是T+0快速赎回，当天及以后的收益自然也没有。

到账时间不同的影响

传统货币基金赎回通常是T+1日或者T+2日到账，也就是说今天赎回，明天或者后天到账，目前以T+1日到账为主流。

但同样是T+1日到账，具体时间不同也有影响。如果到账时间早，投资者还可以当天交易，如申购基金、交易股票，资金使用可以无缝对接。但如果15点后到账，那么这笔资金除了直接赎回，投资者就很难再投资，损失了一天的资金使用效率，如下表所示。

T日15点前	T+1日	T+2日	T日15点前	T+1或2日
申购	份额确认	份额到账	赎回	赎回款到账
无收益	有收益	有收益可赎回	有收益	无收益

T+0快速赎回的特点

近年来，货币基金T+0快速赎回业务发展得如火如荼。一是把货币基金的应用场景从替代活期存款推进到了替代有资金沉淀的相关领域（例如微信钱包中的零钱可以转为货币基金）；二是把货币基金的赎回效率从T+1日提升到了T+0日，用钱时随时提取即可。

不过T+0快速赎回货币基金会受到监管政策的一定限制。比如监管部门要求单只货币基金T+0快速赎回单日限额1万元，投资者如果突破该限制，就必须同时申购多只货币基金才行，这样一来就可以每只基金按照1万元上限进行赎回。

另外，投资者如果T+0快速赎回货币基金，当天的收益是没有的。

| **腾安研究** | 编写 | 汇添富基金 | 审阅 |

3.4 影响货币基金收益的因素有哪些

货币基金的收益率虽然不高，但收益积累久了也很可观。影响货币基金收益的因素有很多，想提高收益，投资者可从以下几个方面来挑选。

费率越低，收益越优秀

费率越低越好，这是人人都懂的道理，不过费率在货币基金上的影响，比在股票和债券基金身上的影响更大。

这里按照传统的货币基金费率测算，如每年的管理费0.3%、托管费0.1%、销售服务费0.25%，加在一起为每年0.65%，由于这些费率按日计提，每天的影响十分微小，投资者可能觉得无关痛痒。但随着国内外利率水平呈现出下降趋势，理财产品的收益率普遍下滑时，费率的影响就会被放大。

目前，市面上已有一些费率较低的货币基金，其管理费、托管费、销售服务费都更灵活。在基金经理投资水平相当的情况下，低费率的产品必定会在收益率上胜出许多，对投资者是一件好事。从下表中可以看出，同一款货币基金，投资运作完全一样，由于A份额比C份额的费率低75BP，导致某一天的7日年化收益也高出76BP。

基金简称	7日年化收益率（2019/9/11）	万份收益（2019/9/11）	管理费率	托管费率	销售服务费率	费率合计
某货币基金A	2.51%	0.6793元	0.20%	0.05%		0.25%
某货币基金C	1.75%	0.4746元	0.20%	0.05%	0.75%	1.00%

规模越大，收益也越稳定

细心的投资者会发现，货币基金有时候收益波动很大，忽高忽低，令人捉摸不透。其实，影响货币基金收益波动的因素很多，有市场因素、估值因素甚至税收因素，投资者不必深究。不过有一点是肯定的，那就是货币基金的规模越大，受到各种因素冲击的影响就越小，收益也就越稳定。

在下图中，我们对比了某千亿元规模货币基金和某上亿元货币基金在2018年全年的7日年化收益率，可以明显地发现，大规模货币基金的收益率变化更为平缓，而小规模货币基金的收益率则非常不稳定，出现忽高忽低的情况。

投资者在选择货币基金时，除了看表面的业绩外，规模也是不可忽视的因素。大规模的货币基金一方面收益率更为平滑，另一方面应对申赎冲击的能力也更强。当然，规模变大后想获得超越市场的收益也会更难，像图中的千亿元规模货币基金，其收益率就随着市场利率的下降而缓慢下降。

不同规模货币基金7日年化收益率对比

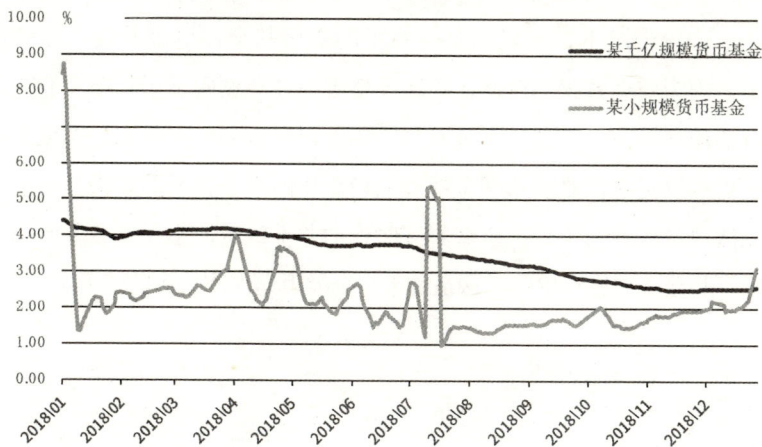

数据来源：Wind，2018/01/02—2018/12/28

散户越多，收益率越稳定

通常情况下，资金面紧张（市场利率高）时货币基金收益率高，资金面宽松（市场利率低）时货币基金收益率低。但我们细心观察就会发现，同样是在钱紧的时候，有的货币基金收益率大幅度提高，而有的反而下降，为什么呢？

这就要和货币基金投资者的申赎行为联系在一起。如果在资金紧张的时候，有大量的客户申购货币基金，那么基金经理就可以到市场上拿更多的高利率资产，从而提升货币基金的收益率；如果这时有大量的客户赎回货币基金，基金经理就只能到市场上把资产卖掉，而且很有可能是打折才能卖出（因为资金紧张没人接盘），收益率自然下降。

一般情况下，以机构资金为主的货币基金，更容易受到负面冲击，因为资金紧张的时候，机构投资者往往会赎回货币基金来补充自己的流动性，而且这一行为具有趋同性，所以如何在月末、季度末稳住机构投资者，是货币基金经理们最头疼的事。相反，如果货币基金以散户投资者为主，在资金紧张时他们并不敏感，不仅不会大面积赎回，甚至还会进行申购，这是货币基金经理们喜欢看到的情形。

公司实力越强，货币基金越安全

要想把货币基金管理好，难度并不小，基金公司至少在以下几个方面有较强的实力才可以。

（1）投资能力：货币基金的投资需要基金经理对组合的期限、品种有较好的把握，以适应货币市场的快速变化。

（2）交易能力：如何能够在市场上拿到性价比更高的券种，如何将基金资产以更高的价格投出去，都需要基金公司有较强的交易能力才行。

（3）信用研究能力：虽然货币基金持有的资产大多是期限较短、评级较高的债券，但在债券违约频发的情况下，货币基金尤其需要注意"不踩雷"，包括在做质押式回购时对质押券的审查，坚决不让有风险的券种入库。因为大多数货币基金使用摊余成本法，一旦"踩雷"风险极大。

（4）流动性管理能力：货币基金是现金管理工具，非常容易遭受流动性冲击，对基金经理的流动性管理要求很高。特别在资金紧张时，如遇到大额赎回，对基金的负面影响特别大。如果基金公司能够从股东关联方、渠道客户、机构客户那里获得流动性支持，就能减轻这方面的压力。

（5）公司整体实力：如货币基金不幸出现了投资风险，公司实力越强，能够调用的资源就越多，处置和化解风险的能力也就越强。

腾安研究	编写	汇添富基金	审阅

第4章
股票基金

4.1 挑选股票基金的3大维度是什么

股票基金（又称股基）具有高收益、高风险的特征，许多投资者想买股基以博取更高的收益，却又害怕选错产品而迟迟不敢下手。在此，我们为大家提供一种选择股基的方法，投资者可以从基金公司、基金经理、过往业绩这3大维度出发进行选择。

看基金公司

想选择一只好股基，可以先看看这只基金的公司"背景"。重点需要关注基金公司以下几个方面。

（1）人员配置：基金投资并不是基金经理一个人的"孤军奋战"。一家好的基金公司可以吸引优秀的人才，也有精力和实力去建立比较完善的投研团队和产品线。投资者可关注公司是否有卓越的股票投研团队，它能够辅助基金经理进行深度分析、审慎决策并把控股市风险。另外，如果一家公司人员变动过多，尤其是高层变动过多，那么这些不稳定的因素就很可能波及该基金的业绩表现。

（2）业界评价：在投资时可多关注业界对基金公司的评价，如《中国证券报》（评选的金牛基金公司）、银河证券基金研究中心等，都是相当客观并具有权威性的。

结论一：人员稳定、股票管理能力强、业内口碑好的基金公司往往更容易培育出股基中的"优等生"。

看基金经理

基金经理作为基金的最终掌管人，要对该基金的每一笔投资负责，因此基金经理直接决定了基金业绩的好坏。重点需要关注基金经理以下数据。

（1）从业年限：看基金经理的从业经验，一般来说，经历过完整牛熊市场（3~5年一个周期）的基金经理在面对股市波动时更能随机应变，心态也相对更好。随着投资时间、经验的积累，基金经理各方面能力往往都有机会变得更强。因此可考虑选择从业年限更长的基金经理。

（2）跳槽频次：看之前跳槽是否太多，因为如果你选中了一只基金，而基金经理跳槽了，那么必然面临更换基金经理的问题，此时你买的基金就已经"物是人非"了，必然会影响未来这只基金的业绩表现。

（3）投资风格：首先看他在风格上有没有偏好，如偏好成长股、价值股等；其次看他操作，是喜欢集中还是分散；再看他的行业仓位的变动，是喜欢精选个股还是择时；最后结合他自身经历，看能否把这方面的优势发扬和保持，这是比较关键的。如果基金经理的风格一直在变换，很可能说明他自己的投资理念不够成熟，不建议选择他掌管的基金。

结论二：从业经验5年以上、跳槽少、风格稳定的基金经理更可靠。

看过往业绩

基金的过往业绩表现，虽不能代表未来，但可以体现过去基金经理的管理能力，这需要关注基金以下业绩指标。

（1）历史收益率：可通过查看基金过往的收益率走势与大盘指数或业绩基准进行对比，这样可以纵向看这只基金成立以来完整的业绩相对表现。选择长期跑赢业绩比较基准的基金，因为这说明基金过去给投资者带来的超额收益情况。

（2）各区间业绩排名：可通过看同类业绩排名来横向比较一只基金的过往表现，应关注基金多个区间的业绩排名情况，比如近3个月、近6个月、近1年、近2年的同类排名情况，尽量选择各区间排名在前1/3的基金。

（3）夏普比率：夏普比率就好比买基金的"性价比"指标，用来判断基金的收益风险比。在相同风险前提下，我们都希望基金带来更高的回报；或在相同收益的前提下，所承受的风险最小。简单来说，就是夏普比率越高，基金的收益风险比越高，越值得购买。

（4）最大回撤率：最大回撤率是一项重要的风险指标，表示在一段时期内基金净值下降到最低值时所产生的净值回落的最大幅度，即客户在这段持有期间可能遭遇的最大损失。需要注意的是，最大回撤率大并不代表基金在未来的反弹中所产生的业绩回报就越高。最大回撤率代表过往风险，在相同条件下，最大回撤率小的基金相对更值得关注。

结论三：在看基金过往业绩时，要以长期来看、各个阶段来综合评判一只基金的表现，因为基金本身就适合长期持有，切忌"追涨杀跌"。

中欧基金 ZHONG OU ASSET MANAGEMENT	编写	中欧基金 ZHONG OU ASSET MANAGEMENT	审阅
中欧基金管理有限公司成立于2006年，是国内首批员工持股的公募基金管理公司之一，有国资、外资、员工持股以及民企的混合所有制背景，致力为客户提供超越市场的长期回报，打造"聚焦业绩的主动投资精品店"。自2014年起，中欧基金连续6年蝉联行业最高奖项"金牛基金公司"（2014—2019年，《中国证券报》颁发），截至2019年12月，资产管理规模超3000亿元；过去6年，中欧基金主动权益投资业绩位居行业第二名。（数据来源：银河证券基金研究中心《中国证券投资基金基金管理人股票投资管理能力评价报告》，截至2019/12/31，算术平均口径，近6年排名为2/68）			

4.2　股票基金如何止盈和止损

股票基金止盈技巧

止盈很难，因为"见好就收"往往抵抗不过人性的贪婪；但止盈又很重要，它决定了你最后能赚到多少钱。一次小小的下跌可能会吞噬我们前期好不容易积累的盈利，这就是为什么要止盈的原因。

那么具体如何操作呢？这里介绍两种方法。

1. 目标收益率止盈法

适用于目标明确的投资者，设定一个目标值，达到就止盈。例如设置预期收益率为10%、20%或25%，达到后果断赎回、落袋为安，未来涨跌都与我无关。

那目标收益率设多少合适呢？可以参考以下公式：

目标收益率=预期投资年限×（基金年化收益率+年通胀率）

假设你对基金的年化收益率预期是10%，年通胀率是3%，那么：

如果预期投资年限是2年，那止盈收益率可以设为：（10%+3%）×2=26%

如果预期投资年限是3年，那止盈收益率可以设为39%……以此类推。

2. 设置多个止盈点

在反弹市场中，如果对后市走势不确定，使用这种方法既可以部分落袋为安，又有机会博取更高的收益率！

（1）设置多个止盈点，比如20%、40%、60%。

（2）当投资收益率达到20%时，赎回1/2的基金份额落袋为安。

（3）剩下的份额用来冲击更高的收益率。

股票基金止损怎么做

股票基金的投资中，止损要慎重，那如何面对基金的大幅度下跌呢？

1. 账户亏损时，要不要止损

虽然投资要避免盲目割肉，但出现亏损时，并非不能止损，不过建议先自查以下几点：

（1）当前是不是真的缺钱，还是仅仅看到净值下跌想卖出，这部分资金有没有影响生活？

（2）近期的亏损，严重影响心情了吗？

（3）是否不再看好，且不准备再投资该基金？

如果这三条答案是肯定的，那可以考虑止损离场。

我们不建议大家将预计用来生活的钱拿来投资，投资应当用短期内不会用到的资金，去投资符合自己风险承受能力的基金。

如果以上问题都是否定的，那么再看基金的亏损符合以下哪种情况：

（1）基金的基本面，投资方向有问题，如投资了过多估值过高的股票。

（2）由于大盘整体下跌，或者是由板块轮动造成的，整体估值仍不高。

如果是第2种情况，建议不要轻易止损。板块是来回轮动的，轻易换基金或将带来更大的损失。与其着急变现，不如看看有没有办法挽回损失。

2. 如果不止损，如何降低亏损

震荡市中我们还需要给予基金更多的时间和耐心。亏损时，使用加减仓"组合拳"的打法可能效果更好。

（1）如果你是新手，建议使用定投方式加仓。

如果仍看好后市，可以在下跌时使用定投开启加仓操作。随着净值下跌的更多，可以考虑逐渐增加每次定投加仓的金额，以期摊平投资的平均成本。一旦市场回暖，回本盈利的速度也可能会快速增长，如下图所示。

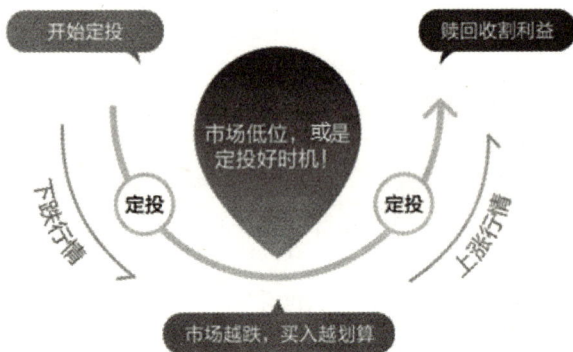

进一步，如果有把握，也可以在历史低位加一笔重仓，效果或更出色。

（2）如果你是高水平选手，可以考虑以下这种加减仓"组合拳"打法。

第一步，趁反弹减仓。

如果你认为后期基金价格还可能下跌，可以选择在每次小反弹时减仓，随着净值的拉升，每次减仓的比例应该逐渐增多，直到你认为目前的价格不再被高估，结束减仓。

将"基金净值发生10%的变化"作为加减仓的信号。如与上一次减仓相比，基金净值上升了10%，就进行下一次减仓，也就是通常所说的"倒金字塔减仓法"，如下图所示。

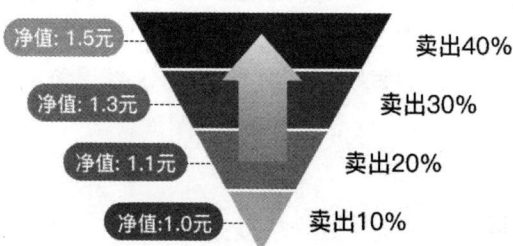

净值: 1.5元 — 卖出40%
净值: 1.3元 — 卖出30%
净值: 1.1元 — 卖出20%
净值:1.0元 — 卖出10%

第二步，下跌时加仓。

减完仓先别着急放弃，下跌时使用加仓操作有望有效填平之前亏损的"坑"。

举例来说，可以将总加仓金额分为4份：10%、20%、30%和40%，逐层递进形成一个金字塔，直到你认为目前的基金价格已经不能再被低估了，结束加仓，如下图所示。

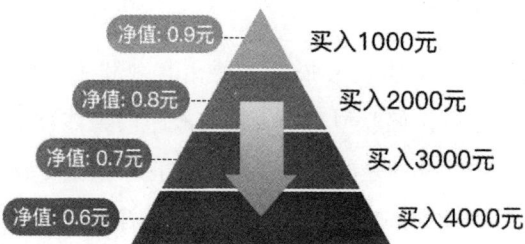

净值: 0.9元 买入1000元
净值: 0.8元 买入2000元
净值: 0.7元 买入3000元
净值: 0.6元 买入4000元

市场震荡时先别恐慌"割肉",冷静下来,了解自己的资金安排,做出"有心机"的投资计划,才能赚取更多收益。

ⓑ 交银施罗德 BOCOM Schroders	编写	ⓑ 交银施罗德 BOCOM Schroders	审阅
交银施罗德成立于2005年,是第一批银行系合资基金公司,坚持稳扎稳打,努力为投资人管理好资产。权益团队的主动管理投资能力在行业内领先,凭借持续优异的业绩表现,获业界权威大奖认可,多次荣膺"金牛基金公司"称号。我们将专注做好投资这件事,愿与你共同投资美好生活!			

4.3 如何提高基金投资获胜的概率

在投资道路上,短期浮亏不可避免,然而不少投资者在基金投资出现亏损时,难以理性地应对,常常一出现浮亏就赎回。其实,只要我们搞清楚亏损背后的逻辑,就可以减少亏损,甚至扭亏为盈。

我们从三个角度分析并解答这个问题:造成基金投资亏损的主要因素有哪些?投资者有什么非理性行为导致亏损?基金投资亏损该怎么办,赎回还是不赎?

造成基金投资亏损的原因

基金投资之所以出现亏损,主要由客观和主观两方面因素构成。客观层面来讲,偏股型基金表现与股市的整体行情密不可分,熊市亏损和牛市亏损的逻辑往往不同,牛市中基金亏损的原因可能在于基金经理的投资策略、投资者的操作偏好等,熊市中则要更多考虑市场系统性的下跌。此外，市场的风格转向也与基金的表现密切相关。

除了大环境的影响，在大部分可接受的市场波动环境下，还有什么原因会导致基金投资亏损呢？

1. 投资者对于投资的认知程度不同

大多数投资者是用碎片化的知识、抱着博弈的心态投资，一部分人会用一些逻辑分析来博风格、碰运气，只有少数人能通过全面的认知、系统性的分析在市场中长期获利，长期赚钱的投资者一般都持有正确而适合自己的方法论。所以，基金亏损一个重要的主观因素就是投资者自己，无法摆脱一些错误的投资习惯。

2. 投资者难以克服人性的弱点

在投资中，投资者需要跟人性的贪婪和恐惧做斗争。虽然在入市之前都能看到"投资有风险，入市需谨慎"的提示语，但很多人没有真正、完全地理解这句话。尤其在单边上涨的牛市中，很多投资者狂热的进入市场，甚至加了很高的杠杆来博取短期收益。即使已经达到了投资前自己设定的止盈目标，看着不断上涨的点位，还是按捺不住内心对收益的追求，随着市场指数的升高不断追加筹码。这样导致的结果是，随着点位越来越高、风险越来越大，仓位却越来越重，投入的资金越来越多，持有基金的投入成本不断提高。一旦市场波动，资产就会面临大幅缩水。这就是为什么很多基金看起来收益率不错，但是投资者却赚不到钱的原因。

我们举例来看，不同的投资者持有同一只基金，最后的收益是否相同？取东方红存续期最长的一只产品来看，我们可以发现随着持有期的增长，投资者获取正收益的比例是逐渐增大的，获取的平均收益率水平也有明显上涨。

我们持有同一只产品，持有时间的长短，会对我们的收益率产生很大的影响。这意味着，投资者不仅面临客观环境因素的影响，也需要克服不少人性的弱点。

投资者的非理性行为

在人性弱点的驱使下，投资者往往很容易做出以下3种错误的投资选择。

1. 追涨杀跌

普通投资者可能不会有那么多的时间去研究证券市场，不完全具备金融学知识，基于对投资收益的渴求，同时在人性弱点的驱使下，往往会陷入追涨杀跌的困境。从众心理往往驱使我们在市场狂热的时候狂热，在市场低迷的时候悲观，导致投资成本不断升高，使得投资的基金亏损的概率增加。

2. 更愿意持有长期业绩不佳的产品

投资者面对赚钱的产品，往往都会有保住收益的想法，选择先落袋为安，而亏钱的产品往往继续保留，等待"解套"的那一天，但真实情况往往是长期业绩表现不佳的基金，未来表现继续落后的概率更高。

3. 频繁交易、追逐热点

有些投资者过于在意短期收益，这样不仅无法获得长期复利回报，还会让投资者支出各种费用，频繁的交易费用也抵消了不少的收益。且每次申赎的操作都包含对市场误判所带来的亏损风险，频繁申赎操作也提高了投资失误的概率，加大了投资亏损的可能。

如何理性进行基金投资

我们该如何尽量避免基金投资亏损，更理性地应对投资呢？

1. 先诊断

首先，我们要对所持有的基金进行基金诊断，可以坚定持有的，仅适用于长期业绩表现较好的产品。对于长期运作不好的基金，只能越补越亏。如果所持有的基金业绩3至5年间长期大额亏损，基金诊断中打分很低，可以考虑转换，转换到一只历史业绩优秀、长期表现稳健的基金。

2. 基金定投

其次，投资者还可以选择基金定投，珍惜在市场低位"捡"廉价筹码的机会，以此不断平滑成本。在市场持续下跌的情况下，可以增加定投的金额，这样放大了定投平滑成本的效果，未来一旦市场反弹，盈利空间更大。这也就是我们常说的逆势布局，其实也就是巴菲特所讲的，"在别人恐惧的时候贪婪，在别人贪婪的时候恐惧"。具体来讲，可以在市场震荡下跌、情绪较为低迷时，大量买入相对便宜的筹码，坚持长期持有。

基金定投是如何具体帮助我们平滑成本呢？举例来看，假设在市场2000点的时候，某指数基金净值为1元，A参与2000份，B参与2000元；在市场4000点的时候，某指数基金净值2元，A参与2000份，B参与2000元；当市场回到3000点的时候，指数基金净值1.5元。那么我们来看下A、B各自的投资成本，A的平均成本就是市场的中枢成本，是1.5元，B的平均成本是定投成本，只有1.33元，可以看出在波动的市场中，定投有效地帮助我们摊平了成本。

由于错综复杂的市场环境和人性弱点，投资基金难免会出现亏损的情况。投资者要想取得较好的收益，首先要有良好的投资心态，其次，要养成正确的投资习惯——坚持定投、逆势布局、长期持有，避免频繁操作。最后，面对选错的、长期亏损的基金，要学会及时止损，及时转换。希望各位在漫长的投资理财道路上，都能步步稳健，取得不错的收益。

东方红 资产管理	编写	东方红 资产管理	审阅
上海东方证券资产管理有限公司成立于2010年7月28日，是获中国证监会批准设立的业内首家券商系资产管理公司。东方红资产管理团队自1998年开始从事资产管理业务以来，经历多轮牛熊市的考验，积累了丰富的资产管理经验和风险管理经验。团队始终坚持价值投资理念，追求绝对收益，长期投资业绩领先，多次荣获最佳资产管理人称号，被业内誉为金牌资产管理团队。截至2019年12月底，东方红资产管理旗下权益类基金3年期、5年期业绩均稳居第一。2018—2020年，东方红资产管理连续三年荣膺金牛奖，2020年荣获"权益投资金牛基金公司"奖项（数据来源：中国证券业协会、海通证券基金研究中心、《中国证券报》）			

4.4　如何进行逆势布局

关于投资，我们经常听到几种说法：一是"我喜欢做波段"，认为自己有能力通过预测市场、低买高卖来赚钱；二是基于一些分析，预判未来某些股票要上涨或下跌；三是认为震荡市和熊市没有大行情，先不参与，等牛市来了再买。

这些说法都建立在预测市场的行为之上。先有预测，再根据预测决定买或者卖。

但现实往往非常残酷，因为预测市场非常困难。而且在市场环境中，人类的情绪波动会放大，羊群效应会加剧，人类的天性决定了我们很难通过预测市场赚到大钱。

1. 不要预测市场

想要依靠预测市场赚到大钱，就要低买高卖。然而，回溯证券市场历史会发现，绝大多数的偏股基金认购、申购都集中在股市的高点，而在市场低位时，反而没有多少投资者购买偏股基金。

为什么会这样呢？因为大家都有趋利避害的天性。当市场处在低位时，情绪恐慌，我们很难战胜自己的内心，坚持购买。而在大牛市中，即使涨到了6000点，大家都会觉得牛市还会继续。"遥指一万点"这句话在2007年和2015年的大牛市中都曾经在市场上出现过。

我们还经常听说，有一些人在市场高点成功"逃顶"。这其实是一种"幸存者偏差"，预测对了赚钱的人，会大肆宣传自己的成功，但预测错了亏损的人，往往默不作声了，因此我们听到的总是那些成功地预测了市场的人的声音。而事实上，预测市场的成功率并不高，而且有很大的运气和偶然因素。

即便具有更强的专业性，也未必能让预测市场这件事变得更好。比如，一些专业的机构投资者，都曾在牛市结束后损失惨重。作为普通投资者，更不应该把自己的投资建立在预测市场之上。

2. 为什么要逆势布局

我们应当从过往的经历中吸取教训，掌握更加有效的投资方法。

回顾过去，如2013和2014年，牛市尚未启动时，参与投资的投资者非常少。而在2015年上半年，大量投资者是在市场疯狂时的高位进场，在市场下跌后绝望斩仓离场。

很多投资者都认为，应当在大牛市中赚钱，投资要等到大牛市来临。但事实上，判断市场涨跌的时间点非常困难，成功率很低，牛市快速上行的那一部分虽然很诱人，但未必能转化为真实的收益，相反追涨杀跌带来的风险更高，收益也更加不确定。

绝大多数人会有从众心理，而市场的一致预期并不可靠，越是在大多数人涌入时，反而是风险急剧累积的时候；越是在大多数人绝望的时候，长期来看反而存在着机会。

我们不需要预测市场，只需要逆势布局，在相对低位买入即可，无论是在牛市之前提早布局，还是在熊市市场低迷时埋伏，抑或是在漫长的震荡市中持续买入，最终大概率能获得较为满意的结果。

在市场点位不高、投资比较清淡的时候进场，能够大幅提升投资获胜的概率。在类似这样的时点进行投资，就是逆势布局。

我们相信且有大量数据证实，逆势布局、长期投资的方法非常有价值。它并不复杂，也不需要判断市场的短期涨跌，每个人都有能力实现，且大概率会带来性价比更高、更稳健的收益。

3. 逆势布局需做到的几点

要做到逆势布局、长期投资，需要注意哪几点呢？

（1）掌握资金状态：一年以上，甚至三年以上长期不用的钱（长钱），适合进行偏股类型基金的投资。"长钱"可以参与波动较高的投资，通过拉长投资的时间跨度应对市场波动，充分发挥"长钱"的优势，提高胜率。

（2）不预测市场：减少不必要的预测，不跟随所谓的"市场一致判断"。因为预测市场很困难，成功率不高，但在市场较低点位的时候开始投资，不用担心也不需要知道低位会持续多久，只要买得不贵，长期投资就能大概率获得满意的回报。逆势布局并不是要找到市场的最低点，只需要找到相对比较低的位置，就已经足够了。

（3）坚持持有优秀的产品：选择优秀的产品后要坚持，尤其是在市场波动，甚至浮亏时更要坚持。找到一个长期表现优异的产品，逆势布局，不用在意短期波动，通过长期持有，获取优秀产品长期增长的收益。

总的来看，逆势布局、长期投资是可行的，值得每一位投资者尝试。

东方红 资产管理	编写	东方红 资产管理	审阅

4.5　为何要尽力避免频繁交易

投资者与市场之间是一个互动的关系，二者不断地相互影响。投资者对市场的感知和市场的实际表现往往相反，每一次择时成功的概率其实都不高，若再增加择时的频率，进行频繁交易，成功的概率就更低，对组合收益的影响会更大。投资者的行为，往往加剧了市场的同向波动。

频繁交易可能导致投资决策正确概率的下降，持有时间影响赚钱效应。投资者如何克服心理障碍，在下跌时保持平静，在上涨时敢于拒绝诱惑，降低频繁交易对于净值的损耗呢？

非理性行为普遍存在

基于对亏损和回撤的天然厌恶，大多数投资者极易在市场震荡或下跌时选择降低仓位来及时止损或减少盈利回吐，然后通常又等市场企稳之后再买进，这是基于什么原理呢？

这有点类似于"君子不立危墙之下"，投资者通常希望自己在安全的地方，远离危险的地方，但这种想法不切合实际。

例如，在净值下跌的过程中卖出，会导致资产缩水，等市场企稳再进去，又会提高持仓成本，这其实是大多数投资者惯有的思维。这种操作在一定程度上导致了追涨杀跌行为的存在。这种交易是比较常见的，也往往损害了持有基金的最终收益。如何理解投资者基于理性思考而导致的非理性行为呢？

我们根据投资者交易的行为特征将投资者分为"价值交易者"和"趋势交易者"。价值交易者较为严格地遵循价值回归的原则，秉承巴菲特说的："不要仅仅因为价格下跌就卖出价格被明显低估的资产"，那是非理性的做法，但真正能做到的却很少；相对地，另一部分投资者牢记杰西·利弗莫尔的教诲，尊重趋势，坚持浮盈加仓和亏损离场。

投资者一般都懂技术分析，尤其是大多数个人投资者，乐于钻研图形和技术，会用一些指标判断交易；而即便信仰价值投资的投资经理，在仓位管理上也难免会进行趋势交易。

我们常常可以看到一个有意思的现象：短期来看，市场上涨时，投资者的情绪是乐观的；市场下跌时，投资者的情绪是悲观的。反过来也会发现市场有这样的规律，投资者情绪持续乐观时，市场往往已连续上涨了一段时间；投资者情绪持续悲观时，市场往往已下跌了一段时间。

其实投资者与市场之间是一个互动影响的关系，就像反身理论一样：投资者根据掌握的资讯和对市场的了解，来预测市场走势并据此行动，而其行动也反过来影响、改变了市场原来可能出现的走势，二者不断地相互影响。但是根本不可能有人掌握完整的资讯，再加上投资者会因个别问题影响认知，令其对市场产生"偏见"。

正是因为对市场的这种"偏见"，投资者对市场的感知和市场的实际表现往往相反，因此每一次择时成功的概率其实都不高，如若再增加择时的频率，即频繁交易，成功的概率就更低，对组合收益的影响会更大。投资者的这种思考和选择，往往会加剧市场的同向波动。

克服障碍的技巧

如何克服心理障碍，在下跌时保持平静、在上涨时敢于拒绝诱惑，降低频繁交易对于净值的损耗呢？

1. 减少交易次数能降低犯错概率

投资者在频繁交易时面临两个风险，第一个是频繁交易会使交易成本不断增加，第二个是每一次交易都面临一买一卖两次择时，在不断择时过程中往往会拿不住好的投资品种。

其实，投资者要想从交易中获取好的价差难度很大。本质上，每一笔交易都是一次独立决策，但事实上不可能每一笔交易都正确，假设每次决策正确的概率为P，那么要使N笔都正确的交易就是一个简化的伯努利模型。举例来说：如果一次交易要通过两步来完成，即买和卖。买对的概率是70%，卖对的概率也是70%，那做对整个交易的概率只有70%×70%=49%。

当N越大也就是交易次数越多时，这个概率是越来越小的，直至无限趋近于0。事实上只要每次交易正确的概率不是100%，那么交易的次数越多，全部交易的总体正确率会随着次数的增多而不断下降。这还不包括在交易中，前一次亏损的交易会通过情绪影响下一次决策的正确性，比如上一笔交易是失败的，容易降低下一次交易的成功概率。这样的话，就又变成了一个条件概率，进而导致全部交易的总体正确率更低。

通过上证指数走势和偏股基金的发行份额对比，我们会发现，在应该买入的时点，投资者买入的基金份额是最少的；在应该卖出的时点，投资者买入的份额却是最多的。总而言之，这个市场总是在不断地诱惑投资者进进出出，投资者高抛低吸的美好愿景往往在追涨杀跌的过程中得到一个全然相反的结果。而高位建仓使得实际成本远高于预期，这样就导致赚钱的概率大大降低了。

2. 持有时间越长赚钱概率越大

一些关于大类投资品收益状况的统计数据显示：从年化收益率来看，假如回到2001年，购房会是一个绝佳的投资选择；同时偏股型基金的年化收益率也出人意料地达到了相似的水平。

但从投资者实际感受来看，通过配置基金来实现的收益率并没有达到如此水平。这也引起了一系列思考：为什么我们疯狂地买房子，而年化收益率类似但流动性更好的偏股型基金会被无情的忽视呢？

任何资产都具有收益、波动和流动性等多维度的一些特性。对比分析让大家疯狂的房子和被多数人忽视的基金，我们会发现：两者在长期收益端水平相似，长期向上。但房子本身拥有居住的功能属性，同时受到流动性相对较差、价格敏感度不高的属性影响，非常容易长期持有，也就是我们常说的所谓"拿得住"。反观基金，价格敏感，短期内就会存在一定波动，有时候波动还很大，因此很难做到长期持有。

投资者的最终收益取决于能够长期地拿住一个整体向上的资产组合。降低交易频次、长期持有整体向上的资产组合，只有做到了这两点，才更能实现长期可观的收益。

以东方红旗下首只三年封闭运作的基金——东方红睿丰混合基金为例，在三年封闭期内投资者不能赎回，通过封闭机制帮助投资者规避追涨杀跌行为和引导长期投资，三年封闭期满时，基金经理创造的三年投资收益完整的成为投资者的持有收益。

假如投资者面对的是一个开放式基金呢，会不会有投资者在短期盈利后止盈了？会不会有投资者在经历过股灾、熔断的反复暴跌后忍痛割肉呢？会不会有投资者等不到恢复到前期高点后就赎回呢？根据以往的经验，答案大概率是肯定的，真正能持有到最后，享受到三年封闭带来的收益的投资者只会是少数人。

所以对于有持续增长逻辑的业绩优秀的产品，应淡化短期波动、坚定长期持有，即使是开放式的产品，也建议大家长期持有。

我们不能预知未来。要预测新一轮长期牛市什么时候到来，以及究竟有多远，是很困难的。投资者应该逐渐从牛熊市思维转移出来，淡化指数的行情，更加强调自下而上的研究，真正分享行业和公司成长的长期收益。

频繁交易可能导致决策正确概率的下降，持有时间会影响赚钱效应，对于有持续增长逻辑的绩优产品，应该淡化短期波动、坚定地长期持有。

不预测市场，坚定自下而上的研究，这有助于投资者增强投资的信心，以"任凭风吹雨打，胜似闲庭信步"的心境，寻找真正的成长价值，规避频繁交易的负面影响，为自身带来长期的投资回报。

东方红 资产管理	编写	**东方红** 资产管理	审阅

4.6　如何正确看待股市大跌

股市大跌可预测吗

躲避大跌的前提是预测到股市的下跌，但谁敢保证自己能准确预测呢？设想这样一种情形，昨天开盘的时候有人预测到今天会大跌，他们肯定就会尽快清仓，其他人看到后也跟着趋势跑，那么就不用等到今天，昨天就会大跌。

学术界有多种模型用来描述股价的走势规律，但无论是股价的几何布朗运动，还是随机游走模型，其中都包含随机变量，也就是不可预测的成分，明天到来之前，没有任何一个模型能准确地预测它将上涨还是下跌，不过有些模型可以给出概率值，但也只是发生概率，而非确定性事件。

股价是太多因素共同作用下的结果，并且这些因素一直在动态调整，比如利息涨跌、汇率变动、国家产业政策、税收政策、行业竞争格局、消费者偏好、投资者情绪等。

投资大师怎么说

彼得·林奇曾说："我根本无法预测股市何时会发生暴跌，而且据我所知，和我一起参加巴伦投资圆桌会议的其他投资专家们也无法预测，那么何以幻想我们每个人都能够提前做好准备免受暴跌之灾呢？"

巴菲特也曾说："我从来没有见过一个能够预测市场走势的人。"

事实上，巴菲特曾遇到过4次股市暴跌，其中3次标普500指数跌幅超过50%。在1987年10月19日的"黑色星期一"，标普500指数下跌20.47%，彼得·林奇管理的麦哲伦基金当天损失20亿美元，巴菲特损失了3.42亿美元，索罗斯也遭遇了其投资生涯的最大一次"滑铁卢"，所管理基金的净值在两周内下跌了32%。

如果连投资界的传奇人物们都坦言无法预测大跌，我们又何必苛求自己？所以如果你没有成功躲避大跌，也完全无须自责。

但我们也可以看到，短期的大跌依旧挡不住他们创造长期业绩神话，从巴菲特接管伯克希尔开始，其每股净资产在53年内年均增长19%；麦哲伦基金在彼得·林奇管理的13年间，投资总收益达到29倍，年平均复合回报率达29%，如下图所示。

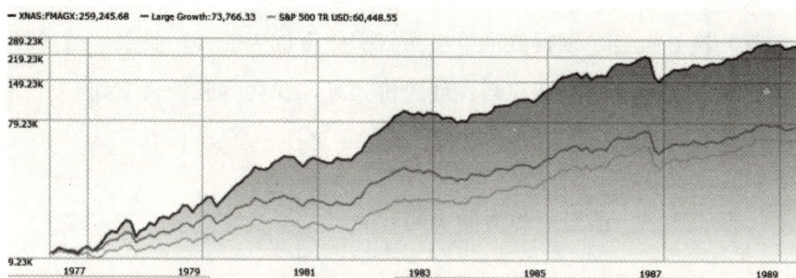

> XNAS:FMAGX:259,245.68 — Large Growth:73,766.33 — S&P 500 TR USD:60,448.55

数据来源：Morningstar；数据区间：1977/5/1—1990/5/1（彼得·林奇管理麦哲伦基金时间段）

大跌真的可怕至极吗

有个很简单的道理：一件东西，100元钱的时候大家争着要，当它跌到10元钱的时候，东西本身没有发生变化，大家却都不想要了。如果它100元的时候你喜欢它，那10元钱的时候应该更喜欢，并且要毫不犹豫地买入才对。

同样在股市中，杀跌心理非常普遍，但其实是缺乏理性的。彼得·林奇认为，那些在股市里亏损或者赚不到钱的人，都是被股市大跌给吓跑了。

市场的大幅下跌确实让人胆战心惊，毕竟当你看着账户上的巨额损失时，很难不把它当回事。但投资并非一次性任务，而是一个持续不断的过程；股市也并非永远停留在那根大阴线上，后续还有更多的剧情要演绎。

彼得·林奇在回顾了历史上的40次大跌后得出结论：公司的质地不会因为股价的涨跌而发生变化，所以股市大跌其实是好事，让我们又有一次好机会，以很低的价格买入那些很优秀的公司股票。很多时候，我发现一家好公司，却发现股价太高，我会等股价调整到一个合适的买点再进场，股市的大跌正好提供了这样一个契机。

股市大跌一般有两种情形（见下图）：

一是估值过高，比如2008年、2009年和2015年，大跌都是发生在前期快速上涨的牛市助长了资产泡沫后，这类下跌往往持续久、幅度大，建议投资者遇到这种情形时保持谨慎；

二是整体估值并不高，但大家预期非常悲观，担忧经济变得更差，比如2012年和2018年，但如果我们相信，长期来看经济一定会增长，那就不应该对于短期调整太过焦虑，较低的估值提供了安全垫，而下跌以后的价格也让优质公司变得更有吸引力。

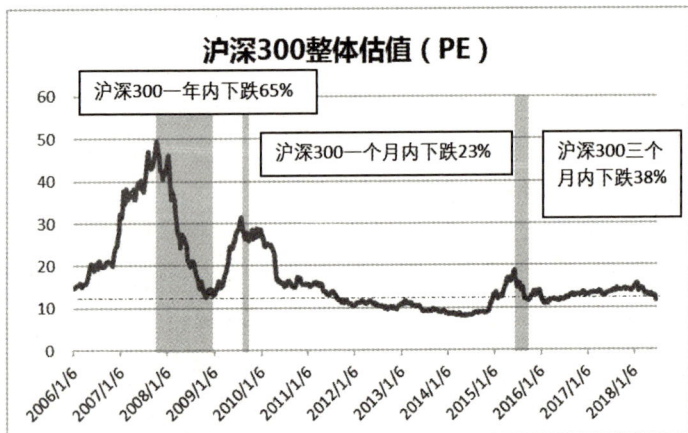

沪深300整体估值（PE）

沪深300一年内下跌65%

沪深300一个月内下跌23%

沪深300三个月内下跌38%

数据来源：Wind；数据区间：2006/1/1—2018/7/6

大跌时应该怎么应对

面对股市大跌时，巴菲特在接受《福布斯》采访时说："我就像一个非常好色的小伙子，来到了女儿国，投资的时候到了。"于是，他选择从容出手，大胆地买入，甚至是跌得越狠抄底资金越多。

在A股市场，我们也可以看到，不管经历过多少次大跌或股灾，真正优质的公司最后都能涨回来，而且不断创下新高。不管某一天股市下跌5%还是8%，最终优秀的公司总会胜利，而没有竞争力的公司可能下跌后就回不来了，投资这两类完全不同的公司的投资者可能将会得到完全不同的回报。

所以，面对大跌的时候，我们要做的不是立即清仓，或猜测明天是涨是跌，而是沉下心来，反思手中持有资产的质量。如果是优质的资产，又在自己风险承受能力之内，可以继续持有，等待它创新高的一天；如果没有信心，还是应该趁早舍弃，重新寻找那些"物美价廉"的资产，这其实是一个"拔掉野草种鲜花"的绝佳机会。

当然，我们还要学会等待，不要总指望着买入后第二天就上涨，事实上在股票投资中，我们常常是用20%的时间赚到80%的钱，剩余那80%的时间都是在蛰伏等待。截至2018年6月30日的过去10年中，上证指数只上涨了4%；这10年内经历了两轮牛市，分别是2008年11月—2009年9月，指数上涨了97%；2014年6月—2015年6月，指数上涨了138%。这两轮牛市加起来一共不到两年的时间。

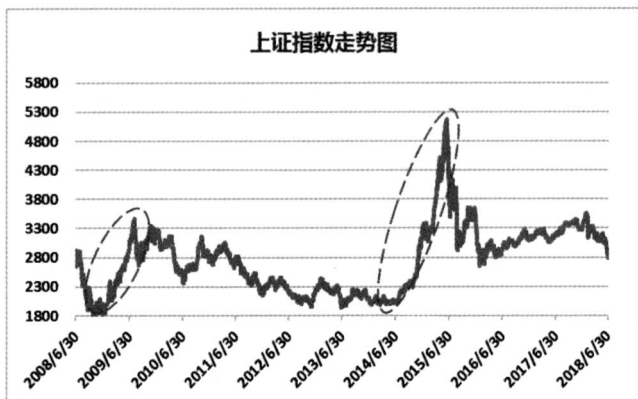

上证指数走势图

数据来源：Wind；数据区间：2008/6/30—2018/6/30

有人会问：为什么不等到那20%出现的时候再入场？因为没有人能预测到那20%的时间什么时候出现，当你真正发现的时候，也许只剩10%了。

如果不能提前埋伏在股市中，等到牛市来临时，再入市已经有点晚了。很多人就是在牛市中后期才入市，可能就不幸成了接牛市最后一棒的人。

这也是股票基金赚钱，而很多基金投资者抱怨不赚钱的原因之一。

⚡兴证全球基金 AEGON-INDUSTRIAL FUND	编写	⚡兴证全球基金 AEGON-INDUSTRIAL FUND	审阅
兴证全球基金管理有限公司，始终以"基金持有人利益最大化"为首要经营原则，敢于并多次向持有人提示风险；专注投研能力、股债投资能力双优，2020年第11次摘得基金界"奥斯卡"的年度基金大奖，旗下基金13年内共摘得43座金牛奖（投资能力数据来源：银河证券，兴证全球基金过去6年股票投资管理能力位居行业第1，收益率达205.71%；过去6年债券投资管理能力位居行业第1，收益率达83.85%，截至2019/12/31，采用算术平均计算；评奖数据来源：《中国证券报》，截至2020/3/31）			

4.7 行业或主题基金有何特别之处

主题基金

主题基金指集中投资于某一个行业、某一个区域、某一个策略或者某一个主题的股票基金。通常情况下，基金合同中会规定基金非现金资产的80%需投资于某个特定行业或主题。

其深耕于特定主题下的行业或概念，崇尚"小而美""自上而下"的主题投资策略，收益与特定行业或概念的关联度极高，同时净值波动也可能会比普通基金更大。

主题基金的主题繁多，不仅涵盖各种行业的主题，比如金融、房地产、医药、消费等，还有时势造就的热点主题，比如5G、大湾区、MSCI等。常见部分行业主题基金涉及领域见下表。

序号	行业	序号	行业	序号	行业	序号	行业
1	TMT	13	证券	25	有色	37	保险
2	传媒	14	军工	26	MSCI	38	金融地产
3	电子	15	农业	27	大数据	39	其他
4	价值	16	商品	28	5G	40	人工智能
5	银行	17	消费	29	半导体	41	高端制造
6	地产	18	家电	30	国企改革	42	环保新能源
7	钢铁	19	汽车	31	红利股息	43	食品饮料
8	煤炭	20	能源	32	基本面	44	文体娱乐
9	基建	21	医药	33	互联网	45	区域概念
10	龙头	22	生物	34	原材料	46	社会责任
11	交运	23	养老	35	民营企业	47	新兴产业
12	金融	24	资源	36	其他主题	48	一带一路

好的主题基金是什么样子

我们都知道，顺应市场时，做事成功的概率就大。同理，主题基金挑对了主题，赚钱的概率就飞速变高。相反，市场风格轮换时，主题基金或许会跌得很惨。

那么，如何做到风口来临时飞得更高，风口消失时不跌落呢？很难。

主题基金也是如此，长期看，仅蹭各种热点的主题基金，收益率大概率比不上实实在在的普通主题基金收益率。

比如一些"大数据"主题基金，因为迎合当年热点，投资者纷至沓来。然而在现实中"大数据"的有效性并没有得到很好的验证，最终的投资结果也不理想。

而有的金融地产、红利主题基金，虽然名字不吸引眼球，但凭借低估值、高股息、稳定增长等特点，基金长期收益很不错，投资者实实在在地赚到了钱。

总结一下，真正有投资价值的主题基金在主题选择上至少满足以下几点。

- 实效性：不是玩概念、空架子，有实际效果。

如有的基金名字带有"区块链"关键词，实际持仓和操作与"区块链"基本无关。投资者需要避实就虚，防止踩雷。

- 长效性：具有持续发展的前景，不能昙花一现。

如食品饮料和医疗健康因为关乎民生，是人们经久不衰的话题，它们就属于典型的长效性主题。

历史上各行业的特点

最近10年中，食品饮料、生物医药、计算机、银行地产中长期表现更好（见下图）。

过去十年A股主要行业收益率变化图

十年年化	2019至今	2018	2017	2016	2015	2014	2013	2012	2011	2010	2009
食品饮料 18.51%	农林牧渔 50.08%	银行 -44.67%	食品饮料 53.85%	食品饮料 7.43%	计算机 100.29%	非银金融 121.16%	传媒 107.02%	房地产 31.73%	银行 -1.85%	医药生物 29.69%	有色金属 180.03%
计算机 16.02%	食品饮料 48.09%	食品饮料 -21.95%	银行 17.30%	传媒 -4.93%	传媒 76.74%	房地产 65.28%	计算机 66.95%	非银金融 28.16%	计算机 -10.37%	计算机 26.44%	国防军工 130.90%
医药生物 13.72%	非银金融 32.90%	农林牧渔 -22.44%	有色金属 15.39%	有色金属 -6.17%	农林牧渔 66.77%	银行 63.18%	医药生物 36.56%	银行 14.48%	房地产 -22.00%	有色金属 22.10%	房地产 116.37%
农林牧渔 11.81%	计算机 32.79%	计算机 -24.53%	非银金融 13.28%	农林牧渔 -8.58%	医药生物 56.68%	国防军工 53.89%	国防军工 33.35%	有色金属 13.64%	传媒 -22.36%	农林牧渔 21.06%	食品饮料 109.87%
国防军工 9.94%	国防军工 26.06%	非银金融 -25.37%	医药生物 3.56%	医药生物 -13.46%	房地产 44.85%	计算机 40.31%	农林牧渔 17.29%	医药生物 8.47%	国防军工 -30.89%	食品饮料 20.81%	计算机 104.41%
银行 9.81%	医药生物 20.26%	医药生物 -27.67%	房地产 0.80%	非银金融 -14.69%	国防军工 28.50%	有色金属 38.39%	非银金融 -4.80%	食品饮料 -0.74%	农林牧渔 -31.18%	国防军工 18.38%	非银金融 103.84%
房地产 9.12%	房地产 18.15%	房地产 -11.26%	计算机 -17.69%	房地产 -16.65%	食品饮料 26.58%	传媒 17.36%	食品饮料 -4.52%	计算机 -5.05%	非银金融 -33.09%	传媒 -2.72%	银行 103.76%
非银金融 8.41%	有色金属 17.10%	国防军工 -31.04%	农林牧渔 -12.62%	国防军工 -18.58%	有色金属 15.38%	农林牧渔 16.27%	银行 -9.19%	农林牧渔 -5.05%	医药生物 -22.50%	银行 -22.50%	医药生物 102.79%
有色金属 6.35%	银行 14.77%	传媒 -39.58%	传媒 -23.10%	计算机 -30.32%	银行 -1.36%	食品饮料 16.03%	房地产 -11.91%	传媒 -5.39%	食品饮料 -34.46%	房地产 -24.16%	农林牧渔 91.16%
传媒 6.08%	传媒 8.15%	有色金属 -41.04%	国防军工 -16.65%	传媒 -32.39%	非银金融 -16.90%	医药生物 16.02%	有色金属 -29.64%	国防军工 -5.66%	有色金属 -41.81%	非银金融 -24.89%	传媒 77.10%

数据来源：**腾安研究**
原始数据：Wind，2019/4/5，申万一级行业，十年年化为2009年至今数据

着眼于未来，股市中唯一的不变就是变化。而A股的未来在于核心技术，科技股、科创板中上市公司股价的良好表现，也说明了人们对有自主研发能力企业的看好。

简单来说，主题基金主要有以下特点：

（1）聚焦，同时风险和收益都会放大。

（2）主题繁多，选择主题时应避虚就实，选择有实效性、长效性的行业主题基金。

（3）从历史数据统计，食品饮料、生物医药、计算机、银行地产行业中长期表现更好。

未来，真正推动中国经济的行业会成为股市赢家。

ICBC 🏦 **工银瑞信**	编写	**ICBC** 🏦 **工银瑞信**	审阅

4.8　股票基金投资中都有哪些策略

股票基金采取什么样的投资策略、基金经理的投资风格如何，对基金的业绩表现有很大的影响，同时直接关系到投资者可以获取多少收益。以股票基金投资中最常用的股票多头策略来说，主要有价值策略和成长策略这两大投资类别。

价值策略

可以细分为价值投资和高股息两类。

1. 价值投资

秉承价值投资的理念，以"低估值+成长性+行业龙头"为策略的核心。在选股上立足于长期，在长期看好的行业中精选优质个股。

主要投资标的：以中大市值的蓝筹股为主；在行业方面，选择市场空间大、增长持续时间长、有一定壁垒、盈利长期稳定且整体估值没有泡沫的行业；公司方面，选择历史上有优秀且稳定的经营业绩（高ROE/ROIC、现金流好）、业务有护城河、管理层优秀、战略清晰、长期成长潜力大的行业（潜在）龙头或细分行业（潜在）龙头。

适用市场环境：熊市、震荡。

2. 高股息

主要关注基本面稳健且具有高股息稳定分红的价值蓝筹股，长期持有。以低估值高股息为核心，兼顾较低估值、具备高分红潜力和成长性的细分行业龙头。

主要投资标的：以高股息、分红稳定的价值股为主，重点关注历史上稳定持续分红、具有强烈分红预期、市盈率较低且具备一定成长性的标的。以历史上有优秀且稳定的经营业绩、业务有护城河、治理结构好且管理层优秀、战略清晰且具长期成长潜力的行业龙头（或潜在龙头）以及细分行业龙头为重点投资对象。

适用市场环境：熊市、震荡、低利率环境。

成长策略

可以细分为白马成长、GARP（Growth at a Reasonable Price，合理

价格下的增长）、中盘成长、行业精选、低波动和逆向6类。

1. 白马成长

坚持成长股精选投资理念，通过自下而上基本面分析精选成长股，通过寻找市场预期与内在价值之间的预期差来确定投资标的，并通过不断持仓修正来降低组合成本和波动。

主要投资标的：以成长性和估值相匹配的行业龙头公司为主。

适用市场环境：牛市、震荡。

2. GARP

通俗来说，就是以较低价格买入成长性较高的股票。结合了传统的价值策略和成长策略，更加注重数量分析，选股时在兼顾价值和成长的同时，保持风险适中以获得较高的风险调整后收益。

主要投资标的：重点关注成长性较高的行业下，被低估的公司及高成长性细分行业中未被市场挖掘的成长性公司。

适用市场环境：熊市、震荡。

3. 中盘成长

"自下而上"与"自上而下"相结合，选取高成长个股，这些个股具备从中小盘个股向大中盘个股成长的潜力；通过宏观经济景气度分析以及行业景气度排序，选取景气度可以维持3~5年的高景气行业，观察行业周期变化，进行中短期高景气行业选择；结合个股公司的管理层、估值、财报和业务竞争力来精选公司。

主要投资标的具备以下几个特征：（1）明确受益于行业景气；（2）业绩成长性突出；（3）估值相对安全合理；（4）公司治理结构完善，管理层可靠。

适用市场环境：牛市、熊市、震荡。

4. 行业精选

寻找未来2~3年持续景气向好或反转的行业，找出该行业里能够充分享受行业景气的公司，兼顾趋势与价值在合适的时机买入，中长期持有。

主要投资标的：以未来持续景气的细分行业中价值低估的优质公司为主。

适用市场环境：牛市、熊市、震荡。

5. 低波动

通过"低波动+高盈利+高增长+预期差"的个股优选策略，选择波动率较低且盈利较高的个股，通过最大化风险调整后收益及最小化组合波动率来优化组合，使得组合波动率降低的同时，提高组合收益率。

主要投资标的具备以下几个特征：（1）"低波动+高盈利+高增长+预期差"的个股；（2）最大化风险调整后收益及最小化组合波动率的优化组合。

适用市场环境：低波动环境。

6. 逆向

采用"自下而上"的方法，通过预期差寻找优质个股，在市场预期修复中获取超额收益。预期差主要来自认知偏差、周期低潮和事件冲击。

主要投资标的：以由于认知偏差、周期低潮和事件冲击而具有投资价值的个股为主。

适用市场环境：牛市、震荡。

以上仅列举了股票基金投资中较常见的投资策略，实际上，股票基金中的投资策略还包含股票多空策略、指数增强策略、打新策略等，投资者一般可以从基金合同中"基金的投资"部分中查阅到该基金的投资目标、投资范围及具体投资策略情况。

◎··中欧基金 ZHONG OU ASSET MANAGEMENT	编写	◎··中欧基金 ZHONG OU ASSET MANAGEMENT	审阅

股票基金不保本，好怕怕！

承诺高息保本的，都是冲着你的本儿去的！

第5章
债券基金

5.1　不同债券基金的收益与风险有何差别

根据证监会的分类方式，80%以上的基金资产投资于债券的，称为债券基金。

同样是债券基金，由于合同中对于投资范围、主题、品种、期限等要素的规定不同，其风险、收益也不同。如何进行更细的分类，下面进行详细说明。

根据所投风险资产的比例来划分

我们这里用3类资产定义风险资产：股票、可转债（含可交换债）、债券。其中股票风险最高，可转债由于含有股票属性风险次之，债券风险最小。

1. 纯债基金

这类基金只投资于债券，不会投资股票，有的还会剔除债券中波动风险偏大的可转债和可交换债，这类基金的债券属性最为纯正。

这类基金合同中典型的投资范围如下：

本基金投资于具有良好流动性的金融工具，包括债券（如国内依法发行和上市交易的国债、金融债、企业债、公司债、地方政府债、次级债、可分离交易可转债的纯债部分、央行票据、中期票据、短期融资券）、资产支持证券、债券回购、同业存单、银行存款（如协议存款、通知存款、定期存款及其他银行存款）、货币市场工具等，以及法律法规或中国证监会允许基金投资的其他金融工具（但须符合中国证监会相关规定）。

对于不投可转债的纯债基金，基金合同中还会加上一句"本基金不投资股票或权证，也不投资可转换债券（可分离交易可转债的纯债部分除外）、可交换债券。"

2. 混合债券一级债基

这类基金除了投资于债券，在政策允许的情况下，还会参与新股申购。不过在目前的新股发行制度中，债券型基金不允许参与新股申购，所以该类基金目前只能投资于债券。风险和纯债基金类似。

这类基金合同中典型的投资范围如下：

本基金主要投资于固定收益类金融工具，包括国内依法发行、上市的国债、央行票据、金融债、企业（公司）债（包括可转债）、资产支持证券等债券，以及中国证监会允许基金投资的其他金融工具。

本基金还可适当参与新股发行申购及增发薪股申购等风险较低的投资品种，但非固定收益类金融工具投资比例合计不超过基金资产的20%。因上述原因持有的股票和权证等资产，基金将在其可交易之日起的60个交易日内卖出。基金不通过二级市场买入股票或权证。此外，如法律法规或中国证监会允许基金投资其他品种的，基金管理人在履行适当程序后，可以将其纳入本基金的投资范围。

投资者在投资一级纯债和纯债基金时，都需要仔细看合同与实际持仓，了解该基金是否投资可转债。如果投资转债较多，那么风险就会相对更大。

3. 混合债券二级债基

这类基金中会有不超过20%的资产投资于股票，由于加入了波动较大的权益资产，所以它们的风险收益水平比纯债基金要高一些。股票资产的长期收益更高但波动较大，而大部分的债券仓位可以用来帮助熨平波动，所以二级债基的波动略高，但长期收益较好。

这类基金合同中典型的投资范围如下：

本基金的投资范围为具有良好流动性的金融工具，包括国内依法发行、上市的股票、债券、现金、短期金融工具、资产支持证券、权证、中小企业私募债券、中期票据、银行存款及法律法规或中国证监会允许基金投资的其他金融工具。

本基金投资于固定收益类资产（含可转换债券）的比例不低于基金资产的80%，投资于股票等权益类证券的比例不超过基金资产的20%，现金或者到期日在一年以内的政府债券不低于基金资产净值的5%。

二级债基除了可以投资不超过20%的股票资产，通常也可以投资可转债（归属于债券资产）。

4. 可转债主题基金

可转债主题基金不是一个主流的类型，大部分的转债基金都是二级债基金。因为可转债会涉及转股，有些基金经理也希望通过少量股票和转债进行搭配投资，所以设置20%的股票空间是需要的。虽然它们是二级债，但是由于可转债的波动性要远远大于纯债，再加上20%的股票仓位，这类基金的风险是明显大于普通二级债基金的，具体分布情况如下表所示（截至2018年年底）。

类型	数量	特点
二级债	28只	股票仓位不超过20%
纯债（含一级债）	4只	不从二级市场买入股票，转股所获得股票需90个交易日内卖出
债券指数（含增强）	2只	不从二级市场买入股票，转股所获得股票需10个交易日内卖出
偏债混合	1只	股票仓位不超过30%

从风险收益上排序：可转债主题基金>普通二级债基>纯债基金。

所有债券基金的总结如下表所示。

分类	股票	可转债	普通债券	风险
纯债（不投可转债）	0	0	80%以上	较低
纯债（可投可转债）	0	0～95%	80%以上	一般较低，除非大比例投资可转债
混合债券一级债基	0～20%（仅新股申购或转债转股而来，短期需卖出）	0～95%	80%以上	一般较低，除非大比例投资可转债
混合债券二级债基	0～20%	0～95%	80%以上	中低，除非大比例投资可转债
可转债主题基金	0～20%为主	非现金资产的80%以上	80%以上	中高

根据所投资债券的信用风险来划分

债券的信用风险是指债券发行人不能还本付息的风险，虽然中国债券的信用违约率整体不高，但是近年来呈上升的趋势。而公募基金的细分类型也越来越多，很多都规定了相应的投资主题，其中就包括信用风险这个属性。信用越高、违约风险越小，票息收益率也越低；信用越低，违约风险越大，票息收益率也越高。

这里，我们划分如下。

1. 投资于利率债的基金

基金合同约定80%以上的非现金资产投资于利率债券。

利率债的信用风险极低，它的发行人为国家或信用等级与国家相当的机构，品种包括国债、地方政府债、央票、政策性银行债（国开债、农发债、口行债）等。

由于这些债券几乎没有信用风险，因此价格只受市场利率的影响，所以把它们统称为利率债。

2. 投资于金融债的基金

基金合同约定80%以上的非现金资产投资于金融债券。

金融债的信用风险很小，主要由政策性银行、商业银行、证券公司、保险公司、其他非银金融机构发行。

　　理论上，这些金融机构除了政策性银行违约风险极低之外，其他几类多少都是有一些风险的（如近年来出现商业银行被接管的案例），只不过由于我国金融机构地位的特殊性，这些风险和普通的企业债券相比，要小很多。

3. 投资于普通信用债的基金

　　基金合同约定80%以上的非现金资产投资于相对应概念的信用债券。

　　信用债券的还本付息由发行人的信用情况决定，包括企业债、公司债、短融、中票等。理论上金融债也是信用债的一种，只不过发行人比较特殊。而其他普通的信用债则主要以普通企业或公司为发行主体。

　　信用债通常都会有信用评级，根据评级的高低不等，还可以进行细分，而相关基金也可以据此进行细分，如下表所示。

等级	简介
高等级	在国内，一般指信用评级AA+到AAA的债券，信用风险较小
中高等级	在国内，一般指信用评级AA到AAA的债券，也被称为投资级别债券
中低等级	在国内，一般指信用评级在AA+以下的债券，也被称为投机级别债券，或者高收益债券

　　在这一类基金中，还会有一些投资于特殊发行主体的基金，比如城投债、国有企业债等。

根据所投债券的期限来划分

通常情况下，债券的期限越长，收益和波动越大；期限越短，收益和波动越小。

1. 投资长期债券

长期债券的期限在10年以上（国债等）或5年以上（企业债、公司债），有一些基金会以此类期限的债券作为主要投资标的并在合同中约定，尤其以利率债基金为主。

2. 投资中长期债券

中长期债券的期限在1~10年（国债等）或1~5年（企业债、公司债），虽然合同中不会明确规定，但大部分的债券基金都是以此类债券为主要投资方向。

3. 投资中短期期债券

这类基金在合同中会专门约定80%以上的基金资产投资于3年以内的债券，这类债券以短融、中票为主。

普通中短债基金：80%以上的债券资产投资于期限3年以内的中短期债券、未明确限定1年（或397天）；

短债基金：80%以上的债券资产投资于期限1年（或397天）以内的债券。

根据投资方式和运作模式来分

1. 根据投资方式

　　根据投资方式，可将债券基金分为主动债基和指数债基。目前市场上大部分债券基金为主动管理模式（主动债基），但也有越来越多的债基改为被动指数投资，主要以利率债投资为主。一些债券指数基金如下表所示。

证券代码	证券简称
007208.OF	中邮中债-1~3年央企20A
006224.OF	中银中债3~5年期农发行
003079.OF	中融3~5年信用债A
003081.OF	中融1~3年中高等级A
006473.OF	招商中债1~5年进出口行A
510080.OF	长盛全债指数增强
150143.OF	银华中证转债指数增强A
003989.OF	银华5年期金融债A
003932.OF	银华5年期地方债A
511030.OF	平安中债-中高等级公司债利差因子ETF
501105.OF	建信中证政策性金融债8~10年
501101.OF	建信中证政策性金融债1~3年
160720.OF	嘉实中证中期企业债A
511220.OF	海富通上证可质押城投债ETF
511270.OF	海富通上证10年期地方政府债ETF
511260.OF	国泰上证10年期国债ETF
007122.OF	工银瑞信中债1~3年国开行A
007485.OF	博时中债3~5年国开行A

2. 根据运作模式

根据投资方式，可以将债券基金分为开放式债基和定开型债基（定期开放式债券基金）。目前市场上大部分债券基金为开放式，但也有越来越多的定开型债基推向市场。这是因为通过定期开放式的运作，基金的规模更稳定，基金经理可以将所投资的债券品种和基金开放期进行一定程度上的匹配，无论是加杠杆还是配置信用债，难度都更小。

债券基金分类总结

我们把几种分类方式总结在一起，如下表所示。

分类维度	风险资产比例	信用风险	债券期限	投资方式	运作模式
类型	可转债主题基金	信用债基金	长债	主动债基	开放式
	二级债基	金融债基金	中长债	指数债基	定开型
	一级债基	利率债基金	中短债		
	纯债（可投转债）		短债		
	纯债（不投转债）				

腾安研究	编写	ICBC 🏛 工银瑞信	审阅

5.2　如何快速读懂债券基金名称中的信息

随着债券基金家族的发展壮大，越来越多的债券基金会在名字中直接体现自己的投资标的、投资期限等要素。这类基金大多是纯债基金，少部分为二级债基，有的还会采用指数化被动投资，它们的定位是为市场打造多样化的工具型产品，投资者可以根据名称知晓相关信息，如易方达高等级信用债、工银中高等级信用债A、鹏华9~10年利率债、广发中证10年期国开债、景顺长城政策性金融债、银华10年期金融债、海富通上证10年期地方政府债ETF、嘉实超短债等。

债券类型的分类方法

想明白这些名称背后的含义，要先明白债券是如何分类的。下表列出了债券品种的分类方法，读者可从中了解每类债券的含义。

一级分类	二级分类	说明
根据发行主体的信用分类	利率债	发行人为国家或信用等级与国家相当的机构，包括国债、地方政府债、央票、政策性银行债（国开债、农发债、口行债）等
	信用债	债券的还本付息由发行人的信用情况决定，包括企业债、公司债、短融、中票等
根据发行人性质和审批机关分类	企业债	非上市公司、企业发行，国企为主，发改委审批
	公司债	上市公司、非上市公司发行、股份有限公司为主，证监会审批
	金融债	政策性银行、商业银行、证券公司、其他非银金融机构发行，人民银行、银保监会审批
	非金融企业债务融资工具	中票、短融、PPN（Private Placement Note，非公开定向债务融资工具）等，银行间债券市场交易商协会审批

续表

一级分类	二级分类	说明
根据募集方式分类	公募债券	发行人一般有较高的信誉，发行时上市公开发售，并允许在二级市场流通转让
	私募债券	发行手续简单，一般不到证券管理机关注册，不公开上市交易
根据是否有担保	无担保债券	没有抵押物或相关保证人
	有担保债券	有一定抵押物或保证人作担保而发行的债券。当企业没有足够的资金偿还债券时，债权人可处置抵押物或要求保证人偿还
根据偿还期限	长期债券	偿还期限在10年以上（国债等）或5年以上（企业债、公司债）
	中期债券	期限在1~10年（国债等）或1~5年（企业债、公司债）
	短期债券	偿还期限在1年以下内
根据信用评级	高等级	在国内，一般指信用评级AA+到AAA的债券，信用风险较小
	中高等级	在国内，一般指信用评级AA到AAA的债券，也被称为投资级别债券
	中低等级	一般指信用评级在AA及以下的债券，也称为投机级别债券，或高收益债券

债券基金的投资范围规定

根据《证券投资基金运作管理办法》，如果基金名称显示投资方向的，应当有80%以上的非现金基金资产属于投资方向确定的内容。所以这些名称中有明确标识的基金，在未来的投资运作中也都要将80%以上的资产投资于对应期限、等级或品种的债券。比如"XX中高等级信用债基金"，就在合同中明确写明：

"本基金投资组合资产配置比例：债券资产占基金资产的比例不低于80%，其中投资于本基金界定的中高等级信用债的比例不低于非现金基金资产的80%；现金及到期日在一年以内的政府债券的比例合计不低于基金资产净值的5%。本基金所指信用债包括地方政府债、金融债、企业债、公司债、短期融资券、超短期融资券、中期票据、次级债、可分离交易可转债的纯债部分、资产支持证券等除国债和央行票据外的非国家信用的债券资产。本基金所指中高等级信用债为信用评级在AAA（含）到AA（含）之间的信用债。本基金投资的地方政府债、金融债、企业债、公司债、中期票据、次级债、可分离交易可转债的纯债部分、资产支持证券等信用债的信用评级依照评级机构出具的债券信用评级；本基金投资的短期融资券、超短期融资券等短期信用债的信用评级依照评级机构出具的主体信用评级。"

特别提示：

（1）投资于利率债的基金，通常是没有信用风险的，这些基金净值的涨跌主要受市场利率的影响。当市场利率下跌时，利率债价格上升，该类基金的净值也会上升，反之亦然。所以，类似于降息、降准等有利于市场利率下降的事件，对这类债券基金都是利好。

（2）债券基金所投债券的期限，会直接影响整个基金组合的久期。久期虽然是一个期限的概念，但它衡量的是债券价格对于利率的敏感性，当利率下降时，久期越长的债券上涨越多，久期越短的债券上涨越少，利率上升时则相反。所以我们在债券名称中看到的债券期限（不是定开型基金的期限），也决定了这个基金组合的久期和它对利率的敏感性。如果我们认为市场利率会大幅度下降，那就可以买一只长期限的基金，比如10年国债ETF。

（3）关于债券的信用等级，中国的评级体系从高到低分别是：AAA、AA+、AA、AA-、A+，而利率债通常不参与评级，因为基本属于国家信用。高等级指AAA、AA+，发行机构通常是国企或大型民营企业；AA为中等级；AA-、A+为低等级。等级越高，债券的违约风险越小，收益率也越低，反之亦然。所以，债券基金在投资时，所投标的等级越高，违约的风险就越小，收益率也越低，反之亦然。作为投资者，需要根据自己的风险偏好进行取舍。

腾安研究	编写	鹏扬基金 PENGYANG AMC	审阅
鹏扬基金成立于2016年7月6日，是全国首家"私募转公募"基金公司，继承了阳光私募的绝对收益理念，尤其是债券投资实力强大，多次荣获"金牛奖"。公司成立3年，非货币公募基金规模即冲入行业前1/3，以403亿元排名行业46/140（数据来源：银河证券，截至2019年年底）			

5.3　债券基金赚钱的三大秘诀是什么

债券基金作为一类收益相对稳健的基金产品，它到底如何为投资者赚钱呢？

票息的收益

票息收益即债券持有到期所获得的票面利息收入，是债券基金最主要的收益来源。只要债券不出现兑付困难，持有至到期出现亏损的可能性较小。从这个角度来看，长期债券的收益率要高于短期债券，低评级债券收益率要高于高评级债券收益率。

但同时，无论是降低信用评级，还是增加债券期限，都会增加风险。

价格波动的收益

如果用一个简化公式来描述债券价格，那就是：

债券价格=未来的本息收入/市场利率

发行人信用恶化意味着未来的本息收入有可能减少，债券价格自然会下跌；市场利率上升意味着投资债券的机会成本增大，同样会使债券价格下跌，反之亦然。

一只债券的期限越长，也就意味着未来的本息收入越多，那么它的价格对利率和信用的变化就越敏感；一只债券期限越短，则其对这些越不敏感。

所以像短债、超短债基金，投资的主要是1年期左右的短期债券，受利率影响较小，因而净值波动也小，可以作为货币基金的升级替代品。长债基金主要投资长期债券，虽然收益高，但受利率的影响也比较大，因而波动也相应比较大，下图为企债指数（不含票息的净价）走势图，它反映剔除票息收入后，债券价格的涨跌情况。

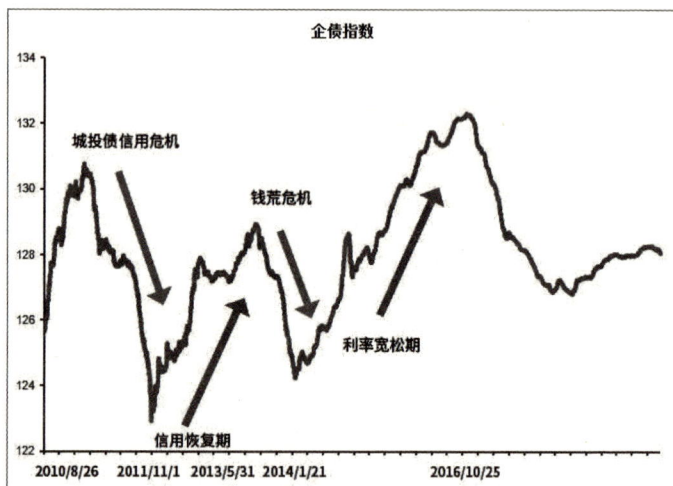

数据来源：Wind

从图中可以看出，在2011年城投债信用事件中，企债指数大跌，但当信用危机度过后，价格又立即回升。而在2013年"钱荒"事件中，由于市场资金紧张，利率暴涨，企债指数再次大跌，但之后几年随着资金宽松、利率下行，债券市场指数再次大涨。

杠杆收益

债券基金和其他类型的基金不一样的地方之一，就是它可以加杠杆，所以查阅债券基金的财务报告就会发现，它的资产总值往往大于它的资产净值，也就是说它通过借钱放大了自己的投资。下图为某债券基金季度报告中的组合明细。

5.4 报告期末按债券品种分类的债券投资组合

金额单位：人民币元

序号	债券品种	公允价值（元）	占基金资产净值比例（%）
1	国家债券	102,012,000.00	1.96
2	央行票据	-	-
3	金融债券	300,849,000.00	5.79
	其中：政策性金融债	300,849,000.00	5.79
4	企业债券	1,528,770,096.46	29.43
5	企业短期融资券	502,771,000.00	9.68
6	中期票据	4,098,359,000.00	78.90
7	可转债（可交换债）	62,527,440.74	1.20
8	同业存单	-	-
9	其他	-	-
10	合计	6,595,288,537.20	126.97

所谓加杠杆，主要是通过回购业务将持有的债券质押进行融资，融得的资金继续投入到债券市场，这就可以获得额外的杠杆收入。目前，开放式基金杠杆比例不超过140%，封闭式基金以及定期开放式基金杠杆比例可达200%。

当然，债券回购也不是稳赚不赔。在资金比较宽松时，加杠杆的确是一个很好的放大收益的工具，但若资金持续紧张，极端情况下债券票息收益比融得的资金成本还低，则会出现边际亏损。

有些债券基金（如二级债基）允许不到20%的仓位投资于股票市场，那么它们可以通过参与股票投资赚钱，当然，这会相应增加产品的波动风险。

腾安研究	编写	⊟ 光大保德信基金 Everbright ⬥ PGIM	审阅
光大保德信基金成立于2004年，依托中国光大集团强大的实力、借助美国保德信金融集团经验技术，致力于以科学理性的投资管理帮助客户实现资产保值增值，截至2019年12月31日，光大保德信管理总规模已达861亿元			

5.4　中短债基金为何被称为增强版货币基金

中短债基金是近年来非常火爆的投资品种，不仅收益稳健，产品规模还出现暴涨，是当之无愧的"网红"产品。

那么，对于这种打着债券基金名号，又有着"货币基金增强"策略的产品，究竟值不值得投资者购买？

何为"中短债基金"

1. 和普通债基有什么区别

与其他普通债券型基金相比，中短债基金对投资品种的剩余期限有严格的要求，主要配置久期较短（剩余期限不超过3年）、有良好流动性的债券品种。而普通债券型基金，如中长期纯债基金，则在投资品种的期限方面没有任何限制，可以投资久期不超过3年的中短债品种，也可以投资5年、10年的债券品种，甚至是久期长达30年的国债。

2. 久期是什么

简单来说，久期就是债券或债券组合的平均还款期限，即每次支付现金所用时间的加权平均值，权重为每次支付的现金流的现值占现金流现值总和的比率。

通俗地理解就是：久期越短，债券对利率的敏感性越低，风险就越低；反之，久期越长，债券对利率的敏感性就越高，风险也越高。

3. 中短债基金呈现出什么特点

波动性低：中短债基金是债券基金，而且是纯债基金，不投股票和可转债，而且其投资标的更明确，主要投资对象是久期不超过3年的债券品种，这些品种进一步降低了产品的波动风险。

流动性好：由于所投债券期限短、流动性好，所以中短债产品在遇到投资者赎回时，变现能力也强。一般情况下赎回T+2日可以到账，有些公司的产品甚至可以做到T+1日到账。

所以，此类基金的净值波动和风险都小于普通债券型基金，而其收益也相对较为明确和稳健。

短债基金如何进一步分类

根据所投资债券资产的剩余期限不同，短债基金又可分为3类，分别是超短债、短债和中短债。投资标的期限越短，风险就越低，收益也越小，如下表所示。

债基品种	债券资产剩余期限
超短债	不超过270天
短债	不超过1年
中短债	不超过3年

中短债基金和传统货币基金有何区别

了解中短债基金的投资者会发现，很多产品都采取"货币增强策略"，所以中短债基金又被称为"货币增强型"基金。那么它和传统的货币基金有何区别呢？

1. 投资范围更广泛

货币基金，是主要投资于银行间市场的短期货币市场工具，如短期国债、政府公债、可转让存单、回购协议、商业票据、银行承兑票据和现金等流动性强的货币市场工具。而且货币基金投资组合的平均剩余期限不超过120天，平均剩余存续期不得超过240天。而中短债基金仍属于债券基金的范畴，其投资范围更广泛、期限也更灵活，还可以在利率下行的时候，拉长久期增厚收益。

2. 风险高于货基

中短债基金投资组合的久期，都会控制在三年以内，而期限三年内的品种即便有波动，这种波动对净值的影响也不大，但并非说明中短债基金就没有波动风险。中短债基金本质上属于债券基金，也受利率等因素的影响，还有亏损的可能，而货基亏损的概率极低。

3. 估值方法不同

目前传统的货币基金大多使用摊余成本法，即计算基金净值时，可不使用基金投资标的的市场价值，而将投资标的以买入成本列示，按照票面利率考虑其买入时溢价或折价，在其剩余期限内平均摊销，每日计提收益这种估值方法。这种估值方法可让基金的收益非常稳定，而不体现短期市场波动的影响。

但中短债基金和大多数传统的债券基金一样，使用市价法估值，所投资产市场价格的波动会直接体现在净值中，所以中短债基金会有波动。

4. 计价方式不同

货币基金的计价方式是净值永远为1元的，每日公布每万份收益和7日年化收益率。而中短债基金和传统债基一样，每日公布变化的净值和涨跌幅。

下图是浦银中短债基金在一个月内的净值和涨跌幅变化情况，我们可从中发现净值波动规律：大部分时间上涨，偶尔下跌，波动不大。

日期	复权单位净值/元	涨跌幅
2019/08/01	1.0310	0.03%
2019/08/02	1.0313	0.03%
2019/08/05	1.0317	0.04%
2019/08/06	1.0322	0.05%
2019/08/07	1.0325	0.03%
2019/08/08	1.0328	0.03%

续表

日期	复权单位净值/元	涨跌幅
2019/08/09	1.0331	0.03%
2019/08/12	1.0338	0.07%
2019/08/13	1.0339	0.01%
2019/08/14	1.0340	0.01%
2019/08/15	1.0342	0.02%
2019/08/16	1.0343	0.01%
2019/08/19	1.0344	0.01%
2019/08/20	1.0344	0
2019/08/21	1.0344	0
2019/08/22	1.0345	0.01%
2019/08/23	1.0344	-0.01%
2019/08/26	1.0347	0.03%
2019/08/27	1.0346	-0.01%
2019/08/28	1.0346	0
2019/08/29	1.0348	0.02%
2019/08/30	1.0348	0

中短债基金适合什么类型投资者

从适应人群来看，中短债基金几乎可以匹配所有的投资者，尤其是那些不愿意承担过高风险的稳健型投资者。

从收益角度分析，由于货币基金投资限制加大，在其收益率可能下行的背景下，中短债基金风险相对可控，还有望获得高于货基的收益率。

从投资者需求来看，当人们手中有一笔闲置资金时，追求资金收益的稳定性是他们的迫切需求。而中短债基金无论从风险收益，还是流动性来看，都会成为货币基金之外，投资者理财的又一新选择。

如何挑选好的中短债基金

首先看产品本身，尽量选择历史业绩优秀、波动和回撤较小、成立时间长、产品规模适中、机构占比不太大的产品。

再看基金公司实力，基金公司固收管理规模、信用研究能力、整体投资实力等方面。

最后看费率，尽量选择管理费、托管费、销售服务费更低的产品，因为短债产品本身收益率预期不高，不能让过高的费率侵蚀了收益率。

ﬡ 浦银安盛基金 AXA SPDB Investment Managers	编写	ﬡ 浦银安盛基金 AXA SPDB Investment Managers	审阅

5.5　为什么可转债基金的收益与波动都更大

什么是可转债

可转债，顾名思义，就是可以转换成上市公司股票的公司债券。

一方面，它是债券，投资者买了发行人就有义务按照条款还本付息；另一方面，它在一定条件下可以转换成股票，投资者有机会享受股价上涨。

如果你知道期权，也可以理解为可转债是一个上市公司债券，加上一个看涨期权，公司债券还本付息，是一项较低风险的投资，而看涨期权的价值则会随着股票上涨而增加，有望给你带来大幅增值。

一般情况下，在股价低迷期，可转债的股性减弱，债性增加，波动变得更小，抗跌性也变强；在股价高峰期，可转债的债性减弱，股性增强，波动变得更大，以可转债作为主要投资标的的可转债基金的净值也容易随着股市出现波动。

那可转债基金的收益率和波动情况如何呢？

下图是国内第一只转债基金兴全可转债的历史收益率情况。

兴全可转债基金成立于2004年5月，截至2019年6月底，取得了超过700%的回报，年化收益率高达15.74%，远远超过上证指数。从图中也可以看出，该基金的波动并不小，特别是在2008年和2015年的熊市中，回撤幅度也不小。

兴全可转债基金成立以来收益率

数据来源：Wind，2019/06/28

为什么投资可转债基金

可转债虽然是个好东西，但各种条款过于复杂，涉及下修、回售、强赎等各种条款，平时需要盯的指标也较多，对于新手投资者或没有时间盯盘的投资者而言，不如将资金交给可转债基金经理帮自己打理。

在以下几个方面，基金经理可以发挥他们的专业优势：

（1）可转债的潜在收益主要来自正股，所以对股票的研究非常重要。现在市场上可转债的数量已达上百只，普通投资者不太可能对每只都做深入的研究，而基金公司本身有股票研究部门，他们的研究成果是面对公司团队的。

（2）可转债作为一种信用债，近年来违约压力也越来越大，基金公司的债券信评部门就可以给予转债基金经理支持。

（3）转债投资需要长时间盯盘，套利机会需要瞬间抓住，网下打新需要持续申报，正股变化需要保持关注，各种指标需要实时跟踪，条款博弈需要天天揣摩等，这些工作都要占用时间和精力。而基金公司的基金经理、交易员及各种投资系统，可以高效专业地解决这些问题。

可转债基金的常见类型

需要说明的是，可转债主题基金虽然是一类产品，但是根据基金的标准分类，它们只是一个主题，并非常见的分类类型，如下表所示。

类型	数量（只）	特点
二级债	28	股票仓位不超过20%
纯债（含一级债）	4	不从二级市场买入股票，转股所获得股票需90个交易日内卖出
指数（含增强）	2	不从二级市场买入股票，转股所获得股票需10个交易日内卖出
偏债混合	1	股票仓位不超过30%

  大部分的转债基金都是二级债基，即股票仓位不超过20%的债券型基金。因为可转债涉及转股，有些基金经理也希望通过少量股票和转债进行搭配投资，所以需要设置20%的股票仓位空间。不过投资者需要注意风险，虽然它们是二级债，但由于可转债的波动性要远远大于一般债券，再加上20%的股票仓位，其风险明显大于普通的二级债基金。但由于分类方法的缘故，很多排行榜都把纯债基金、二级债基金（含可转债）混在一起排序，这会导致转债基金常常在排行榜最前面或最后面，一些不明就里的投资者在不清楚风险的情况下只看排行榜就买基金非常容易出错：本来想买低风险的债券基金，结果买到了风险相对更高的可转债基金。

腾安研究	编写	兴证全球基金 AEGON-INDUSTRIAL FUND	审阅

5.6 挑选债券基金有哪些技巧

  债券基金是投资组合中非常重要的"稳定器"，尤其当股市在熊市

或震荡市中，债券基金可以帮投资者降低组合的风险。那么挑选债基
有什么技巧呢？

1. 债基类型要匹配

常见债基的风险收益水平由小到大：纯债基金＜一级债基＜二
级债基＜可转债基金。记住，债基也会亏损。因为利率风险、信用风
险、部分参与股市等原因，债券基金可能产生回撤，当然风险与收益
并存，选哪种债基就看投资者的风险偏好了。

如果想用债基做低风险、收益稳定的资产配置，可以选纯债基金
或一级债基。如果用闲置资金投资，在稳健基础上追求更高的收益回
报，那么可以选择二级债基和可转债基金。前提是一定要根据自身的
风险承受能力进行选择，如下表所示。

债基类型	风险	主投标的
纯债基金	中低	100%投资债券，不参与权益市场
一级债基	中低	债券+一级市场打新，但由于债券基金目前不能参与新股申购，所以一级债基与纯债基金风险收益类似
二级债基	中低	债券+不超过20%的股票投资
可转债基金	中	这类基金以二级债基为主，但合同会约定非现金资产的80%以上投资于波动较大的可转债

2. 基金经理要足够优秀

优秀的债券基金经理应至少具备三个方面的能力：

（1）宏观经济分析能力，要对国际经济、周期变化、通货膨胀等

有深入的见解，这样才能把握住利率市场的变化，而利率是影响债券市场最核心的因素；

（2）企业信用分析能力，要对企业经营、财务分析了如指掌，才能对企业的信用状况判断准确，从而挖到金子，回避地雷。

（3）债券市场人脉和资源的积累，债券投资以机构询价交易为主，机构间的资源也是基金经理获得优质资产的重要因素。

如果仔细观察，就会发现债券基金经理中的常青树，要比股票基金经理中的明星更多。股票基金经理也许某一年分析能力对应上股市偏好使得业绩爆棚，而债券基金经理要取得优异业绩，更需要长期的经验积累。

3. 公司实力要关注

债券投资更讲究团队作战，信用研究保证基金不踩雷、投资研判决定投资效果、交易能力决定交易效率，各个环节都要有比较强的实力，才能为一个公司的固收产品保驾护航。

尤其是债券市场出现极端情况时，实力强的公司的抗风险能力、处置挤兑的能力更强，能够更好地保护投资者的利益。

4. 机构认可增信心

债券基金是机构投资者们最喜欢的基金品种，社保基金、保险、银行、券商等市场主流机构都是债券基金最重要的持有人。和普通投资者不同，这些机构由于资金量大，有话语权，他们可以对所投的基金公司情况、投资团队情况进行深入的调研和访谈，同时他们的专业判断能力又比较强，所以如果一只基金得到机构投资者的青睐，那么大概率是不错的，普通投资者应予以关注。

但有一点要特别注意，即要远离机构定制的债券基金。比如机构占比99%，持有人只有200余人等，这都是机构定制产品的特征。

5. 费率很重要

债券基金费率对投资者的影响很大，因为债券基金不像股票基金那样动辄几十个点的收益率，其年化收益率一般在10%以内，如因为费率问题而损失收益，就有点得不偿失。

投资者首先要关注申购、赎回费，如果持有期较短，尽量选择申赎费率较低的C类份额；如果持有期较长，则尽量选择没有销售服务费的A类份额。同时要注意，有些债券基金会收取较高的"惩罚"性赎回费，投资者要在购买前看清持有时间和赎回费率之间的关系。

当然，除了申赎费率，基金的管理费、托管费和销售服务费等投资运作费用也尽量选较低的。

6. 投资期限要匹配

在债券基金的投资期限上面，投资者要注意两点：一是债券基金净值有波动，虽然每天涨跌，但毕竟有票息收入，如持有期较长，亏损的概率不大。所以，投资者购买债券基金最好要有长期持有的心理，不可过于短视。二是目前市场上定期开放式债基越来越多，一旦买入就只能到开放期时才能赎回，投资者在购买时要注意投资期限和自己资金使用期限是否匹配。

7. 投资时机可把握

整体而言，债券基金是一个长期投资品种，投资者不用太关注投资时点，手头有可用资金随时可以买入。不过，债券市场也有周期波动，如果投资者了解债券的涨跌规律，在好的投资时机投入更多的资金，会提升投资收益。

企债指数（399481）是一个净价指数，它刻画了剔除票息因素外债券市场的波动情况。从第5章中可以看出，该指数在2011年、2016年都出现了大幅度的下跌，砸出"黄金坑"，等到市场恢复，又都涨了回去。

现实生活中，如果你发现银行理财产品的收益率上涨了、理财经理的微信朋友圈里的广告做得多了，就说明市场资金紧张，债券价格下跌，收益率水平提升，有可能是不错的投资时机。

当然，对于刚入门的投资者而言，债券基金作为一种长期稳健的投资，完全不用考虑择时这么复杂的事情。毕竟算上票息收入，债券基金净值还在长期稳步向上。

8. 定期报告有玄机

要了解一个债券基金的风格特征，最重要的是三个维度：久期、杠杆和信用等级。

久期越高，代表基金持有债券的组合期限越长，对利率的变化越敏感。如果市场利率下降，在其他条件相同的情况下，久期长的基金涨幅会更大。反之亦然。

杠杆越高，代表基金组合的弹性越大，涨跌幅度都会更大。

信用等级越高，代表基金组合持有的债券信用评级高，安全性高，收益自然也会有折扣。相反，如果基金组合持有的债券信用评级较低，那么信用风险就较大，对应的组合收益率也会较高，不过要小心基金经理"踩雷"。

激进的债券基金一定是信用等级低、久期长、杠杆高的；保守的债券基金一定是信用等级高、久期短、杠杆低的。大部分的债券基金通常是在这三者之间寻找最佳平衡点，从而获得最有性价比的资产，如下表所示。

久期	杠杆	信用评级	基金特点
长	高	低	最激进
短	低	高	最保守

关于这三个维度，基金的定期报告中都会有披露，感兴趣的投资者可以查阅。

以银华信用季季红债券基金的2019年半年报为例，其债券资产合计占基金资产净值比例为119.91%，这说明其杠杆水平约为120%，属于中等水平，如下图所示。

金额单位：人民币元

序号	债券品种	公允价值	占基金资产净值比例（%）
1	国家债券	–	–
2	央行票据	–	–
3	金融债券	211,173,500.00	5.48
	其中：政策性金融债	211,173,500.00	5.48
4	企业债券	1,361,013,742.50	35.29
5	企业短期融资券	90,615,000.00	2.35
6	中期票据	2,961,794,862.15	76.80
7	可转债（可交换债）		
8	同业存单		
9	其他		
10	合计	4,624,597,104.65	119.91

在利率风险章节，会披露持仓券种的期限分布情况和敏感性分析。同时，投资者可根据披露的具体持仓情况来评估基金所持有债券的信用等级。

腾安研究	编写	银华基金 YINHUA FUND	审阅

5.7　如何把握债券基金的投资时点

债券基金作为一种适合中低风险投资者长期配置的品种，理论上是不需要择时的。即便债券价格时常有波动，债券基金净值偶尔也会出现浮亏，但由于有票息收入的持续流入，只要持有时间足够长，投资债券基金亏损的概率非常小。

不过，如果你是进阶投资者，想进一步提升债券基金投资的收益率，就需要了解"债券收益率"的概念。

什么是债券收益率

债券收益率是在某个时点投资债券并持有到期可获得的收益率水平，也叫到期收益率，如下表所示。

序号	内容	类别
1	票面收益率	债券发行时确定的利率，用来支付定期利息
2	当期收益率	当期收益率=息票利息/债券购买价格
3	到期收益率	债券持有至到期所获得的年收益，这里需要提到货币时间价值，由于货币再投资价值的存在，导致今天的钱比明天的更值钱，所以到期收益率考虑了货币时间价值，将债券各期收到的利息+本金按一定的利率折算成现值，就是到期收益率，也称为债券的内部收益率（IRR）

需要注意的是，专业人士常说的债券收益率上升，对应的是债券价格的下跌，是债券熊市；债券收益率下降，对应的是债券价格的上涨，是债券牛市。

这不难理解，债券价格下跌了，那么你现在投资这个债券花的钱少了，而持有到期的本息和不变，债券收益率自然是上升了。

什么是收益率曲线

在比较和评估不同债券品种时，我们一般会参考到期收益率，而收益率曲线描述了债券的到期收益率和距离到期日时间的关系。下图为中债国债收益率曲线图。

一般来说，收益率曲线应该向上倾斜，即期限越长，债券投资者要求的收益率就会越高。而在不同的时点，同样期限、同样品种的债券收益率水平也可能完全不同，如下表所示为中国国债到期收益率年数据。

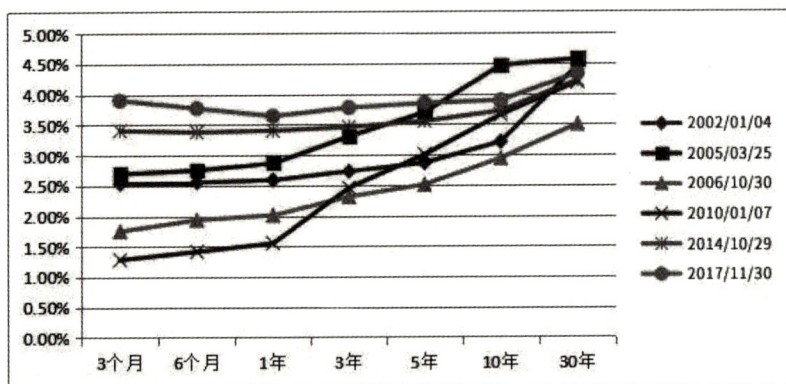

数据来源：Wind，博时基金整理

期限 \ 日期	2002/01/04	2005/03/25	2006/10/30	2010/01/07	2014/10/29	2017/11/30
3个月	2.53%	2.69%	1.75%	1.28%	3.40%	3.90%
6个月	2.55%	2.75%	1.93%	1.41%	3.38%	3.77%
1年	2.59%	2.86%	2.01%	1.55%	3.40%	3.64%
3年	2.73%	3.30%	2.31%	2.45%	3.45%	3.84%
5年	2.87%	3.69%	2.51%	3.00%	3.55%	3.89%
10年	3.21%	4.46%	2.94%	3.65%	3.72%	3.89%
30年	4.46%	4.57%	3.50%	4.19%	4.22%	4.33%

数据来源：中国债券信息网；Wind, 2018/11/30

通过对比，投资者可以了解任意一天某种类型的债券在各种期限下的不同收益率。收益率曲线每天都在变动，它可以预测市场利率、经济发展方向和状况，以及债券的价格和收益率，是分析债券市场的重要工具之一。

介绍了债券收益率或收益率曲线，下面来回答债券投资的几个关键问题。

债基的黄金投资期

债基的黄金投资期是债券收益率比较高的时候。那多高是高，多低是低呢？从国债收益率曲线看，在2017年11月和2014年10月，收益率曲线整体处于较高的位置。这个时点就是投资债基的好时机，持有债基的预期收益水平会相对较高，虽然此时很可能处于债券的熊市期间。

还记得我们说的债券收益率水平和债券价格相反吗？从企债指数（399481）走势可以看出，2017年11月和2014年10月的确是债券价格的相对低位，甚至可以说是熊市，这时要敢于出手。

债券基金的选择技巧

根据投资债券的期限不同，债券基金可以分为中长期纯债、中短债、短债等类型，那么在同一时点，应该投资哪种债基呢？

如果收益率曲线很陡峭，意味着长期债券的收益率比短期债券要高很多，则投资中长期纯债性价比更高；如果收益率曲线很平坦，意味着长期债券的收益率与短期债券相比优势不明显，这时可以投资性价比更高的中短债、短债基金。

收益率曲线除了可以描述不同时点的债券收益率外，还可以描述不同信用等级的债券收益率。投资者可以据此判断是投资高等级的债券还是中低等级的债券，不过投资者通常不用考虑这么细致，交给专业的基金经理判断即可。

博时基金 BOSERA FUNDS	编写	博时基金 BOSERA FUNDS	审阅

5.8　债券基金会亏损吗

债券基金风险

债券基金会亏损吗？答案是肯定的：会。债券是约定还本付息，每天都有债息收益，但债券基金也可能亏损。债券基金风险主要来自两个方面：信用风险和利率风险。

1.　信用风险

通俗点说就是借的钱还无法按时归还。 这意味着一旦出了问题，这部分投资不仅无法付息，连本金都无法归还。

当然，这种情况十分少见。基金经理会通过专业的分析避开有违约风险的企业，并通过多样化投资分散风险。但如果整个市场出现系统性的信用风险，那么基金也无法独善其身。

2.　利率风险

由于债券价格和市场利率成反比，那么一旦资金紧张，利率上升，债券价格就会出现波动，一旦亏损的幅度大于利息收入所得时，债券基金的净值就会出现下跌。因此，债券基金即使全部配置国开债或国债等几乎无风险的债券，在资金供给收紧、市场利率上升时，也存在净值下跌的风险。

当债券的价格在短期内因为信用风险和利率风险出现较大波动时，会使债券基金的净值产生亏损。

不过总的来看，债券基金和股票型基金相比，依然属于风险相对较低的品种，尤其是在时间拉长以后，债券基金亏损的概率很小，这是为什么呢？

债券基金很少亏损

先来看下图所示的上证企债指数（000013）价格走势。

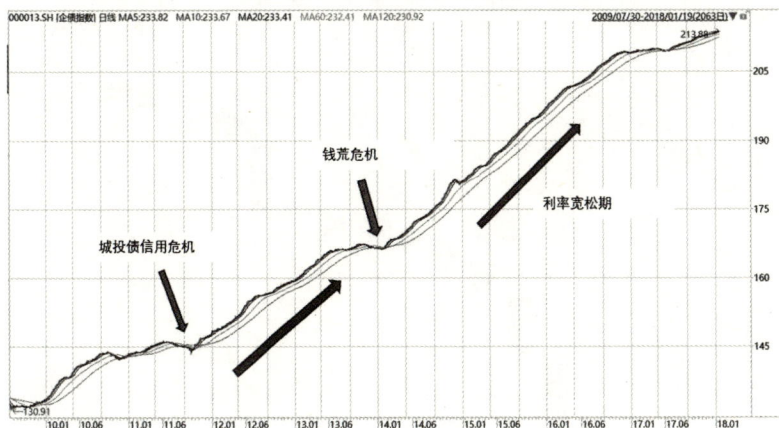

数据：Wind，2012—2018年

可以发现图中展现的债券价格走势要平缓许多，而且基本稳步向上。同样是城投债信用危机和钱荒危机，在这张图上，只是激起了小小的波澜。

这是为什么呢？因为前面用到的企债指数（399481）是净价指数，它剔除了债券的票息收益，而上证企债（000013）是全价指数，它包含了债券的票息收益。从这两张图的对比可以看出，虽然债券价格在短期内会涨涨跌跌，但是由于票息收入的持续流入，时间拉长以后，债券的波动会被熨平，亏钱的可能性就很小了。

而债券基金的收益更接近全价指数，历史数据也证明了这一点。从2003年到2018年这16年间，债券基金只有3年出现过亏损，而且亏损幅度都非常小，下图为债券基金指数历年涨跌幅（数据来源Wind）。

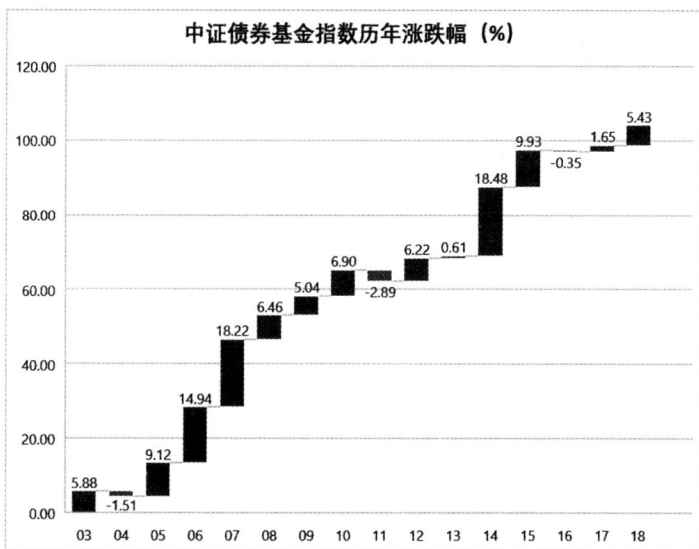

中证债券基金指数历年涨跌幅（%）

亏损后的操作技巧

首先，不要被债券基金短期内的波动所迷惑，从而亏损出局。投资债券基金一定要从更长远的角度考虑，只要持有的时间长，挽回亏损并且最终赚钱的概率非常大。

其次，从债券基金和债券指数的走势也可以看出，每一次债市危机无论是信用风险还是利率风险，最终都会平稳度过，再加上债券票息的收入，长期走势大概率向上。所以每一次回撤，也是投资者加仓的好时点。

最后，我们提醒投资者，如果你买的是二级债基或可转债基金，由于里面含有权益仓位（可转债带有权益属性），它的波动和股市联动非常大，这时投资者就不能机械地认为长期持有一定会赚钱。虽然我们认为这两类基金长期持有赚钱的概率很大，但毕竟产品波动较大，投资者该止损还是需要止损的。

腾安研究	编写	鹏扬基金 PENGYANG AMC	审阅

债券基金应该怎么投?

陪它度过漫长岁月。

奇怪！

巴菲特是
选股大师

为什么推荐我们
投资指数基金?

因为你不是巴菲特。

6.1 巴菲特为何多次推荐指数基金

我们先来简单回顾一下这场世纪赌约。

1. 巴菲特的世纪赌约

2007年12月19日，巴菲特在Long Bets网站上发布了"十年赌约"："在2008年1月1日到2017年12月31日的十年间，标准普尔指数的收益表现将超过扣除手续费等各种成本后的对冲基金组合。"赌注是100万美元（后来被加至222万美元）。如果巴菲特赢了，这笔钱将打给巴菲特指定的慈善组织；如果对方赢了，将打给对方指定的慈善组织。

在巴菲特提出赌约之后，只有Protégé Partners（普罗蒂杰）的投资人泰德·西德斯（Ted Seides）站出来回应挑战。他选择了5只对冲基金组合，这5只基金投资了超过200只对冲基金，期望能够战胜标普500指数，如下图所示。

LONG BETS

| the rules OF LONG BETS | bets & predictions ON THE RECORD | make a PREDICTION | about LONG BETS | FAQ & ANSWERS |

FEATURED BET   DURATION 10 YEARS 02008-02017

"Over a ten-year period commencing on January 1, 2008, and ending on December 31, 2017, the S&P 500 will outperform a portfolio of funds of hedge funds, when performance is measured on a basis net of fees, costs and expenses."

PREDICTOR   CHALLENGER
Warren Buffett   Protege Partners, LLC

STAKES $2,222,278
will go to *Girls Incorporated of Omaha* if Buffett wins,
or *Friends of Absolute Return for Kids, Inc* if Protege Partners, LLC wins.

注：美国市场的对冲基金类似于国内市场的私募投资基金。

然而当赌约进行到第9个年头（2016年年底），标普500年化收益率已经达到7.1%，但同期基金经理挑选的基金收益率只有2.2%，挑战者看最后一年翻盘无望，只好提前认输。在2018年巴菲特致股东的信中，他再次完整披露了这"十年赌约"的数据，标普500指数以8.5%的年化收益率碾压所有5只对冲基金组合。这5只精挑细选的组合，除了在2008年股灾中跑赢了指数，在随后的9年里，这5只基金作为一个整体，收益率每年都落后于指数基金，其中一只组合最后还被迫清盘。

下图为巴菲特赌约中的对冲基金组合与标普500指数表现。

Year	Fund-of-Funds A	Fund-of-Funds B	Fund-of-Funds C	Fund-of-Funds D	Fund-of-Funds E	S&P Index Fund
2008	-16.5%	-22.3%	-21.3%	-29.3%	-30.1%	-37.0%
2009	11.3%	14.5%	21.4%	16.5%	16.8%	26.6%
2010	5.9%	6.8%	13.3%	4.9%	11.9%	15.1%
2011	-6.3%	-1.3%	5.9%	-6.3%	-2.8%	2.1%
2012	3.4%	9.6%	5.7%	6.2%	9.1%	16.0%
2013	10.5%	15.2%	8.8%	14.2%	14.4%	32.3%
2014	4.7%	4.0%	18.9%	0.7%	-2.1%	13.6%
2015	1.6%	2.5%	5.4%	1.4%	-5.0%	1.4%
2016	-3.2%	1.9%	-1.7%	2.5%	4.4%	11.9%
2017	12.2%	10.6%	15.6%	N/A	18.0%	21.8%
Final Gain	21.7%	42.3%	87.7%	2.8%	27.0%	125.8%
Average Annual Gain	2.0%	3.6%	6.5%	0.3%	2.4%	8.5%

来源：巴菲特致股东的信（2018年）

巴菲特从不向人推荐股票和基金，但指数基金除外，早在1993年，他就第一次推荐指数基金，称"通过定期投资指数基金，一个什么都不懂的业余投资者竟然往往能够战胜大部分专业投资者"。在这之后，他推荐指数基金的次数有增无减。

下表为巴菲特多次推荐的指数基金。

1993年	如果投资人对任何行业和企业都一无所知，但对美国整体经济前景很有信心，愿意长期投资，这种情况下这类投资人应该进行广泛的分散投资。这类投资人应该分散持有大量不同行业的公司股份，并且分期分批购买。例如，通过定期投资指数基金，一个什么都不懂的业余投资者竟然往往能够战胜大部分专业投资者
1996年	对于各位的个人投资，我可以提供一点心得供大家参考。大部分投资者，包括机构投资者和个人投资者早晚会发现，最好的投资股票的方法是购买管理费很低的指数基金。通过投资指数基金，在扣除管理费和其他费用之后，所获得的净投资收益率，肯定能够超过绝大多数投资专家
1999年	对先锋基金（最大指数基金产品发行者）创始人约翰•博格1999年《共同基金必胜法则》的评价："令人信服，非常中肯而切中时弊。这是每个投资者必读的书籍。通过持续不断的改革，博格为美国的投资者提供了更好的服务。"
2003年	那些收费非常低廉的指数基金（比如先锋基金公司旗下的指数基金）在产品设计上是非常适合投资者的。我认为，对于大多数想要投资股票的人来说，认购成本很低的指数基金是最理想的选择
2004年	通过投资指数基金本来就可以让他们轻松分享美国企业创造的优异业绩。但绝大多数投资者很少投资指数基金。结果他们的股票投资业绩大多只是平平而已甚至亏得惨不忍睹
2007年	我个人认为，个人投资者的最佳选择就是买入一只低成本的指数基金，并在一段时间里保持持续定期买入
2008年5月	巴菲特被问：如果你只有30来岁，没有什么其他经济依靠，你攒的第一个100万美元将会如何投资？麻烦你告诉我们具体投资的资产种类和配置比例。巴菲特哈哈一笑："我会把所有的钱都投资到一个低成本的追踪标准普尔500指数的指数基金，然后继续努力工作。"

续表

2008年6月	巴菲特和管理350亿美元资金主要投资于对冲基金的普罗蒂杰公司立下一个"十年赌约"。巴菲特断言一支先锋标准普尔500指数基金未来十年内的收益率将会"跑赢"普罗蒂杰公司精心选择的5只对冲基金。其赌局以后者提前认输告终

说起来很有趣，巴菲特自己是一个极其优秀的主动投资者，却推荐普通人购买被动投资的指数基金。毕竟，不是人人都有资源和精力深入研究上市公司，也不是人人都有持续稳定的现金流来维持投资的长期性（巴菲特旗下保险公司为其提供持续的保费收入）。对于普通投资者而言，分散化投资、选择低成本指数基金并且坚持长期投资，大概率可以取得优异的回报。

当然，巴菲特取得成功，离不开美股长牛的大环境。如果放在A股市场，目前来看由于历史较短、波动较大、部分投资者不成熟等原因，优秀的主动基金经理常常是能战胜指数的，但随着A股逐渐发展成为一个成熟市场，机构投资者话语权越来越重，那么成本低廉、运作透明的指数型基金，对普通投资者而言是一个不错的选择。

腾安研究	编写	**腾安研究**	审阅

6.2　指数投资和主动投资各有什么缺点

指数基金PK主动基金，谁更胜一筹？这个问题其实没有定论，因为在不同的维度，它们各有长短，如下图所示。

主动基金与指数基金的首要区别是它们是否进行主动管理。主动管理是结合市场信息，根据科学的策略进行人为的投资操作；被动管理是跟踪标的指数，追求误差最小。它们的主要区别是什么呢？

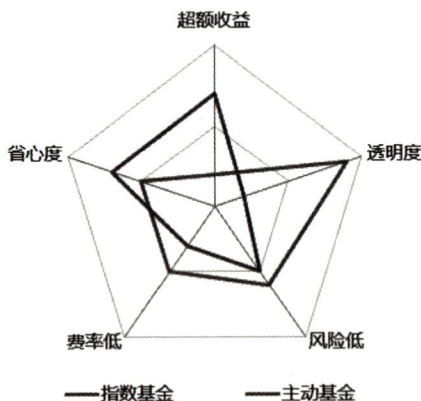

1. 超额收益

由于被动投资是紧跟标的指数，几乎没有超额收益可言，部分指数基金会采取增强策略，这样可以收获部分超额收益。而对于主动投资来说，因为有专业人士打理，结合A股市场的特点，获取超额收益的概率较大，但同时风险也较大。如果想要获取市场的平均收益，指数基金是不错的选择；如果风险承受能力较高，想获取高于市场平均的收益，主动管理基金更为合适。

2. 省心度和费率

指数基金对于基金经理来说不太涉及自己意识的输出，所以花精力较少，因此收费也较低。伴随而来的是指数投资需要投资者结合市场的估值等信息，做自己的判断，如低买高卖的时间点。而主动基金的基金经理的职责便是"受人之托，替人理财"，所以收费相对较高，投资人也相对省心。

3. 风险

主动基金的风险在于，任何基金经理不可能擅长所有市场情况下所有主题的最优投资风格，并且存在着经理自身风格漂移、判断失误的风险，但基金经理可以通过自己的判断进行大类资产的切换，在股市不好的时候降低权益仓位，避免遭受损失。

指数基金的风险在于，在任何市场下，指数基金的权益类都是高仓位的，无法通过基金经理的操作来规避股市中的风险，但宽基指数最大程度地分散了权益内部不同行业主题的风险。

所以综合而言，两者的风险都是不可避免的。

4. 透明度

指数基金的投资策略是跟踪标的指数，所持底层资产对于投资者来说是公开信息。主动投资由于牵涉基金经理策略的核心竞争力，所以公开度较低，这样就存在经理自身风格漂移的风险。

综合来说，指数基金是更为工具化的投资工具，需要投资者能良好地运用；而主动投资基金更像是一种托付合约，投资者需根据自己的风险偏好进行选择。

▲ 华夏基金 CHINA ASSET MANAGEMENT	编写	▲ 华夏基金 CHINA ASSET MANAGEMENT	审阅

6.3　股票指数有哪些分类体系

想找到合适的股票指数基金，先要了解股票指数的分类体系，这里为投资者整理出一个比较完整的常见指数体系。

股票指数主要有哪些

股票指数主要有以下三类（见下表）。

类型	含义	举例
规模指数	也叫宽基指数、市值指数，主要根据成份股的市值等因素进行分类和编制	沪深300、上证50、中证500、中证800、中证1000、上证指数、深证成指等
行业指数	根据成份股所属的行业进行分类和编制	中证金融、国证医药、申万证券等
主题指数	根据成份股所属的主题、概念等进行分类和编制	大数据、龙头股、5G、人工智能

市场上常见的股票指数都有哪些

在这三类指数中，规模指数是历史最悠久、数量最多的指数类型，我们这里也把一些主流规模指数的分类情况加以介绍（见下表）。

类型	指数名称	通俗解释
全市场类	上证指数	以上海证券交易所（简称上交所）上市的全部股票为样本股，包含A股和B股，综合反映上海证券市场上市股票的价格表现

类型	指数名称	通俗解释
全市场类	深证成指	从深圳证券交易所（简称深交所）上市的所有股票中抽取具有市场代表性的500家上市公司的股票作为计算对象，并以流通股为权数计算得出的加权股价指数，综合反映深圳证券市场上市A、B股的股价走势
	中证800	中证800指数以中证500和沪深300指数成份股为样本股，综合反映中国A股市场大中小市值公司的股票价格表现
	万得全A	万得全A股指数以所有在上海、深圳证券交易所上市的A股股票作为样本股，以自由流通股本作为权重进行计算
大盘类	上证50	以沪市A股中规模大、流动性好的最具代表性的50只股票为样本股，反映上海证券市场最具影响力的一批龙头公司的股票价格表现
	中证100	以沪深300指数成份股中规模最大的100只股票为样本股，综合反映中国A股市场中最具市场影响力的一批超大市值公司的股票价格表现
	上证180	以沪市A股中规模大、流动性好的180只股票为样本股，反映上海证券市场一批蓝筹公司的股票价格表现
	沪深300	以上海和深圳证券市场中市值大、流动性好的300只股票为样本股，综合反映中国A股市场上市股票价格的整体表现
中盘类	中证200	以沪深300指数成份股中剔除中证100指数成份股后的200只股票为样本股，综合反映中国A股市场中大盘市值公司的股票价格表现
	上证中盘	以上证180指数成份股中剔除上证50指数成份股后的130只股票为样本股，综合反映沪市中盘公司的股票价格表现

类型	指数名称	通俗解释
中小盘类	中证500	由沪深两市全部A股中剔除沪深300指数成份股及总市值排名前300名的股票后，总市值排名靠前的500只股票组成，综合反映中国A股市场中一批中小市值公司的股票价格表现
	创业板指	以最具代表性的100家创业板上市企业股票为样本股，反映创业板市场层次的运行情况
	中小板指	以中小板中按一定规则选出的100只股票为样本股，反映中小板市场层次的运行情况
	中证1000	以沪深两市全部A股中剔除中证800指数成份股后，规模偏小且流动性好的1000只股票为样本股，综合反映中国A股市场中一批小市值公司的股票价格表现

境外市场指数和另类资产指数有哪些

对于境外指数和另类资产指数，市场上基金跟踪比较多的类型如下表所示。

类型	指数名称
香港市场股票	恒生指数、恒生国企指数、港股行业指数、港股规模指数等
欧、美、日市场股票	纳斯达克指数、标普500指数、中概股指数、德国DAX指数、日经225指数等
另类资产	油气指数、黄金指数、REITs指数

腾安研究	编写	华夏基金 CHINA ASSET MANAGEMENT	审阅

6.4　一文读懂债券指数分类体系

随着全球降息潮的来临，越来越多的人开始关注债券基金的投资。特别是债券指数基金，由于其被动跟踪标的指数，分散风险、费率低廉，更惹得大家争相配置。

但笔者发现，很多人在挑选过程中仍会遇到一些困惑，如搞不清楚多种债券指数到底有什么不同？收益与风险如何？

债券指数成份券的种类有哪些

想了解债券指数，先看债券的种类有哪些。前面曾对债券分类做过简要介绍，这里再从债券指数投资的角度带大家温习一遍。

一般的债券指数，其成份券的主要标的有国债、金融债、地方债、企业债、公司债、可转债、央行票据、短期融资券等固定收益类资产。

1. 国债

国债是国家为筹集资金而发行的债券，由国家信用背书，收益基本和国债利率挂钩。简单来说，就是国家以自己的信用作担保，向公众借钱。

因为有国家信用作担保，所以国债的风险较低，相应的收益也较低。

2. 金融债

金融债是由银行和非银行金融机构发行的债券，其发行者为金融机构，资信等级相对较高，多为信用债券。常见的有国家开发银行、中国农业发展银行、中国进出口银行发行的"国开债""农发债""口行债"。

这类债券能够较有效地解决银行等金融机构的资金来源不足和期限不匹配的矛盾，期限一般为3~5年，利率略高于同期定期存款利率。

3. 地方债

地方债是由地方政府及地方公共机构发行的债券，由地方政府机关提供担保，属于信用债的一种。

4. 企业债

企业债一般是由中央政府部门所属机构、国有独资企业或国有控股企业发行，最终由国家发改委核准。

5. 公司债

公司债是股份公司向社会公众借钱发的债券，其发行公司债券只限于股份公司。

这里需要注意的是，企业债和公司债是不同的，其主要区别为：（1）公司债由股份公司和有限公司发行；企业债由央企、国有独资、国家控股企业发行；（2）公司债目前只在证券交易所流动，价格通过市场询价确定；企业债是直接定价，以不高于同期居民定期存款利率的40%来定价，目前只在银行间市场流动；（3）公司债由证券交易所审批监管；企业债由发改委审批监管。

可以看到，虽然企业债本身属于信用债，但因为"国有"机制，因此其信用风险略微偏小。而公司债则是完全凭借企业自己的信用发行债券，信用风险较大。

6. 可转债

可转债和公司债相似，也是股份公司为筹资而发行的，但其在公司债的基础上增加了转股的功能。也就是说，如果一家公司发行了可转债，可以理解为这家公司增发了股份，对原有股份有一定的稀释作用。

由于可转债含有一定的权益性质，所以它的风险、收益都比普通的债券基金要大，有时候甚至和股票类似。

7. 央行票据

央行票据即中央银行票据，是央行（中国为中国人民银行）为调节商业银行超额准备金而向商业银行发行的短期债务凭证，其实质是中央银行债券。央行票据是央行用来调节基础货币的一项货币政策工具，目的是减少商业银行可贷资金量。商业银行在支付认购央行票据的款项后，其直接结果就是可贷资金量的减少。

8. 短期融资券

短期融资券是企业为解决临时性、季节性资金需要而向社会公开发行的短期债券。在我国，企业发行短期融资券需经过中国人民银行的批准方可发行。对于发债主体要求不高，资金使用更方便。

债券指数分为哪两类

债券指数可以说是各类债走势的风向标，债券表现如何，看一眼相应的指数即可。我们以大的分类方式来看，目前国内常见的债券指数可以简单地分为两大类：综合类指数（H11009.CSI）、分类指数。

1. 综合类指数

综合类指数也就是"宽基指数"，可以反映全市场债券价格走势，我们常见的综合类指数有中证综合债指数、中证全债指数。

以较为常用的中证综合债指数为例，该指数由在沪深证券交易所及银行间市场上市的剩余期限1个月以上的国债、金融债、企业债、央行票据及企业短期融资券构成，全面反映了我国债券市场的整体价格变动趋势。如想知道最近债券的表现如何，可以参考这只指数。

2. 分类指数

分类指数又可以分为两类：一类是按债券种类划分的，另一类是按计息方式、流通场所、信用等级、待偿期限、发行期限等债券指标划分的。

（1）按债券种类划分

常见的有中证国债指数（H11006.CSI）、中证企业债指数（H11006.CSI）、上证公司债指数（000022.SH）、中证可转债指数（000832.CSI）。这类指数反映了所对应的单项债券价格的整体走势。

以中证国债指数为例，其由银行间市场和沪深交易所市场的剩余期限1年以上的国债构成，反映了我国利率类债券价格的整体走势。

（2）按债券指标划分

这一种划分方式较细，所涉及指数很多，常见的是按发行期限和信用等级划分的，如上证5年信用指数（000101.SH）是由上交所市场剩余期限在4至7年之间、主体信用等级AA级及以上、发行规模在8亿元及以上的信用债券组成的指数；深信中高指数（399296.SZ）是由深交所中高等级债券组成的指数。下表为债券分类指数。

类型	指数名称	细分方式
国债	国债指数	细分为不同期限
政策性金融债指数	国开行债指数	细分为不同期限
	农发债指数	
	进出口行债	
信用债	信用债指数	细分为不同期限和等级
可转债	中证转债	

了解债券指数对投资的帮助

介绍了这么多，那了解债券指数对投资者有什么帮助呢？

1. 市场分析研究和市场预测

投资者可以分析常见指数的走势图，从而把握债券市场的走势，预测未来债券市场整体的变化趋势，及时调整自己的仓位。

2. 建立合理的债券投资组合

在债券内部，转债、信用债和利率债的走势也大相径庭，投资者可通过关注分类指数的表现，决定投资哪种类型的债券基金，更有效地提升组合收益。

3. 评估自己的业绩

指数代表市场的整体表现，投资者可通过跟踪标的指数的收益率来对标自己的投资回报，用以评判自己的投资业绩的优劣，方便及时地纠正自己的投资策略。

腾安研究	编写	光大保德信基金 Everbright | PGIM	审阅

6.5　常见的指数编制公司和编制的主要指数

虽然指数的编制方法听上去很简单，但一个指数要想获得市场的认可，发布指数的机构一定要有非常好的公信力，而且还能长期有效地管理和维护指数，这样的机构就是指数编制公司。这里简单向大家介绍一下。

1. 中证指数公司

中证指数有限公司（简称中证指数公司）由上交所和深交所共同出资于2005年成立，是一家从事指数编制、运营和服务的专业性公司，是国内规模最大、产品最多、服务最全、最具市场影响力的金融市场指数提供商，目前管理各类指数近4000只。

中证指数公司以编制发布横跨沪深交易所的指数为主，比如著名的沪深300指数、中证500指数都是由它发布的。自港股通开通以后，它开始编制发布横跨沪港深三地的指数。除了股票指数，它还编制发布中证债券系列指数等颇具影响力的指数。很多基金公司在设计定制指数的时候，也都会找中证指数公司。

2. 上交所指数发布机构

从1990年开始，上交所已初步形成了覆盖股票、衍生品、债券、基金等品种的产品体系，成为跨期现市场的综合性交易所。为适应资本市场的不断发展，上交所建立了以上证指数、上证50、上证180、上证380指数，以及上证国债、企业债和上证基金指数为核心的上证指数体系。上证指数体系增强了样本企业知名度，也为市场参与者提供更多维度、更专业的交易品种和投资方式。

3. 深圳证券信息有限公司

深圳证券信息有限公司为深交所下属企业，经深交所授权，负责

"深证"系列指数的规划设计、日常运维和市场营销等业务。指数事业部为国内最早开展指数业务的专业化运营机构,是中国内地交易所直属指数机构之一。

旗下管理的"深证"系列单市场指数最早于1991年开始编制,自2002年以来率先推出跨深沪两市场的"国证"系列指数(原为巨潮系列)。该公司编制和发布了广为人知的深证成份指数、中小板指数和创业板指数等市场代表性指数,成功推出了深证100等成功的产品化投资型指数,截至2019年12月,深圳证券信息有限公司已发布的各类指数近900只。

4. 标普道琼斯指数公司

标普指数与道琼斯指数两家指数公司于2012年7月合并,成为全球知名的金融市场指数提供商。强强联合后的标普道琼斯指数公司是全球最大的提供基于指数概念、数据和研究的信息供应商,创建了具有金融市场标志性的标普500指数和道琼斯工业平均指数。全球直接投资于标普道琼斯指数的资产总值比投资其他任何指数的资产都多。自1884年查尔斯·道发明第一个指数以来,标普道琼斯指数一直致力于创新和开发各种资产类别的指数,为投资者提供衡量市场和交易状况的有效方式。

2018年最后一天,标普道琼斯指数(S&PDJI)正式公布将把部分A股纳入其全球基准指数中。

5. MSCI

MSCI(摩根士丹利资本国际,又称为明晟)是一家提供全球指数及相关衍生金融产品标的的国际公司,旗下编制了多种指数,其推出的MSCI指数被投资人广为参考。全球的投资专业人士，包括投资组合经理、经纪交易商、交易所、投资顾问、学者及金融媒体均会使用MSCI指数。MSCI指数是全球投资组合经理中最多采用的投资标的，可以说是全球第一大指数公司。比较有名的有MSCI全球指数、MSCI新兴市场指数、MSCI中国指数等。

2017年6月，MSCI决定将A股纳入其新兴市场指数，是A股走向国际化的重要一步。

6. 富时罗素

富时罗素是英国伦敦交易所旗下全资公司，是排在MSCI之后的全球第二大指数公司。据其官网介绍，目前约15万亿美元资产以富时罗素指数为基准。著名代表有英国股市的富时100（前金融时报100指数）指数；代表美国股市的罗素3000、罗素2000等指数。

2018年，富时罗素公司也宣布将把A股纳入其全球指数当中。

腾安研究	编写	中证指数有限公司 CHINA SECURITIES INDEX CO.LTD	审阅
中证指数有限公司于2005年8月由沪深证券交易所共同出资成立，是中国规模最大、产品最多、服务最全、最具市场影响力的金融市场指数提供商，管理各类指数近4000条。秉承"专业、专注"的精神，中证指数公司坚持稳健经营、创新发展，致力于成为中国指数开发领域的行业领跑者。中证指数公司在做大做强指数业务的同时，积极发展债券估值、资信评级等新业务体系，为市场投资行为提供了全方位参考指标。中证指数公司正逐步发展成具有一定国际影响力的专业机构，指数在境外多个市场得到应用，并多次获得国际奖项			

6.6 指数的编制方法有哪些

指数的编制看似简单，背后却有很多学问，有时候还会因为编制规则的问题引发舆论关注，造成市场波动，比如市场上一直提的"A股指数（此处指上证指数）10年不变"，就和上证指数的编制规则有关。这里给大家简单介绍一下各种指数编制方法及其优缺点。

以总股本为编制要素

代表：上证综合指数发布机构——上交所。

概况：上证综合指数（简称上证指数或上证综指）由上交所的全部上市股票（包括A股和B股）组成样本股，指数以总股本加权计算，反映上海证券交易所上市股票价格的整体表现，自1991年7月15日起正式发布。

基日与基点：以1990年12月19日为基准日，以100点为基点。

样本空间：在上交所上市的全部股票。

加权方法：派许加权法，以发行总股本数作为权数计算总市值。如果一只股票总股本很多，但流通股本很少，那么这部分流通股的价格变化就会对指数产生较大的影响，这也是人们一直说上证指数"失真"的原因。

股本调整方法：基本不用调整。自2007年1月6日起，新股于上市第11个交易日开始计入指数。当样本股暂停上市或退市时，将其从指数样本中剔除。样本股公司发生收购、合并、分拆、停牌等情形时，参照计算与维护细则处理。

指数修正方法：除息不修正，即成份股分红的时候，任其自然回落。除权要进行修正。长期停牌股（3个月及以上）要剔除。

指数调整周期：半年一次，每年6月和12月。

什么是派许加权法？

派许（Hermann Paasche，也译为帕舍），德国著名经济统计学家。在1874年，他提出"报告期加权综合指数"编制方法，采用计算期发行量或成交量作为权数，人们将这种方法称为"帕氏指数"。

其适用性较强，使用广泛，很多著名股价指数都采用这一方法，如标准普尔指数等。计算公式如下：

报告期指数=报告期成份股的调整市值/基期×1000

其中，调整市值 = Σ（市价×调整股数）

以总市值和交易量为编制要素

代表：沪深300指数发布机构——中证公司。

概况：沪深 300 指数是由沪深 A 股中规模大、流动性好的最具代表性的300 只股票组成，于 2005 年 4 月 8 日正式发布，以综合反映沪深A股市场的整体表现。

基日与基点：以 2004 年 12 月 31 日为基日，以1000点为基点。

样本空间：（1）非创业板股票，上市超过1个季度（除非日均市值排在前30位）；（2）创业板股票，上市超过三年；（3）非 ST、*ST 股票，非暂停上市股票。

选样方法：沪深 300 指数样本是按照以下要求选择经营状况良好、无违法违规事件、财务报告无重大问题、股票价格无明显异常波动或被市场操纵的公司。要求如下：（1）计算样本空间内股票最近一年的 A 股日均成交金额与 A 股日均总市值；（2）对样本空间股票在最近一年的 A 股日均成交金额由高到低排名，剔除排名后50%的股票；（3）对剩余股票按照最近一年A 股日均总市值由高到低排名，选取前300名股票作为指数样本。

加权方法：派许加权法，以调整股本数作为权数计算调整总市值。

股本调整方法：以自由流通股为基础进行分级靠档，为反映市场中实际流通股份的变动情况，沪深 300 指数剔除了上市公司股本中的限售股份，以及由于战略持股或其他原因导致的基本不流通股份，剩下的股本称为自由流通股本，也即自由流通量。

指数修正方法：除息不修正，即成份股分红的时候，任其自然回落。除权要进行修正。除息不修正这一条也使得对应的沪深300股指期货的4—6月合约受到影响。长期停牌股（3个月）要剔除。

指数调整周期：半年一次，每年6月和12月。

以总市值、流通市值、交易量为编制要素

代表：深圳成份指数（简称深证成指）。发布机构：深交所。

概况：深证成份指数由深交所于1995年1月23日正式发布，是中国证券市场中历史最悠久、数据最完整、影响最广泛的成份股指数。深证成指定位兼具价值尺度与投资标的功能。作为价值尺度，深证成指相对于综合指数能更敏锐、准确地反映出市场波动趋势，具有"先行指标"特性。作为投资标的，深证成指的收益性和流动性指标表现皆较为突出。

基日与基点：以1994年7月20日为基准日，以100点为基点。

样本空间：深交所的全部上市股票。要求如下：（1）非ST、*ST股票；（2）上市超过6个月（除非市值排名前10位）；（3）近一年无重大违规、财务报告无重大问题；（4）最近一年经营无异常、无重大亏损；（5）考察期内股价无异常波动。

选样方法：（1）计算入围选样空间股票在最近半年的A股日均总市值和A股日均成交金额；（2）对入围的股票在最近半年的A股日均成交金额从高到低排序，剔除排名后10%的股票；（3）对选样空间剩余股票按照最近半年A股日均总市值从高到低排序，选取前500名构成指数样本股。在排名相似的情况下，优选行业代表性强，盈利记录良好的上市公司。原先深成指一直是40只股票，2015年5月20日期扩容到了500只，扩容后的市值覆盖率从原来的18%大幅提高至61%。

加权方法：派许加权法，以自由流通股数作为权数计算自由流通

市值。

股本调整方法：不调整，直接以自由流通股为基础，不进行分级靠档，这里排除了各种类型的限售股和"持股超过5%的下列三类股东及其一致行动人所持有的无限售条件股份（包括国有法人股；战略投资者；公司创建者、家族或公司高管人员）"。

指数修正方法：除息不修正，即成份股分红的时候，任其自然回落。除权要进行修正。

指数调整周期：半年一次，每年1月和7月。

其他特殊编制方法

除了总市值、流通市值、交易量这些编制指数的常见要素外，专业机构还发明了很多根据其他要素编制指数的方法。根据历史数据测算，这些方法可以有效地提升投资组合的收益或降低风险，它们也常常被叫作Smart Beta。

（1）以等权重为编制方法。例如沪深300等权重指数与沪深300指数拥有相同的成份股，但它采用等权重加权，而非简单地根据总市值大小加权。

（2）以分红股息率为编制要素。例如中证红利指数，以沪深A股中现金股息率高、分红比较稳定、具有一定规模及流动性的100只股票为成份股，采用股息率作为权重分配依据，以反映A股市场高红利股票的整体表现。

（3）以波动率为编制要素。例如沪深300波动率加权指数，以沪深300指数样本股中历史波动率最小的100只股票为成份股，采用历史波动率的倒数作为权重分配依据，以降低整个指数组合的波动率（风险）。

（4）以财务指标为编制要素。例如中证锐联基本面300指数通过引入健康评分筛选，剔除行业内健康评分较低的股票，以沪深A股中基本面价值最高的300只股票为成份股，采用基本面价值作为权重分配依据。

（5）以多个因子为编制要素。例如中证红利低波动指数选取股息率高且波动率低的50只股票作为样本股，旨在反映分红水平高且波动率低的股票的整体表现。

注意事项

（1）大多数指数的调整周期都是半年，每次调整之后，指数基金都需要根据最新的成份股进行调仓。偶尔也会出现某只股票出现问题被调出指数，但由于股票停牌或连续跌停导致指数基金无法及时调整的情形。如2017年乐视网被创业板指数调出，但是大部分创业板指数基金却因乐视处于长期停牌期间而无法及时调整。

（2）根据市值或交易量进行加权是目前最为主流的编制方法。这一方法可以比较科学地体现出每个公司股票市值的改变对于整个市场的不同影响程度。但缺点也比较明显，那就是可能会出现强者恒强，弱者恒弱的局面，尤其是当指数基金规模足够大时，很有可能和指数之间形成强化效应。

（3）指数成份股在分红除息的时候，大多数指数不做调整，而任其股价回落。这会导致两个现象：一是指数基金会天然的跑赢指数（不考虑费率情况下），因为指数基金包含分红收益；二是带来股指期货的分红效应，即每年5—7月之间现金分红高峰期时，股指期货会出现更大的贴水。

腾安研究	编写	中证指数有限公司 CHINA SECURITIES INDEX CO. LTD.	审阅

6.7　同一个指数有多个指数基金跟踪，该怎么选

随着指数基金的发展，投资者经常遇到同一个指数有多家基金公司、多只产品均在跟踪的情况，这时候应该选哪一只呢？

跟踪误差越小越好

普通的指数基金，其投资目标是紧密跟踪标的指数的涨跌变化，衡量跟踪效果的指标叫作"跟踪误差"，比如很多指数基金都会在合同中写明"本基金的目标是紧密跟踪标的指数，追求跟踪偏离度和跟踪误差最小化，力争将日均跟踪偏离度控制在0.35％以内，年跟踪误差控制在4％以内"。

投资者在选择指数基金时，可以查看其历史走势和标的指数的误差情况，尽量选择误差小的基金。

费用越低越好

费用低廉是指数基金相对主动基金的核心优势。通常情况下，指数基金的管理费、托管费、销售服务费和申赎费用，都会比同类型的主动基金要低。

当然，即便同样是指数基金，费率设置也有所不同。一般情况下，ETF费率最低，但只适合场内交易者，且需要交易量支持才有实操性；其次是普通的指数基金，而指数增强基金的费率相对更高，主动管理产品费率最高。在其他条件同等的情况下，投资者应尽量选择低费率的产品。

下表以华安基金的几只产品为例，展示不同类型指数基金的费率情况。

类型	基金名称	管理费率	托管费率	销售服务费率
ETF	华安创业板50ETF	0.50%	0.10%	-
开放式指数基金A份额	华安创业板50ETF联接A	0.50%	0.10%	
开放式指数基金C份额	华安创业板50ETF联接C	0.50%	0.10%	0.25%
开放式指数增强基金A份额	华安沪深300增强A	1.00%	0.15%	
开放式指数增强基金C份额	华安沪深300增强C	1.00%	0.15%	0.50%
开放式主动权益基金	华安策略优选	1.50%	0.25%	

规模越大越好

指数型基金规模大可以带来两个好处：一是申购和赎回的冲击不显著，不会影响指数跟踪效果；二是指数基金规模越大，一些固定费用（如上市费、审计费等）所带来的影响越小。

当然，如果投资者选择指数增强基金，规模大小的影响便会不同。一方面某些指数增强基金的增强策略有规模边界，太大或太小都不行，必须在合适的规模范围内才行；另一方面，一些策略如打新增强，基金规模太大就会稀释收益，反而是规模越小越有优势。一般而言，指数增强基金的规模在2亿~10亿元之间最为合适。

| 腾安研究 | 编写 | 华安基金 HuaAn Funds | 审阅 |

6.8 指数增强基金的增强收益法是什么

指数增强是什么

"指数增强"，顾名思义，就是一种增强版的指数基金，它的目标是通过部分主动管理，在不偏离标的指数风险收益特征的基础上，力争使投资组合获得高于标的指数的回报。

指数增强基金的收益可以分拆为两部分，一是标的指数的收益，即指数的贝塔（Beta，β）收益；二是超越指数的收益，即阿尔法（Alpha，α）收益。

如果有一只基金能够持续超越所跟踪的指数，假以时日，将是非常美妙的一件事情。例如某只基金如果能每年稳定战胜沪深300指数6%，那么只要时间累积足够久，所产生的效果非常惊人（见下表）。

年份	单年：沪深300	累计收益	单年：沪深300+6%	累计收益
2005	-7.65%	92.35%	-1.65%	98.35%
2006	121.02%	204.10%	127.02%	223.27%
2007	161.55%	533.83%	167.55%	597.34%
2008	-65.95%	181.77%	-59.95%	239.24%
2009	96.71%	357.57%	102.71%	484.97%
2010	-12.51%	312.83%	-6.51%	453.38%
2011	-25.01%	234.57%	-19.01%	367.17%
2012	7.55%	252.30%	13.55%	416.94%
2013	-7.65%	233.00%	-1.65%	410.08%
2014	51.66%	353.37%	57.66%	646.52%
2015	5.58%	373.10%	10.58%	721.41%
2016	-10.28%	331.01%	-5.28%	683.31%
2017	21.78%	403.09%	27.78%	873.10%
2018	-25.31%	301.07%	-19.31%	704.51%

数据来源：Wind

增强收益有哪些方法

1. 因子增强收益

这一部分是指数增强最主要的超额收益来源。基金经理通过量化方法对基本面类因子（比如大家熟知的财务类指标）、量价因子（比如动量、流动性、各种技术面指标）、情绪和事件类因子（比如市场和交易者的情绪、上市公司的并购增发等事件）等多角度、全方位的挖掘，选出有效的选股因子，并在原指数成份股内和全市场进行选股，在控制较低的跟踪误差的基础上力争获得预期超额收益。

简单来说，就是在原指数的成份股占比不低于80%以及行业、风格等风险模型的限制下，对原指数的成份股以及成份股外的市场上的每只股票的权重，做一定的调整优化，对具有更大升值潜力的个股进行适当比例的增仓，对没有升值潜力的个股进行适当比例的减仓。而对于升值潜力的判断，则主要来自基金经理对于因子有效性的研究。

那么历史上有效的因子，未来是否一定有效呢？答案是：并不能100%保证持续有效。指数增强基金一般通过量化方法管理，一个成熟的量化选股模型会持续动态根据市场和指数的情况，及时判断因子的有效性，如果发现过去有效的因子其选股能力下降，模型会及时选择更为有效的因子替代。这也是量化选股的重要优势，量化策略动态适应市场的能力较强。

以中证500指数为例，它是根据市值进行加权的，根据经典的CAPM模型（Capital Asset Pricing Model，资本资产定价模型），这种加权方式并不一定是最优的。如果我们通过分析这500只股票的收益风险之间的相关性，就可以找出权重组合方式，这样就能力争达到降低风险或者增加收益的效果。

2. 打新增强

股票指数基金绝大部分都是接近满仓操作（约95%的仓位），只要能够满足新股申购的市值门槛，都可以参与打新。不仅如此，公募基金在打新投资者分类中属于A类账户，获配比例最高，远超其他机构和个人投资者。

千万不要小看打新收益，由于每只基金获配的新股份额都差不多，打新赚的绝对收益也都差不多，那么对于规模较小的公募基金，收益增厚可能会非常明显。假如一只公募基金一年打新收益有1000万元，那么对于一只2亿元规模的基金而言，就是5%的收益增强，十分可观。在2019年7月份科创板上市初期，很多公募基金都通过参与科创板打新赚得盆满钵满，一些小规模的基金涨幅尤其明显。

3. 股指期货增强

公募基金可以投资股指期货，那么如果期货合约处于贴水状态，即期货点位比指数点位低，基金经理就可以用部分期货合约寸头来替代指数成份股的现货仓位，等到期货合约到期，贴水收敛（即股指期货和指数点位趋近），基金就可以获得部分收益（见下图）。

中证500股指期货贴水收敛示意图

数据来源：Wind，2019/04/01-2019/09/17

从上图可以看出，中证500股指期货2019年9月合约在距离到期日较远的时候，一直处于贴水状态（即图中的阴影部分），但随着到期时的临近，贴水逐渐收敛，最终与中证500指数趋于接近。在这个过程中，期货合约的持有人可以获得超过指数的收益，即阴影部分的贴水。

当然，根据《证券投资基金参与股指期货交易指引》文件，公募基金每日日终持有的买入股指期货合约价值，不得超过基金资产净值的10%。因此投资范围中含有股指期货的基金可以拿出不超过净资产10%的仓位来投资股指期货，力争获得增强收益。

以建信中证500增强基金为例，它在2019年1季度末持有三个不同期限的中证500股指期货合约（IC）多头，可以为指数增强贡献自己的力量。

下图为建信中证500指数增强基金的期货持仓情况（2019年1季度）。

代码	名称	持仓量（买/卖）	合约市值(元)	公允价值变动(元)	风险说明
IC1904	IC1904	490	542,077,200.00	13,424,209.19	-
IC1906	IC1906	12	13,156,800.00	244,720.00	-
IC1905	IC1905	3	3,307,680.00	18,120.00	-
公允价值变动总额合计（元）				13,687,049.19	
股指期货投资本期收益（元）				23,635,542.40	
股指期货投资本期公允价值变动（元）				16,996,351.33	

4. 转融通增强

2019年6月证监会下发《公开募集证券投资基金参与转融通证券出借业务指引（试行）》，明确规定：（1）处于封闭期的股票型基金和偏股混合型基金；（2）开放式股票指数基金及相关联接基金；（3）战略配售基金均可以参与。

公募基金以一定的费率通过证券交易所综合业务平台向中国证券金融股份有限公司（简称证金公司）出借证券，证金公司到期归还所借证券及相应权益补偿并支付费用，这部分费用可以计入基金资产增厚基金的收益。

5. 分红增强

大部分指数在其成份股现金分红时是不做修正的，而是任其自然回落。这样一来，指数每年会跑输一揽子成份股组合，跑输的收益率大概就是股息率。如果股息率比较高，超过了指数基金的基本费率，那么仅借助成份股分红本身，指数基金就可以达到收益增强的效果。

腾安研究	编写	建信基金 CCB Principal Asset Management	审阅

6.9　Smart Beta是什么，它聪明在哪里

什么是Smart Beta

Smart Beta直译过来是"聪明的贝塔"，这可不是动画片《舒克和贝塔》里面的贝塔，而是投资领域的贝塔。

与前面指数增强一样，一个投资组合的收益也可以分为 α 收益和 β 收益，其中：

α 指主动投资收益，取决于选股和择时等因素，是超越市场收益的部分。

β 指被动投资收益，是和市场相关的收益，来源于市场本身。

获取市场收益并不难，普通的指数基金就可以做到，但想要获得超越市场的收益，是非常难的。

为了在指数基金的基础上获取更多的 α，基金经理们孜孜不倦地想了很多办法，挖掘了很多有效的主动管理方法去获取超额收益，常见的指数增强基金就是这么做的。在此基础上，有一些基金经理认为，有些主动管理方法是可以用一套明晰的规则阐明清楚并长期有效，那么这部分的主动管理方法就作为选股因子固定下来，以确定的规则对成份股进行筛选或对成份股权重进行优化，来获得超越传统市场的回报，也就是用被动的方法去获取超额收益，即 α 的 β 化。

这就是聪明的 β，如下图所示。

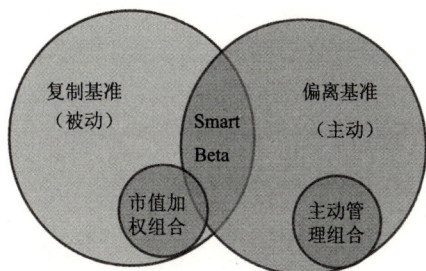

Smart Beta是怎么实现的

从收益分解的角度，Smart Beta是在给定基准上利用有效因子进行偏离，其表现的核心是"正确的β"和"纪律性的α"。

所以第一步我们要先找到"正确的β"，就是那些具有长期配置价值、适应特定的宏观环境、具备基本的投资逻辑、拥有独特风险收益特征的指数。比如对大盘股具有一定代表性的上证50指数、对中小盘股票具有一定代表性的中证500指数等。

第二步，在基准指数的基础上，用科学的方法找到可以有效增强收益的α因子，并用纪律约束的方式将规则予以固定。

最终形成一个新的低费率、大容量、高透明度、风格稳定的指数基金。

经过这两步，我们就可以得到聪明的上证50指数或聪明的中证500指数，并期望新的指数能够持续获得超越原指数的回报。

那么，这神奇的第二步中，都有哪些因子在发挥作用呢？

有哪些聪明的因子

在著名指数公司MSCI的指数系列中，有专门的Smart Beta专题，其中用到了如下表中的几个因子。

因子	含义	风险	相关性	经济周期
价值	寻找低估值的股票作为投资标的。常用指标包括PB、PE、销售收入、现金收入、净利润、现金流等	与市场水平相当	与动量、质量低相关	积极
动量	过去阶段表现好的股票能持续。指标为过去3~12个月的历史超额收益	与市场水平相当	与价值、分红和质量低相关	积极
小市值	小市值公司相对同类型的大市值公司较大概率有超额收益。常用指标包括市值系数（全市值或者流量市值）	低于市场水平	与低波动、分红率和质量低相关	积极
质量	债务低，盈利稳定，质量好的公司有超额收益。常用指标：ROE，盈利稳定性，分红稳定性，资产负债表的质量，金融杠杆，管理层能力，现金流等	低于市场水平	与价值、小市值、分红、动量低相关	防御
低波动	低波动率的股票比高波动股票有更好的收益率。常用指标：波动率的标准差，1~3年	低于市场水平	与价值、动量低相关	防御
高分红	分红比例高的股票。常用指标：股息率	低于市场水平	与小市值、质量和动量低相关	防御

这些因子之间还可以互相结合，形成多因子的Smart Beta。常用的基本面因子，就考虑了股息、净资产、销售额、现金流等指标，涉及质量、价值、高分红等多个因子。

中国的Smart Beta基金有哪些

国内目前不乏Smart Beta策略（指数），中证指数有限公司已推出了50多只Smart Beta指数，包括等权系列、基本面系列、风险平价系列、波动率加权系列和Axioma300优化系列。在具体产品方面，A股市场目前至少存在几十只Smart Beta的ETF和LOF，而且数量还在增加，部分如下表所示。

证券代码	证券简称	成立日期	业绩比较基准
007472.OF	华夏创业板低波蓝筹ETF联接A	2019/6/26	创业板低波蓝筹指数
159967.OF	华夏创业板动量成长ETF	2019/6/21	创业板动量成长指数
007474.OF	华夏创业板动量成长ETF联接A	2019/6/26	创业板动量成长指数
005561.OF	创金合信红利低波动A	2018/4/26	中证红利低波动指数
090010.OF	大成中证红利	2010/2/2	中证红利指数
100032.OF	富国中证红利指数增强	2008/11/20	中证红利指数
512040.OF	富国中证价值ETF	2018/11/7	中证国信价值指数
006748.OF	富国中证价值ETF联接	2018/12/25	中证国信价值指数
159905.OF	工银瑞信深证红利ETF	2010/11/5	深证红利价格指数
481012.OF	工银瑞信深证红利ETF联接	2010/11/9	深证红利价格指数
005702.OF	恒生前海港股通高股息低波动	2018/4/26	恒生港股通高股息低波动指数

证券代码	证券简称	成立日期	业绩比较基准
006143.OF	恒生前海中证质量成长低波动A	2019/6/5	中证质量成长低波动指数
512270.OF	华安沪深300行业中性低波动ETF	2019/3/7	沪深300行业中性低波动指数
006129.OF	华安中证500低波动ETF联接A	2019/1/15	中证500行业中性低波动指数
512260.OF	华安中证500行业中性低波动ETF	2018/11/30	中证500行业中性低波动指数
501029.OF	华宝标普中国A股红利机会A	2017/1/18	标普中国A股红利机会指数
501069.OF	华宝标普中国A股质量	2019/1/24	标普中国A股质量价值指数
510030.OF	华宝上证180价值ETF	2010/4/23	上证180价值指数
240016.OF	华宝上证180价值ETF联接	2010/4/23	上证180价值指数
510880.OF	华泰柏瑞红利ETF	2006/11/17	上证红利指数
512890.OF	华泰柏瑞红利低波动ETF	2018/12/19	中证红利低波动指数
007466.OF	华泰柏瑞红利低波动ETF联接A	2019/7/15	中证红利低波动指数
005279.OF	华泰紫金红利低波动	2017/12/1	中证红利低波动指数
501305.OF	汇添富中证港股通高股息A	2017/11/24	中证港股通高股息投资指数
159913.OF	交银深证300价值ETF	2011/9/22	深证300价值价格指数
519706.OF	交银深证300价值ETF联接	2011/9/28	深证300价值价格指数
003702.OF	平安沪港深高股息	2017/1/25	中证沪港深高股息精选指数
512590.OF	浦银安盛中证高股息ETF	2019/1/29	中证高股息精选指数
005051.OF	上投摩根港股低波红利A	2017/12/4	标普港股通低波红利指数
310398.OF	申万菱信沪深300价值	2010/2/11	沪深300价值指数增长率

续表

证券代码	证券简称	成立日期	业绩比较基准
161907.OF	万家中证红利	2011/3/17	中证红利指数
501059.OF	西部利得中证国有企业红利	2018/7/11	中证国有企业红利指数
005770.OF	信达澳银沪港深高股息	2018/11/2	中证沪港深高股息精选指数
519671.OF	银河沪深300价值	2009/12/28	沪深300价值指数
501307.OF	银河中证沪港深高股息A	2018/4/10	中证沪港深高股息指数
161718.OF	招商沪深300高贝塔	2013/8/1	沪深300高贝塔指数
150145.OF	招商沪深300高贝塔A	2013/8/1	沪深300高贝塔指数
150146.OF	招商沪深300高贝塔B	2013/8/1	沪深300高贝塔指数
006255.OF	中邮中证价值回报量化策略A	2018/11/29	中证价值回报量化策略指数

腾安研究	编写	◆ 嘉实基金 Harvest Fund	审阅

嘉实基金管理有限公司成立于1999年3月，是国内最早成立的十家基金管理公司之一。嘉实基金坚持合规经营，秉承"远见者稳进"的理念，至今已拥有公募基金、机构投资、养老金业务、海外投资、财富管理等在内的"全牌照"业务，为个人投资者及机构客户提供专业、高效的理财服务。嘉实基金以"主动管理"和"深度研究"为两大核心支柱，为个人、机构投资者创造持续稳定的长期回报，屡获行业权威殊荣

6.10　购买指数基金都有哪些费用

和主动型基金相比，指数基金的费率更低，但这并不代表它不重要。由于指数基金看中的主要是结果，即是否准确跟踪了指数，所以费率低的基金对于降低跟踪误差而言更有优势。下面以某指数分级基

金为例说明一下各项费用。

指数基金各项费用说明

1. 申购赎回费等

这是直接由基金投资人自己承担的费用，即所谓的进出费用，也称为摩擦成本。申购费一般随着投资金额的扩大而减少，赎回费一般随着投资期限的延长而减少。对于ETF、LOF（含分级基金）等场内交易的基金，可以通过场内系统申购赎回，一般出现在券商股票软件的"场内基金"或者"交易所基金"板块。需要注意的是，投资者不要和股票软件上的基金场外代销系统混淆。ETF由于是实物申赎，一般没有申购赎回费，但代办券商有可能收一笔不高于0.5%的佣金费用。而LOF（含分级基金）的场内申购赎回费一般根据基金合同的标准执行，赎回费一般则是不分期限固定收取的。以某基金为例，其场外申购费率根据资金量有所区别，如下图所示。

本基金场外申购费率如下表：

申购金额 M（元）	申购费率
M＜50万	0.50%
M≥50万	每笔100元

而该基金的场内申购费率由深交所会员单位按照场外申购费率设定。赎回费信息如下图所示。

本基金场外赎回费率如下表（1 年为 365 日）：

持有年限 Y	赎回费率
Y＜1 年	0.50%
1 年≤Y＜2 年	0.25%
Y≥2 年	0.00%

赎回费用由赎回基金份额的基金份额持有人承担，在基金份额持有人赎回基金份额时收取。其中赎回费总额的 25%应归基金财产，其余用于支付市场推广、注册登记费和其他必要的手续费。

本基金的场内赎回费率为固定值0.50%，不按持有期限设置分段赎回费率。

下面再对该基金的其他费用做一说明，部分与第2章的相关内容相似，见下图。

单位：人民币元

项目	本期 2015 年 1 月 1 日至 2015 年 12 月 31 日	上年度可比期间 2014 年 11 月 13 日（基金合同 生效日）至 2014 年 12 月 31 日
审计费用	120,000.00	—
信息披露费	284,000.00	24,000.00
账户维护费	360.00	—
上市年费	60,000.00	35,000.00
指数使用费	1,894,014.51	26,630.43
银行汇划费用	37,363.78	4,226.75
合计	2,395,738.29	89,857.18

（1）管理费：1%/年，每日计提，按月支付，这项费用是基金公司收入的最主要来源。

（2）托管费：0.22%/年，每日计提，按月支付，这项费用是支付给基金托管机构的（该基金托管银行是中国建设银行）。

（3）销售服务费：0。本基金不收取，但有的基金会收取。这项费用是基金代销机构的收入来源，如果是直销资金的话，则归基金公司所有。

（4）审计（和律师）费用：聘请会计师事务所对年度报告进行审计和聘请律师事务所对相关文件出具法律意见书的费用。

（5）信息披露费：基金在投资运作过程中需要披露各类公告，这些公告都要发给《中国证券报》《上海证券报》和《证券时报》这三家或其中一家来对社会公告，这一费用主要指支付给报社的费用。

（6）上市年费：对于需要到交易所上市的基金，还需要每年交给交易所一定的费用。

（7）银行汇划费用：主要指转账费用。

（8）指数使用费：指数基金所使用的指数都是有指数公司开发和维护管理的，比如中证指数公司、深圳证券信息公司等，使用它们发布的指数开发指数基金，就要交指数使用费。该使用费一般普通指数万分之二、独家定制指数万分之三。不过也有一些基金，该项费用是由基金公司而非资金资产承担的。可以看出，该项费用在2015年十分可观，也侧面说明了基金规模在牛市中的迅速增长。

2. 交易费用

这项费用主要是指基金买卖证券的交易佣金。对于股票型指数基金而言，该项费用主要产生于沪深交易所，因为股票都在这里上市交易。而对于债券型基金，该项费用将主要产生于银行间市场，因为大部分的债券交易都在这里。基金的交易佣金费率一般是万分之六到万分之八，包含了券商为基金公司提供投研销售等服务的对价。债券的交易佣金和手续费非常低，甚至可以忽略不计，如下图所示。

单位：人民币元

项目	本期 2015 年 1 月 1 日至 2015 年 12 月 31 日	上年度可比期间 2014 年 11 月 13 日(基金合同生效日)至 2014 年 12 月 31 日
交易所市场交易费用	68,339,675.56	5,308,667.50
银行间市场交易费用	—	—
合计	68,339,675.56	5,308,667.50

关于基金费率的几条经验

搞清楚每一种费率的意义，可以总结出基金费率的几条经验：

（1）申购赎回费是基金进出的交易成本，这项费用虽然不直接影响基金的跟踪误差，但是会影响投资者实际的投资收益率。投资者应根据自身的资金量和资金使用期限来进行投资。笔者就曾经见过有客户账户浮盈很高，但是一赎回发现赚钱很少的情况，因为短期的赎回费用太高。

（2）管理费、托管费、销售服务费按比例收取，也是基金最大的成本，这三项费用需要指数基金投资者重点关注，长期投资的话，一定是费用低的基金更有优势，跟踪指数更准确。

（3）其他费用大部分是一次性固定费用，无论基金规模大小都必须交纳。这些费用一般情况下可忽略不计，但如果基金规模特别小（比如只有几百万元），那这些费用对基金净值的消耗就非常惊人，所以必须远离迷你型基金。

腾安研究	编写	博时基金 BOSERA FUNDS	审阅

6.11　如何通过观察市盈率投资指数基金

投资指数基金的方法有很多，其中最有用，也最容易理解的方法就是通过观察指数的市盈率来投资对应的指数基金。简单来说，就是如果某个指数市盈率很低，处在低估状态，那么就值得买入长期持有，如果某个指数市盈率很高，处在高估状态，那么就要考虑是否落袋为安。

那么，到底啥是市盈率？

市盈率（PE）

市盈率（Price-to-Earnings Ratio，PE），即股价（Price）与每股净利润（Earning）的比率，计算公式如下：

市盈率=最新股价/每股净利润

其中，每股净利润是上市公司为股东赚取的钱，即每份股票"名义"上能分到的公司净利润，或者说每份股票能赚取的钱。

最新股价是每股的价格，每股净利润是每股能分到的利润，两者相除得到的值，从很大程度上反映了股票是贵还是便宜。

假设A公司、B公司的股价都是30元，每股净利润分别是1.5元、0.5元，那么，A公司、B公司的PE值分别20倍、60倍。

这意味着，同样是30元的股价，A公司每股能赚1.5元，而B公司每股只能赚0.5元，不考虑其他因素的情况下，A股比B股更超值。

理论上市盈率低的股票适合投资，市盈率低的购买成本就低。虽然这并不是绝对的，但市盈率是投资者评估股票是否便宜的重要参考。

你可能知道如何使用市盈率投资股票，但你是否知道，投资指数基金也可以用PE值作为参考。因为主流指数长期延续的特征，用市盈率作为指数基金做投资参考，比投资股票更靠谱。

如何利用指数PE买基金

有人可能会问：指数A的PE是15倍，指数B的PE是20倍，指数A就比指数B值得投资吗？

非也。不同指数由于成份股不同、属性不同，各自的PE值没有可比性。但单个指数的PE值，可以和自身的历史表现对比。

如果指数A的历史PE分布区间是5~15倍，而指数B的历史PE分布区间是15~30倍，那么指数B可能比指数A值得投资，因为指数A位于绝对高估位置（100%），而指数B处于相对低估位置（33%）。

找到估值相对较低的指数，意味着向下的空间越来越小，而向上的空间越来越大。

| 博时基金 BOSERA FUNDS | 编写 | 博时基金 BOSERA FUNDS | 审阅 |

6.12　找到低估指数有哪些技巧

投资者在投资个股时会看估值指标，如PE、PB、股息率、ROE等，而指数基金是一揽子股票的透明组合，也应该可以算出对应的指数PE、指数PB、指数ROE、指数股息率等指标，这些指标可以帮助我们进行指数基金投资。

如何利用PE投资指数基金

PE也可以理解为投资收回成本所需的时间。如果PE是10倍，就是说为了每年赚1元钱，需要付出10元的成本，这样的话10年可以收回成本。所以，PE当然是越低越好，因为PE越低，一笔投资收回成本的时间就越短。

我们在选择指数基金的时候，当然也是指数PE越低，基金的估值越便宜，投资的安全性就越高。不过在实际操作中，投资者要注意两点：

一是市盈率是动态变化的，它取决于股价和每股盈利，股价天天在变，每股盈利每个季度才更新一次，所以这个指标是滞后的。如果每股盈利使用最近一次年报的指标，那么滞后性就更长，这就是常见的静态市盈率；如果每股盈利使用最近4个季度的滚动指标，那么滞后性就会短一些，这就是TTM（滚动）市盈率；如果每股盈利使用分析师或市场的预期值，这就是预期市盈率，但是该指标对预期的要求比较高。

假如投资者在2019年8月份计算市盈率，那么对应的不同市盈率如下图所示。

	静态市盈率				预期市盈率
2018年3季度	2018年4季报	2019年1季报	2019年2季报	预期2019年3季报	预期2019年4季报

TTM（滚动）市盈率

二是市盈率指标对不同行业，应用方法不同。比如对于创业板指数、中证500指数等增长率预期较高的行业，市场给出的PE水平通常也较高，对于上证50指数等增长率不高的大盘蓝筹指数，市场给出的PE水平通常也较低。所以，不同类型的指数，拿PE的绝对值比较没有意义，投资者可以参考过去一个周期内，该指数的PE百分位，看看它在自身的变化周期中，处在较低还是较高的水平。假如目前中证500指数的PE百分位，在过去10年中位于5%，那就是说目前该指数的估值比过去10年中95%的时间都便宜，已经处于相对比较低估的位置，可以考虑投资。

PE这个指标更适用于消费医药这种周期性不明显的行业，而不适用于券商、有色这种周期波动性很大的行业。

如何利用PB投资指数基金

PB（Price-to-Book Ratio，市净率），是指每股股价除以每股净资产，或总市值除以净资产得到的比值。

市净率衡量的是股价与上市公司账面价值的比值，账面价值就是把上市公司解散清算后的价值，可以理解为把上市公司解散后，桌椅房子等资产都卖掉，可以收回多少钱（在A股市场，投资者一般用净资产来代替账面价值）。市净率衡量的就是为了获得这些价值，要付出多少倍的成本。例如某上市公司市净率为0.9，那么意味着花0.9元买入的股份，清算之后可以分得1元钱，显然是有利可图的。当然，这是理论上的推演，现实中要复杂得多，不过市净率越低说明公司估值越低。

市净率更适合重资产行业，例如钢铁、水泥、造船、机械制造，以及房地产、银行等，这些行业的PB通常都较低。对于一些轻资产的新兴行业，用PB去估值效果一般，它们的PB常常高高在上。在实际使用中，采用PB百分比也是一个比较好的解决方案。

如何利用股息率投资指数基金

股息率（Dividend Yield Ratio），是一年的总派息额与当时股价的比值。股息率对于大盘蓝筹类的指数意义更大，比如上证50、沪深300、银行指数等。除此以外，市场还有专门的红利指数，以成份股的股息率高低作为权重来加权计算。

股息率是一个非常重要的估值指标，股息率越高，指数的估值越低，抗跌性越强。一旦指数的股息率高到一定水平，比如超过无风险债券的收益率，那么它对投资者的吸引力就变得特别大。

投资者可以跟踪指数的股息率指标，在其相对较高的时候入手，安全边际会相对较强。

如何利用ROE投资指数基金

ROE（Return on Equity，净资产收益率）是指净利润除以净资产的比值，代表股东股权投资的报酬率，即公司的赚钱能力。ROE越高，指数的投资价值越大。

巴菲特说过，如果只能用一个指标来选股，那就是ROE。ROE是企业发展中最核心的动力，股价的长期年化收益率，与企业的长期ROE非常接近。而我们之前说的估值指标，则会随着牛熊市的股价波动而波动。

投资者在选择指标时，如果选择PE、PB等估值指标，期望的是有一天获得估值的恢复并从中获利，而如果选择股息率、ROE这种指标，则期望的是获得上市公司长期分红或利润的钱。也有一些投资者把不同的指标结合起来用，比如著名的PB-ROE策略，就是选取"低PB+高ROE"策略来选股票，同理，我们也可以用这种策略来选基金。

哪里获取指数的指标数据

比较权威的指数指标，投资者可以参考中证指数公司官网和沪深交易所官网。除此之外，很多投资社区也有指数基金爱好者分析指数估值数据，投资者可以参考（下图为中证指数公司官方网站）。

板块名称	最新市盈率	股票家数	可换家数	平均市盈率			
				近一月	近三月	近六月	近一年
上海A股	14.25	1508	136	13.65	13.68	14.21	13.72
深圳A股	24.63	2180	299	23.27	23.16	24.26	22.91
沪深A股	17.03	3668	435	16.22	16.2	16.91	16.2
深市主板	17.09	480	68	16.17	16.3	17.2	16.23
中小板	26.8	933	136	25.41	25.35	26.77	25.56
创业板	44.38	767	95	41.39	40.34	40.50	37.16

腾安研究	编写	申万菱信基金 SWS MU FUND MANAGEMENT	审阅
申万菱信基金于2004年1月在上海成立，是以指数、量化投资为特色的资产管理人，在指数编制、量化模型、产品研发、投资管理领域都有优秀的团队和业绩记录，注重投资管理和风险管理的高效结合，致力于提供工匠性、精细化的专业服务			

第 **7** 章
混合基金

7.1 混合基金中的偏股型、偏债型、平衡型、灵活配置型有何区别

1. 混合型基金的特点

简单来说，不能归为股票基金、债券基金、货币基金、FOF的其他类型产品，基本都属于混合基金范畴。

混合基金根据基金资产投资范围与比例分为偏股混合型、灵活配置型、偏债混合型、股债平衡型四种。至于分类标准，官方并没有给出统一的答案，一般情况下，可以依据合同的约定来区分。

2. 偏股混合型

混合型基金中，合同中约定以股票为主要投资方向的基金，其在业绩比较基准中以股票指数为主的基金。这里包括合同中约定股票资产占基金资产的比例下限为60%的混合型基金，也包括虽不满足60%股票投资比例下限要求但业绩比较基准中股票比例值等于或者大于60%的混合型基金。

2014年《公募基金运作管理办法》对股票型基金的股票仓位下限做了调整，即从不低于60%提升到不低于80%。于是，原先很多属于股票型基金的产品并没有去修改合同提高投资比例下限，而是改为偏股混合型基金。整体上看，偏股混合型基金同普通股票型基金，虽然仓位下限上有区别，但是在风险收益特征上区别不大，都具有高风险、高收益的特征。很多基金经理也都是同时在管理这两类产品。

3. 偏债混合型基金

混合型基金中，合同中约定以债券为主要投资方向的基金，其在业绩比较基准中以债券指数或存款利率为主的基金。这里包括合同中约定债券资产占基金资产的比例下限为60%的混合型基金，也包括虽不满足60%债券投资比例下限要求，但业绩比较基准中债券或存款利率比例值等于或者大于70%的混合型基金。

偏债混合基金的股票投资比例一般不高于30%或40%，但是比二级债基的20%股票上限要宽松，所以它的风险收益水平要高于二级债基，但在混合型基金中是最低的。偏债混合基金参与股票投资，享受股票长期的高收益，同时用较大比例的债券投资熨平股市波动，所以从收益上看还是相当稳健的。

4. 灵活配置型基金

混合型基金中，各类资产投资比例为0~95%、合同载明或者合同本义是股票和债券等大类资产之间有较大比例灵活配置比例的基金，一般基金名称中带有"灵活配置"字样。

由于仓位比较灵活，该类基金的股票仓位可以在0~95%之间变动，所以灵活配置基金的实际操作很可能有较大的不确定性。在灵活配置型基金中，既有高仓位参与股票投资的高风险产品，又有以打新策略、债券策略、量化对冲策略为主的低风险产品。"灵活配置"更像是一个壳的名字，芯是什么还需要投资者细细辨别。不过近年来，监管部门对于灵活配置型基金的投资随意性开始有所关注，在新的灵活配置型产品上报审批时，都需要写明其仓位变化的规则是什么，例如在指数市盈率处在什么区间时，仓位应该如何调整等。

5. 平衡混合型基金

混合型基金中，合同中约定股票投资比例为基金资产净值的30%~60%或30%~70%或20%~50%的，且不属于上述三类的混合型基金。

平衡型产品并没有统一的划分标准，只要是对股债配比没有明显侧重的产品，大多属于此类。而平衡混合型基金，主要是希望能够通过股债之间的合理配比，达到长期不错的投资效果。

通过介绍，你大概能够了解到，同样是混合型基金，背后的实质可能大不相同，投资者需要擦亮眼睛再选择。

腾安研究	编写	腾安研究	审阅

7.2　灵活配置基金有什么特点

灵活配置型基金有什么特点

（1）灵活配置型基金是混合型基金的一种，其最大的特点是仓位和投资策略比较灵活。由于股票投资比例为0~95%，导致其风险收益特征变化较大。同样是灵活配置混合型基金，有的可能在满仓投资股票，有的可能主要投资债券。

（2）灵活配置基金的名字也常常比较中性，很难看出其投资特点。投资者要深入研究，弄清楚其投资策略后再进行投资。

（3）在最近几年，监管部门对于灵活配置型基金投资的随意性有所关注，在新产品的审批中，均加入了股票仓位调整规则，用来约束这类产品的投资行为。

比如富国科技创新灵活配置基金，在基金合同中就有如下图所示的约定。

本基金投资股票时，根据市场整体估值水平评估系统性风险，根据指数估值水平（中证 500 指数的市净率 P/B）决定股票资产的投资比例。

上月末中证 500 指数市净率 P/B 在过去 10 年每日市净率 P/B 中的分位	本月股票资产占基金资产的比例下限	本月股票资产占基金资产的比例上限
90 分位及以上	0%	40%
75 分位（含）至 90 分位	20%	60%
25 分位（含）至 75 分位	35%	80%
25 分位以下	50%	95%

哪些策略可以应用在灵活配置基金上

由于灵活配置混合型基金投资范围和仓位比较灵活，所以可应用在非常多的投资策略上，如下面几种。

（1）股票多头策略：这类灵活配置型基金以股票投资为主，其风险收益特征与股票型基金、偏股混合型基金不相上下。

（2）量化对冲策略：量化对冲策略属于证监会特批的可以大比例

投资于股指期货的基金，以量化策略选股，以股指期货对冲风险，以期获得不错的绝对收益。比较有名的如海富通阿尔法对冲基金。

（3）打新策略：打新策略属于低风险策略的一种，根据目前的新股申购政策，基金必须要先有股票持仓才可以参与申购，所以打新策略通常是以债券投资为主，外加少量股票底仓。由于一级债基、二级债基不能参与打新，而股票基金、偏股混合等基金股票仓位要求又比较高，所以大部分打新策略会优选灵活配置型基金作为产品载体。

（4）定增策略：在市场定增比较活跃的时候，有一些基金以参与定增为主要投资策略，这就要求仓位必须很灵活才行，所以大多数是灵活配置基金。不过该策略的有效性受监管部门关于"定增"和"减持"的政策影响。

（5）绝对收益策略：有一些基金主打绝对收益，希望能为客户获取长期稳定的投资收益，它们或通过资产配置模型，或通过量化模型来指导投资，所以各类资产的仓位要求也需要比较灵活才可以。

（6）其他策略：近年来还流行过银行存单策略、避险策略等。

腾安研究	编写	富国基金 Fullgoal Fund 专业始投资专家	审阅
富国基金成立于1999年，是国内首批设立的十家公募基金管理公司之一。总部位于上海，在北京、广州、成都等地设有分公司，并在中国香港、上海设有资产管理子公司。截至2019/12/31，公司管理公募基金147只，公募资产管理规模2332.90亿元（剔除货币基金与短期理财债券基金份额规模口径），行业排名第9/140			

7.3　什么是量化对冲基金

什么是α和β

　　和前面介绍的一样，现代金融理论认为，证券投资的额外收益率可以看成以下两部分之和。第一部分是和整个市场无关的α；第二部分是整个市场的平均收益率β，也可以称为这个投资组合的系统风险。这一部分很容易获得，只要通过调节投资组合中的现金和股票指数组合比率，就可以很容易地改变β系数，从而确定投资组合中来自整个市场部分的收益。而另一方面，α很难得，以致许多金融教授们根本不相信它的存在。

1.　随波逐流的β

　　β系数可理解为一个投资组合与市场收益之间的关系，一般情况下β系数如果是正的，即和市场涨跌正相关。

　　股票指数基金的β系数一般为1左右，即跟踪指数上涨10％，指数基金大概也上涨10%，反之亦然。而混合型基金的β系数很可能是0.7，涨跌幅度都比指数要小。以此类推，β可以理解为就是一个正的乘数，乘数越大，风险收益越大；乘数越小，风险收益越小。

　　下图为过去五年某基金净值增长率与沪深300指数涨幅对比。

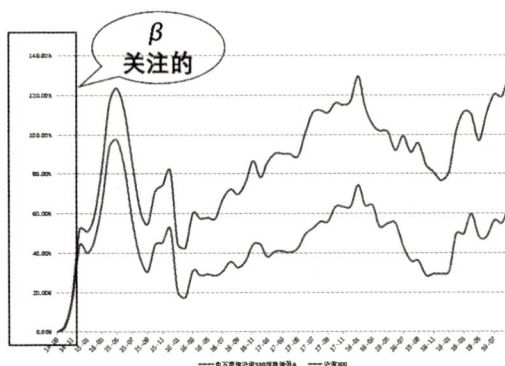

数据来源：Wind。数据截取：2014/9/20—2019/9/20

相比于β，对投资组合影响最大的还是市场涨跌情况，即左侧的坐标轴，对于一个β策略的投资组合，其是被动地接受市场涨跌的。如果左侧的坐标轴是负的，那么对投资组合的贡献也是负的。

2. 独善其身的α

尽管一个投资组合的收益率不能保证一定是正的，但任何时候都存在努力奋进的α，如下图所示。

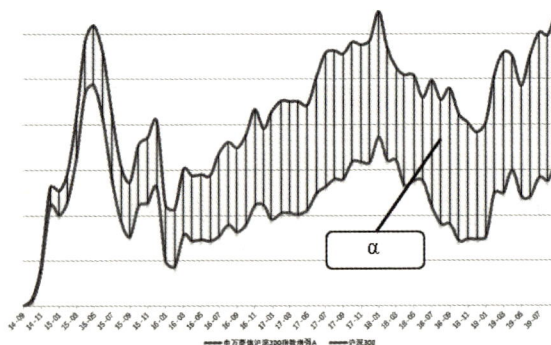

α 是投资组合超越跟踪指数表现的涨幅（图中竖线阴影部分），这一部分完全不受左侧坐标轴影响，在2017年6月中旬以后大盘的持续下挫过程中，α一样存在，收益反倒增加的更多。

想做个随波逐流的贝塔很容易，但想获得 α 需要基金经理有"硬功夫"，因为一般的主动型管理基金就算存在 α，也是 α 和 β 同时存在的。对于普通投资者来说，β 的影响不可避免，就算存在 α，如果左侧坐标轴处于负的收益区间，还是亏损状态，一切都是徒劳的，因此，量化对冲基金应运而生，它就是专门针对解决 α 和 β 合理搭配的工具。

什么是量化对冲

"量化对冲"其实是"量化"和"对冲"这两个概念的组合。

"量化"指量化投资，这是一种使用统计学、数学的方法，运用大数据寻找高胜率的投资策略，形成量化因子和投资模型，并纪律化投资这些投资模型构建的组合。

简单来说，就是将投资中的人为手动决策转化成程序自动化决策。

其步骤包括：（1）总结归纳，将投资策略转化为数学模型，确定投资决策的指标；（2）将量化模型转化为可以自动执行的交易指令；（3）反复进行数据测算调整投资效果，最终进行实战。

"对冲"是指对冲交易策略。它是一种在降低投资风险的同时仍能在投资中获利的手法。一般对冲是同时进行两笔行情相关、方向相反、数量相当、盈亏相抵的交易。

对冲并不是让一笔投资不赚不赔，而是作为一种手段排除投资过程中一些不利因素对结果的影响。

某基金某年的收益为以下两部分。

● A部分：利用大数据技术筛选了一揽子股票，当年跑赢市场5%。

● B部分：市场调整引起的下跌幅度为-10%。（为举例方便，我们假设沪深300指数表现可以完全代表市场）

那么该基金的收益率为 -10%+5%=-5%。在没有"对冲"的情况下，虽然选出的个股组合跑赢了市场，但并没有帮助投资者实现投资增值。

假设我们运用对冲工具，卖出沪深300股指期货，对冲掉市场波动导致的投资组合收益变动，只赚取A部分的投资收益。那么同样的市场环境下，该基金仍能实现5%左右的正收益。

上述举例中的A部分，投资者获得与市场波动无关的回报即为阿尔法（α），一般用来度量投资者的投资，B部分代表的市场系统性风险即贝塔（β），如下图所示。

通过量化手段选股择时，再通过对冲工具做空股指期货来对冲市场风险，量化对冲基金就能获取稳定的超额收益。

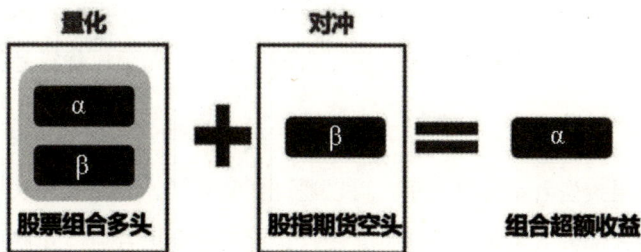

当然，量化对冲策略成功的前提是你有足够多的超越指数的α，并能够覆盖管理费、对冲费用等成本。有多大能力做出α，就有多少绝对收益，如下图所示。

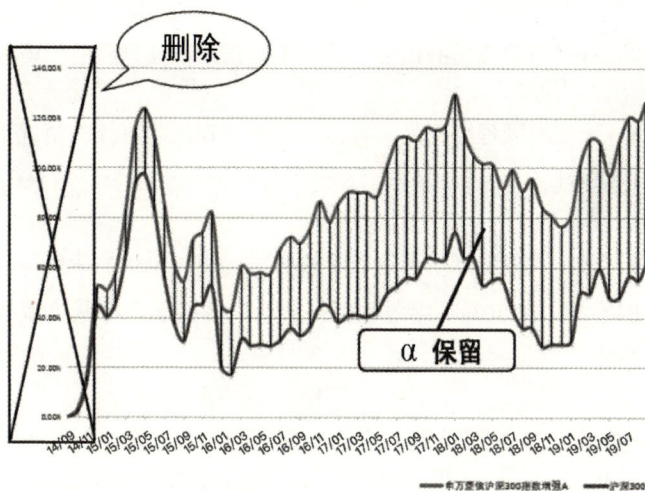

量化对冲基金适合什么样的投资者

量化对冲基金属于绝对收益基金，主要因为它以绝对收益为目标。从历史数据来看，对冲策略型基金与一些相对收益的基金相比，在上涨行情中，赚得可能并没有想象的那么多，但在下跌行情中，却要比相对收益基金稳健得多。所以市场上送它一句话：优点是稳健，缺点是太稳健。

如果投资者是择时高手，可以通过低买高卖、高抛低吸来赚钱。但对于大部分人来说，可能持有一只稳健的基金更合适，守候每天的点滴幸福。

那绝对收益基金适合什么样的投资者呢？

（1）风险偏好比较低，无法忍受基金净值大起大落的投资者。

（2）看好股票市场的机会，但又担心短期市场风险的投资者。

（3）无法忍受理财产品的收益率，期望在风险可控的情况下，适度参与股票市场机会的投资者。

（4）对于风险偏好稍高的投资者来说，也可以把这类产品作为资产配置的一种。如30%买绝对收益基金，70%买股票型基金或普通股混型基金等。

总的来说，对冲策略型基金的受众范围比较广泛，无论是稳健型投资者还是激进型投资者，在资产配置中都可以考虑这类产品。

腾安研究	编写	申万菱信基金 SWS MU FUND MANAGEMENT	审阅

7.4 量化多头策略在基金投资中可靠吗

国内量化策略历经了10年以上的发展，行业已初具规模、策略也渐成体系。尤其在大资管行业向净值化、科技化演进的背景下，投资者对量化策略的关注度与日俱增。近几年来，量化型基金在权益基金中的占比也持续上升。

2019年上半年，受益一季度行情，权益型公募基金的规模从2.2万亿元增长到2.7万亿元，在公募基金中的占比从17.2%提升到20.3%。量化型基金规模从1200亿元上涨到1500亿元，占比从5.2%上涨到5.6%（见下图）。

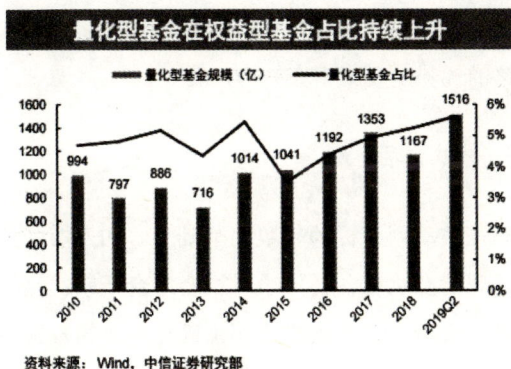

量化型基金在权益型基金占比持续上升

资料来源：Wind，中信证券研究部

多头策略是量化基金里体量最大的

量化中的多头策略，主要包含了指数增强和量化选股两种模式，也是公募基金中最主要的类型。两种策略都是利用数量化的方法建立多样化信号模型，通过全面客观的模型分析选择股票组合，战胜指数以获取超额收益。简单来说，就是通过量化手段筛选出优质股票，直接构建多头股票组合（见下图）。

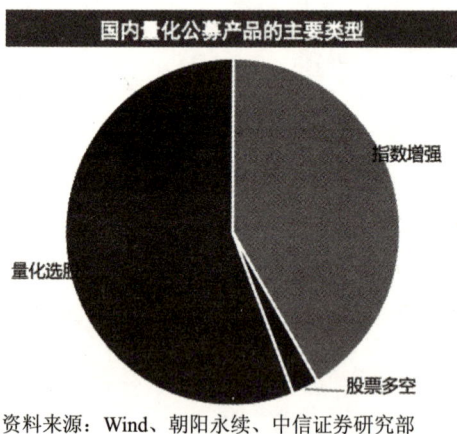

资料来源：Wind、朝阳永续、中信证券研究部

多头策略的优势主要集中在3个方面。

1. 主动管理，模式灵活

多头策略在被动跟踪标的指数的基础上，加入增强型的主动管理手段。基金经理需要运用各种策略对投资组合不断优化、调整，主动规避个股的极端风险。多头策略改变了以往单一的投资模式，可以更加灵活地应对市场风格切换，保持业绩的稳定。

2. 不只是α

量化多头策略是根据市场行情演绎，提炼出哪些是有效因子，哪些是无效因子。同时也会根据市场风格转换调整股票组合，精确跟踪指数形态，使下行风险得到有效控制。由于多头策略不进行期货对冲，无须承担对冲成本以及基差风险，因此在行情上涨的情况下可以获得 β 和 α 的共同收益。

3. 有效分散风险

量化模型对于市场微观交易机会的把握远强于人脑，通过科学严谨的量化模型，对海量数据进行逻辑处理，从而形成投资决策依据，保障了投资的纪律性、系统性、准确性和风险分散性，不会受人为因素的过多干扰。

量化投资在A股市场仍具有巨大的发展空间

（1）多因子模型的量化投资，会比单因子模型风险更低，更加稳健。量化投资应该不断纳入新的有效因子，将因子权重分散在长期有效的因子上。

（2）量化投资是一种基于规则的投资，重要的是建立一个正确的规则，并且伴随着市场变化与时俱进，不断优化规则。

（3）伴随着机构投资者持仓和交易占比的提高，市场越来越有效，所以量化投资在A股市场仍有巨大的发展空间。

长信基金 Chang Xin Asset Management	编写	长信基金 Chang Xin Asset Management	审阅
长信基金管理有限责任公司成立于2003年5月9日，公司整体的业务布局包含固定收益、主动权益及量化投资三个板块，立足于绝对收益理念，深化布局以满足多元化配置需求，同时将风险控制作为实现公司可持续发展的基石			

7.5 公募基金如何投资科创板，科技创新基金怎么选

普通投资者如何参与科创板投资

科创板是科技创新板块的简称，是上交所在2019年新设立的股票板块，主要服务于科技型和创新型中小企业。那么作为普通投资者，有什么方式参与科创板投资呢？

如果个人投资者想直接投资科创板股票，需要满足如下两个条件：

（1）开户前20个交易日，证券账户及资金账户日均资产不低于50万元；（2）证券交易的经验满24个月。

如果不满足上述条件，那么公募基金是一个非常不错的选择。

公募基金投资科创板都有哪些优势

1. 低门槛

散户可通过专业的机构投资者参与投资科创板，只需要较低的资金即可参与基金申购，方便易行。

2. 科创板更有利于专业的机构投资者

在新股发行方面，网下初始发行比例提高至70%，回拨后网下占60%~70%，其中不低于50%优先向公募基金等A类账户配售。公募基

金获配新股的比例，比传统打新要高很多。

3. 公募基金参与科创打新的账户占比较高

新股发行询价对象限定在公募基金等7类专业机构，其中公募基金参与科创打新的账户占比较高，在询价过程中起主导作用。

4. 专业优势大

科创板企业的定价难度大，上市前5日无涨跌幅限制，之后在±20%范围内波动，个人投资者直接参与风险较大，而专业机构可以发挥它们的相应优势。

哪些基金可参与科创板投资

所有符合要求的公募基金均可以参与科创板投资。不过目前市场上有三类策略或主题基金对科创板股票的关注度更大，它们大多是混合型基金，如下表所示。

	打新基金	科技创新基金	三年期科创板封闭式主题基金
投资策略	债券打底构建投资安全垫，部分仓位进行打新，追求更高收益	专注科技创新类股票，可通过证券交易所网下发行平台对科创板新股进行申购	以战略配售形式分享企业成长红利，多设置3年封闭期
风险等级	中低风险/中等风险	中高风险	中高风险
基金类型	混合型为主	混合型为主	混合型为主

续表

	打新基金	科技创新基金	三年期科创板封闭式主题基金
适合人群	适合风险承受能力较低，希望获得比纯债基金更高收益的投资者	适合能承受一定风险，看好中国科技行业发展，希望申赎灵活的投资者	适合能承受3年封闭期，想优先参与科技创新企业的打新收益和成长红利的投资者

投资者如何选科技创新基金

建议投资者根据以下几项选择科技创新基金，然后再行申购。

（1）根据自身的投资需求，选择适合的产品。其中，3年封闭式产品投资期限较长，可以参与战略配售，但需要投资者有长期的投资计划，而开放式基金则可以每日申赎。

（2）看准基金公司实力，选择投研实力强、风控管理能力突出的基金公司。尤其是科技创新行业的投研实力，投资者需要特别关注。

（3）考察掌舵的基金经理，了解其从业年限、投资履历、投资风格、擅长领域、过往投资业绩等。

🜛 **万家基金** WANJIA ASSET	编写	🜛 **万家基金** WANJIA ASSET	审阅
万家基金凭借17年投研积淀及规范经营，已成为综合实力居前的资产管理公司。公司产品布局完备，以权益、固收为代表的传统业务领跑市场，养老、科创等创新业务齐头并进。得益于优异的业绩表现，公司屡获权威殊荣，资产管理规模超1600亿元，累计为超1400万持有人提供高品质资管服务				

7.6 打新基金是如何赚钱的？和个人打新有何区别

什么是打新基金

顾名思义，打新基金就是以参与一级市场新股申购为主要投资策略的基金，主要产品形式是混合型基金。

2014年出台按市值配售发行新股的政策一直沿用至今，就是说如果你想参与打新，必须配置一定规模的股票底仓。放眼整个市场，纯债型基金暂不能参与打新（包括一级债基和二级债基），只有混合型基金适合作为打新工具。因为混合型基金的股票和债券仓位都可以很宽泛，最灵活的一种是灵活配置型混合基金，它需要满足打新底仓中股票仓位的最低限制。除此之外，其他资产也可以全部配置成较低风险的债券。于是，市面上以混合基金为主力的打新基金越来越多，这种产品单仅从名字上看很难分辨它的投资策略，投资者在购买的时候，还需要向销售渠道了解其策略。

从投资策略上看，大部分打新基金都会以"固收+打新"作为主要策略，大部分仓位配置债券资产，小部分仓位配置股票资产以满足打新的市值要求。长期而言，该类策略的产品风险为中低等级，收益主要取决于新股市场的收益和活跃度，例如首批科创板股票上市时涨幅可观，很多打新基金的净值也出现了大幅增长。

个人打新和公募基金打新差别在哪儿

2016年1月开始实施最新的新股申购制度，其中最大的变化就是取消了新股预交款制度，改成了中签以后再交款，这大大缓解了以往每次打新时对整个市场资金面的扰动。在最新制度下，公募基金作为打新的一类参与者，应该说受益颇多，下面我们详细说明。

1. 网上网下打新双轨制

散户参与的通常都是网上打新，它采取的是按市值申购和摇号配售的方式，投资者根据持有的股票市值申购相应的股数，且有申购上限，所以中签率很低；网下申购采取的是询价方式，由于门槛较高，参与者相对较少，相比散户网上打新，这种方式中签率高，只要询价合理有效，一般情况下都能中签。

资金规模是参与网下申购新股的主要门槛。自取消投资者申购新股预先缴款制度后，沪深交易所规定参与网下配售投资者的基本门槛均是持有最近20个交易日平均市值1000万元以上流通市值的股票。

由于网下申购火爆，新股承销券商也提高了网下申购的资金门槛。网下打新门槛交易所定的只是初级门槛（沪市或深市股票市值1000万元），而新股的承销券商也可以就自己承销的股票再定一个更高的门槛。在2018年，沪深两市的打新门槛已分别提高至6000万元，这样加起来就要有1.2亿元的股票市值才能参与网下沪深两市打新。这个"门票"还是挺贵的，一般个人投资者"买不起"。当然，随着市场的变化，这个"门票"的价格也在不停地变化。

门票越贵，买得起的人可能就越少，所以分享利益的人也越少，网下打新的收益也就越高。

2. 公募基金打新有何优势

传统的网下打新，参与者有三类。

（1）A类投资者：公募基金、社保基金、养老金。

发行人和保荐机构（主承销商）将优先安排不低于网下发行股票数量的40%向A类配售对象配售，而且这个比例有时候会到50%、60%，对A类投资者是制度性优势。

（2）B类投资者：企业年金、保险。

发行人和保荐机构（主承销商）将安排不低于本次网下发行股票数量的10%向年金保险类配售对象配售。

（3）C类投资者：个人、私募、各种资产管理计划等。

A、B类投资者配售后新股剩下的份额由C类投资者分享，所以从整体上看获配比例，很可能是A>B>C的状态。

科创板打新，配售政策又进一步向公募基金等A类投资者倾斜。科创板网下申购的投资者也分为三类：

（1）公募产品、社保基金、养老金、企业年金基金和保险资金为A类投资者，其配售比例为RA；

（2）合格境外机构投资者资金为B类投资者，B类投资者的配售比例为RB；

（3）所有不属于A类、B类的网下投资者为C类投资者，C类投资者的配售比例为RC。

原则上按照各类配售对象的配售比例关系，RA≥RB≥RC。优先安排不低于回拨后网下发行数量的50%向A类投资者进行配售，不低于回拨后网下发行数量的70%向A类、B类投资者配售。在向A类、B类投资者进行配售后，保荐机构（主承销商）将向C类投资者进行配售，并确保A类、B类投资者的配售比例均不低于C类，即RA≥RB≥RC。

当然，打新的收益率是随着市场环境而不断变化的，新股发行制度、发行频率、新股涨幅等因素，都会影响打新收益率，不过长期来看，这的确是一个不错的生意。

打新基金如何选

1. 普通投资者尽量选择散户产品

目前市面上的打新基金分为两类，一类是为普通投资者服务的打新基金，通常是通过银行等销售渠道发行，门槛很低，投资者众多。对于这类打新基金，基金公司通常会在基金最优收益、底仓波动风险、基金规模之间做一个平衡，既能使基金本身的收益不错、波动性小，同时又尽可能多地扩大基金规模增加公司收入，通常这类打新基金的规模都是以5亿~10亿元为目标。虽然打新收益会在一定程度上被稀释，但股票的底仓占比也较小，比较适合低风险偏好的客户。如果底仓占比过高，遇上一次熔断式的急跌行情，产品是很有可能亏钱的。

这种产品的底仓通常会采用以蓝筹股为主的配置策略。这种策略在2017年大获成功，因为当年行情二八分化，大盘蓝筹股一路上涨，小盘股一路下跌，打新赚的钱还不如底仓股票带来的收益多。而在2019年的科创板打新中，这类基金再次收益颇丰。

另外一类打新基金主要为机构定制，个人投资者参与并没有信息优势，我们不建议投资者参与。

2. 选择有经验有实力的基金公司

至于选择哪些基金公司的打新基金，首先要考虑的是这家机构的固定收益（固收）管理水平怎么样。毕竟打新基金除了配置一部分股票底仓之外，大部分的资产都是配置债券，即"债券+打新"模式。近些年来债券市场波动加剧，固收能力就显得越发重要。

除了固收管理经验，打新的经验也很重要。传统股票打新，由于市盈率限制等原因，新股申购价格的计算比较简单。而科创板采用的是询价制度，如果申报价格不准确有可能无法中签，那么就需要基金公司有较强的估值和报价能力，同时通过相关机制确保后续缴款等工作不出漏洞。因为，之前曾有基金公司产品因缴款出现问题而被暂停打新资格。

![鹏华基金] 鹏华基金	编写	![鹏华基金] 鹏华基金	审阅

鹏华基金管理有限公司成立于1998年12月22日，业务范围包括基金募集、基金销售、资产管理及中国证监会许可的其他业务，注册资本1.5亿元人民币。截至2019年12月，公司管理资产规模达5683.41亿元，管理176只公募基金、12只全国社保投资组合、4只基本养老保险投资组合。经过20年多年的发展，鹏华基金已位列行业第一梯队

7.7 偏债混合基金为什么能穿越牛熊

什么是偏债混合型基金？即债券配置比例为60%~80%，股票配置比例在20%~40%的混合型基金。偏债混合型基金，正是资产配置价值理念的一种实践：用不同风险收益特征的资产进行有效搭配，在不确定性中尽可能地提升确定性，熨平波动，平滑收益曲线，在特定风险目标的情况下，尽可能实现投资收益的最大化。

我们从数据上直观了解一下偏债混合基金，以及它是如何"熨平波动，实现收益最大化"的。下表展示出了2003年至今上证指数（代表股票）和中证全债（代表债券）的单年度涨跌，并分别用2:8和3:7的上证指数与中证全债来做模拟指数，模拟了偏债组合的涨跌。

年度	上证指数	中证全债	股二债八	股三债七
2003	10%	1%	3%	4%
2004	-15%	-2%	-4%	-6%
2005	-8%	12%	8%	6%

续表

年度	上证指数	中证全债	股二债八	股三债七
2006	130%	3%	28%	41%
2007	97%	-2%	17%	27%
2008	-65%	16%	0%	-8%
2009	80%	-1%	15%	23%
2010	-14%	3%	0%	-2%
2011	-22%	6%	0%	-2%
2012	3%	4%	3%	3%
2013	-7%	-1%	-2%	-3%
2014	53%	11%	19%	23%
2015	9%	9%	9%	9%
2016	-12%	2%	-1%	-2%
2017	7%	0%	1%	2%
2018	-25%	9%	2%	-1%
2019年初以来	18%	3%	6%	8%
累计涨跌幅	117%	97%	162%	187%
年度收益为负的年数	8	4	3	7

数据来源：Wind。时间：2003/01/01—2019/10/30

从表中可以明显看出，偏债混合基金单年度的涨跌幅介于单一的股票和债券涨跌幅之间；随着债券比例的增加，波动越小，在熊市表现越好；随着股票比例的增加，波动相对增大，在牛市表现更好。从累计涨跌幅来看，偏债混合型基金162%和205%的累计涨幅也远高于上证指数118%和中证全债97%的累计收益。

再从涨跌曲线上看，偏债混合型基金完美穿越了牛熊市，平滑了波动，且收益表现好于股市，如下图所示。

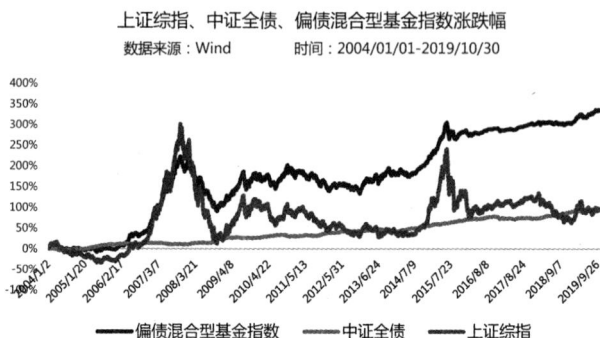

上证综指、中证全债、偏债混合型基金指数涨跌幅
数据来源：Wind　　　时间：2004/01/01-2019/10/30

偏债混合型基金指数　　中证全债　　上证综指

这是为什么呢？原因在于，股债牛熊不一定同步，资产配置后资产长期回报更加稳定，表现比大涨大跌的情况更好。就像滚雪球，在假设每年正收益且回报相同均为10%的情况下，两年收益就是21%，但是假设第一年大涨100%，第二年大跌50%，最终回报为0，每年10%的回报比第一年100%回报，第二年跌一半要多。

总的来说，偏债混合型基金体现了资产配置的有效性，有助于熨平波动风险，平滑收益曲线。至于选择何种资产配置比例的偏债混合型基金，需要根据投资者个人的风险偏好来决定。

南方基金 托付南方·成就梦想 WITH US，YOU CAN SOUTHERN ASSET MANAGEMENT	编写	南方基金 托付南方·成就梦想 WITH US，YOU CAN SOUTHERN ASSET MANAGEMENT	审阅
南方基金成立于1998年，其母子公司资产管理规模达10,738亿元，客户数量超1亿人，累计向客户分红超1167亿元（截至2019/12/31）。历经牛熊交替考验，南方基金始终坚持以客户需求为导向，以持续稳健的投资业绩、完善专业的客户服务，赢得投资人的认可			

7.8 什么是浮动管理费基金，和普通基金有什么区别

基金管理费是投资者支付给基金管理人的管理报酬，其数额一般按照基金资产净值的一定比例，从基金资产中提取。我们常见的普通基金采取的是按持有时间收取固定比例管理费的模式，而浮动管理费基金则是比较少见的一类，概括而言，就是指基金管理人的管理报酬并不是完全按照某个固定的比例收取，而是在一定条件下（与基金业绩表现相关）管理费率会有所变化的基金。

为什么会有浮动管理费基金

从2013年开始，市场就陆续出现了浮动费率基金，截至2019年11月，大约有43只此类基金（各类型份额分开计算）。为了激励基金管理人更好地管理投资者的资金、努力为基民创造出更高的收益率，从而促进基金公司与基民的利益趋于一致，因此便产生了将收费与基金的业绩表现相挂钩的浮动管理费基金。

公募基金浮动收费模式

根据收费方式不同，我们可以将以往市场上采取浮动管理费收费模式的基金大致分为两类：

一类是"支点式"上下浮动管理费基金。基金管理人实际收取的报酬（管理费）与基金的业绩表现直接挂钩，当基金业绩表现高于业

绩比较基准时，管理费向上浮动；当基金业绩表现低于业绩比较基准时，管理费率向下浮动。

另一类是"业绩报酬"浮动管理费基金。基金管理人在收取固定管理费的基础上，当基金的业绩超越预先设定的基准时，按照超额收益的一定比例收取附加管理费。

自2013年以来，浮动管理费基金的管理费收费模式在不断地推陈出新，直至今日大多演变成"达到预设门槛后进行业绩提成"的收费模式，即采取"固定管理费+超额业绩报酬提成"相结合的模式。与同类市场中所采用的固定管理费率模式相比，该类产品的固定管理费率相对偏低，并根据实际为投资者创造出的收益情况分档收取浮动管理费，也可视为管理人为持有人创造的超额收益的业绩提成。

以某基金为例。

● 固定管理费率：0.80%。

● 浮动管理费率（业绩报酬）：根据每份基金份额在持有期间的年化收益率水平收取，浮动管理费在基金份额持有人赎回/转出基金份额时收取，如下表所示。

持有期间的年化收益率（R）	浮动管理费率
R≤5%	0
R>5%	15%×(R-5%)

业绩报酬计提比例说明：持有期份额年化收益率小于等于5%时，不收取业绩报酬。对持有期份额年化收益率超过5%的基金份额计提其

超额收益部分的15%。

注：以上举例参照某浮动管理费灵活配置混合基金的收费模式，仅作为示例。

对于基金业绩报酬的提取周期，有的定开式基金是在每个开放期进行收取，有的封闭式基金是在产品到期时再收取，需要投资者关注。

普通基金VS浮动管理费基金

目前，公募基金的固定管理费从0.1%到2%不等，一般根据基金类型的不同，管理费有所差异。通常情况下：股票型基金、混合型基金的风险比较大，因此需要较高的管理能力，它们的管理费率要比其他基金高很多，一般在1.5%左右（每年）。而债券型基金的风险比较低，主要投资于债券类资产，所以债券基金的管理费相对其他基金来说更低，一般在0.4%（每年）左右。

相比之下，浮动管理费基金的基础管理费率会更低，而管理人附加的浮动收益与其管理基金业绩的表现相关。通常若基金业绩越好，即在帮投资者赚到更多钱的情况下，管理人收取的费用越多；若基金业绩不好，管理人则只能收取相对较低的管理费。这样的设计也能激励基金管理人做好业绩，使管理人与投资者的利益趋向一致。

中欧基金 ZHONG OU ASSET MANAGEMENT	编写	中欧基金 ZHONG OU ASSET MANAGEMENT	审阅

第 **8** 章
海外基金投资

8.1 什么是QDII基金，有哪些优缺点

什么是QDII

QDII（Qualified Domestic Institutional Investor，合格境内机构投资者）是指满足既定条件，经中国证监会批准在中国境内募集资金，运用所募集的部分或全部资金以资产组合方式进行境外证券投资管理的境内基金管理公司和证券公司等证券经营机构。

简单点说，这类机构可以向国内投资者募集资金，然后投资于海外的股票和债券等证券市场。

QDII基金的优劣势

QDII基金通常由基金公司向外管局申请QDII额度，然后在额度范围内，把投资者购买基金的人民币换成美元或其他货币，再到境外市场购买资产进行投资。

1. QDII基金的优势

它有3大优势。

（1）投资便捷：投资者不用换外汇，也不占用个人的换汇额度，直接以人民币购买QDII基金即可完成投资，非常方便。需要注意，该类基金如果碰到额度紧张的情况，也可能会暂停申购。

（2）品种多样：QDII基金的投资标的多种多样，涵盖不同国家

和地区、不同资产类型，为投资者提供了丰富的选择。

（3）分散风险：投资者若只投资于国内一个经济体，可能还不能完全分散投资风险。通过QDII基金参与国际化投资，对现有资产进行更全面的资产配置，不仅可以尽量规避单一市场的风险，同时还有机会争取更高的海外投资收益。

2. QDII基金的劣势

说完了优点，下面再说劣势。

（1）费率较高：QDII基金的申购费普遍高于普通基金，由于跨市场管理，其管理费和托管费也相对较高。

（2）申赎时间较长：由于境内外市场时差和清算效率的问题，QDII基金净值的公布时间都偏晚，通常会比普通基金晚1个工作日，赎回到账时间也会比国内普通基金要长。

需要注意的是，QDII基金只有在境内市场和当地市场同时交易的日子，才可以进行申赎，只要有一个市场放假，申购赎回都会暂停。

（3）偏股型基金投资收益波动大：海外股市通常没有涨跌幅限制，又是T+0交易，波动较大，所以其对应的QDII基金净值波动也相对较大。不过从长期来看，国外成熟市场股市的走势相对A股来说更平稳。

QDII基金可以投资哪些国家和地区

QDII基金资金出境以后，可以去哪里投资呢？许多基金合同的投资范围中明确说明："本基金投资于已与中国证监会签署双边监管合作谅解备忘录的国家或地区证券市场挂牌交易的股票、登记注册的公募基金、债券、货币市场工具以及中国证监会允许基金投资的其他金融工具。"所以这些国家和地区将是QDII基金出海的主要目的地。具体请以不同基金的基金合同约定的投资范围为准。

下表为中国证监会与境外证券（期货）监管机构签署的备忘录一览表（2019年6月）。

洲别	国家和地区
亚洲	新加坡、日本、韩国、印度尼西亚、老挝、马来西亚、泰国、越南、印度、以色列、约旦、卡塔尔、科威特、阿联酋、巴基斯坦、蒙古、土耳其、文莱、哈萨克斯坦、阿布扎比、伊朗、柬埔寨、中国香港、中国台湾
北美洲	美国、加拿大、开曼群岛
南美洲	巴西、阿根廷、智利
大洋洲	澳大利亚、新西兰
欧洲	英国、法国、德国、意大利、荷兰、比利时、瑞士、罗马尼亚、葡萄牙、挪威、俄罗斯、爱尔兰、奥地利、西班牙、瑞典、卢森堡、塞浦路斯、乌克兰、立陶宛、白俄罗斯、列支敦士登、耿西岛、泽西、马恩岛、波兰、阿塞拜疆、希腊、马耳他
非洲	埃及、南非、尼日利亚

信息来源：中国证监会官方网站

目前QDII基金出海的主要目的地还是日本、美国、德国、英国与中国香港等金融市场发达的国家和地区。

QDII基金可以投资哪类资产

QDII基金可以投资以下几类资产。

- 股票资产：目前以中国香港、美国、德国、印度、日本以及其他新兴市场的股票为主。如华宝标普美国品质消费股票指数证券投资基金（LOF）（162415）。

- 海外债券资产：主要是新兴市场的美元债券和中资企业在海外发行的美元债券为主。如银华美元债精选债券型证券投资基金（QDII）（007204）。

- 大宗商品：主要包括石油、黄金以及其他大宗商品。如华宝标普石油天然气上游股票指数证券投资基金（LOF）（162411）。

- 房地产信托：主要投资海外的房地产市场，以房产增值和租金收入为主要收益来源。如嘉实全球房地产证券投资基金（070031）。

需要说明的是，QDII基金在投资这些资产时，既可以直接投资底层资产，也可以投资与资产相关的海外基金，基金经理可以按照基金合同约定的投资范围，根据投资的便捷程度进行选择。

| 上投摩根 基金管理 | 华宝基金 Hwabao WP Fund | 编写 | 腾安研究 | 审阅 |

8.2 QDII基金的多种份额该如何选择

QDII基金有多种份额，该怎么选择

当你终于下定决心投资某只QDII基金的时候，打开网站却发现它竟然可能有多种份额，比如你想投资广发纳斯达克100这只基金，希望通过它间接投资苹果、微软、亚马逊等美国巨头公司（见下图）。

可是仔细一看竟发现它有有5种不同的份额，而且收益率差异挺大（见下表）。

基金代码	基金简称	单位净值/元	净值币种	成立日期	近6月收益率
159941	广发纳斯达克100ETF	1.7744	人民币	2015/6/9	10.84%
270042	广发纳斯达克100指数A人民币	2.4945	人民币	2012/8/14	12.38%
000055	广发纳斯达克100指数A美元	0.3527	美元	2015/1/15	6.68%
006479	广发纳斯达克100指数C人民币	2.4864	人民币	2018/10/24	12.12%
006480	广发纳斯达克100指数C美元	0.3516	美元	2018/10/24	6.45%

数据来源Wind，截至2019/9/26，收益率统计区间：2019/3/26—2019/9/26。

为什么会出现这种差别，这5种份额又有什么区别呢？如下图所示。

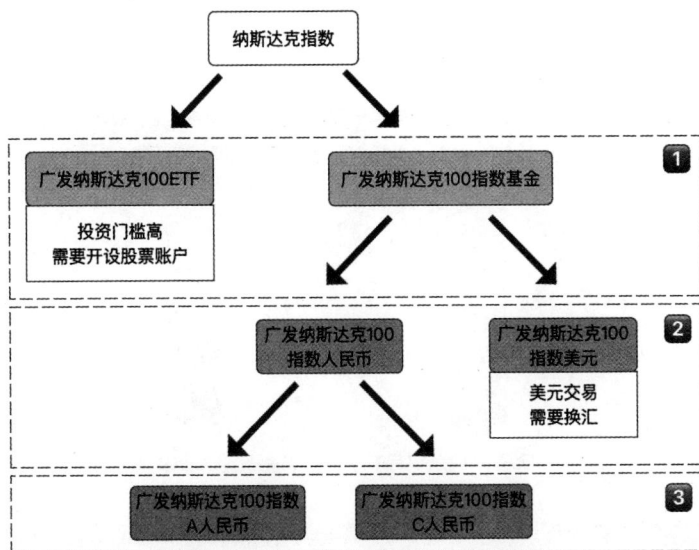

1. 纳斯达克100ETF与纳斯达克100指数基金的区别

这两类份额虽然都是投资纳斯达克指数的成份股，但交易方式不同。

广发纳斯达克100ETF属于场内基金，这类基金需开设股票账户，在证券交易所进行交易，和买股票类似，因此不适用于大部分基金投资者。

而广发纳斯达克指数基金属于场外基金，和买其他基金一样，只需要有一个基金账户，直接在各种投资平台上申购即可。

2. 人民币份额与美元份额的区别

细心的朋友可能会有疑问：既然都是可以直接申购的基金，为什么收益率会相差近6%呢？如下图所示。

近6月收益

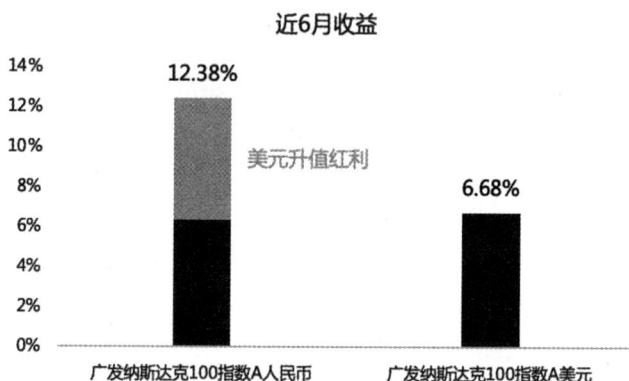

其实这6%的差异可以理解为美元升值带来的额外红利。在QDII基金中，人民币份额的基金在每天计算净值时，会把汇率变动计算在内，因此美元升值越多，对应的人民币也越多，基金的收益率自然也越高；而美元份额的基金，由于申赎时都用的美元计价，不存在币种变化的问题，所以在计算净值时，只考虑资产实际价值的变动，收益率也因此略低一些。

数据来源：Wind，截至2019/9/26，收益统计区间：2019/3/26—2019/9/26

3. A类份额与C类份额的区别

同样是人民币份额，为什么广发纳斯达克100指数A人民币会比广发纳斯达克100指数C人民币收益高出0.26%？

其实这是由于A类份额与C类份额的费率结构不同导致的。如果投资广发纳斯达克100指数A人民币，那么在申购的时候会一次性收取

1.1%的申购费（有时会有不同程度的折扣）。投资广发纳斯达克100指数C人民币，申购时不收取任何费用，但需要根据持有时长，支付按日计提、年化0.2%的销售服务费，在每日更新收益与净值的时候，这部分费用会直接在基金收益里扣除，这也是C类份额的收益率略低于A类份额的原因。

因此，如果想要长期投资纳指100基金，选择收取申购费的A类份额会更合适；如果只想做短期波段投资，选择免申购费的C类份额更合适。

哪类份额适合普通投资者

综合来看，投资QDII场外基金的人民币份额，无须开设额外账户、不受换汇额度限制，而且在美元增值时，还能享受额外收益，更适合普通投资者。如果倾向于长期投资，可以选择A类份额（人民币），如果只想短期投资，可以选择C类份额（人民币）。

如果你手头正好有美元现金无用武之地，可以选择美元份额（也有A类或C类之分）。有时候QDII基金美元份额还会有现钞和现汇之分，那就要看你账户上美元现金的形式如何，如果你账户中的美元取出要交手续费，则是现汇形式，可以申购现汇份额；如果可以随时取出不要手续费，则是现钞形式，就直接申购现钞份额。

此外，如果你投资经验丰富，股票账户里有雄厚的资金，那么可以在证券交易市场直接投资ETF基金。

| 广发基金管理有限公司 GF FUND MANAGEMENT CO.,LTD. | 编写 | 广发基金管理有限公司 GF FUND MANAGEMENT CO.,LTD. | 审阅 |

广发基金是国内大型公募基金公司，旗下业务覆盖公募基金、社保、养老保险投资及银行特定客户资产管理等。截至2019年年底，公司资产管理规模超7400亿元，服务持有人超7600万，累计为持有人盈利超1045亿元

8.3　投资者参与海外投资都有哪些方法

随着投资者理财观念越来越成熟，海外配置已经成为必不可少的选项，那么境内投资者都有哪些方法可以参与海外投资呢？

直接在相应券商开户

这是最直接的方式，通过境外券商开户，从而直接投资港股、美股和欧洲市场等。现在，境外券商开户流程简单，甚至不需要出国办理。如开一个交易港股、美股的账户，只需在国内找一家具有港股、美股经纪牌照的网络券商开户即可。但入金时通常需要提前去银行换汇，而且投资额度受个人换汇额度、用途和政策等监管要求方的限制，换汇和转账的成本也比较高。

当然，理论上你如果有境外银行账户并且钱足够多的话，在符合监管要求和条件的情况下，还可以投资其他金融产品或房地产。

利用互联互通机制

如果境外市场与A股已经达成了互联互通机制，那么投资者有了A股账户，只需开通境外股票市场的互通交易权限，便可以直接投资对

方市场的股票，不需要单独开户和换汇，额度限制也比较少，是最方便的投资方式。

目前沪港通、深港通和沪伦通已经开通，投资者可以方便地投资在香港交易所和伦敦交易所上市的股票。不过要注意，并非对方市场的所有股票都可以投资，可投股票需要在互联互通机制的名单中才行。

投资QDII基金

如果你没有境外账户，也没有A股账户，那么投资海外最便捷的方式就是通过QDII基金。

目前，境内的QDII公募基金已经覆盖了中国香港、美国、德国、印度和日本等全球主要市场的股票和债券，也可以投资石油、黄金、房地产信托等资产，还有专门投资中概股概念的基金，应该说是品类齐全、操作简单、信息透明，又有专业的基金经理操盘，对大部分普通投资者而言是最便捷的投资方式。

投资QDLP产品

QDLP（Qualified Domestic Limited Partner，合格境内有限合伙人）是指境外投资机构在境内设立投资机构作为一般合伙人，发起设立合伙制或契约型的私募基金，向境内投资者非公开募集人民币资金，购汇后或直接以人民币投资于境外市场。

上海市和青岛市分别在2012年、2015年推出QDLP试点，QDLP除了可以投资海外二级市场，还可以投资一级市场。但由于是私募性质的产品，对投资者而言投资门槛比较高，另外投资额度也受监管部门的指导。

另外还有一种QDIE（Qualified Domestic Investment Enterprise，合格境内投资企业）是深圳版的QDLP，指经中国境内有关部门批准，面向中国境内投资者募集资金并投资于海外的投资管理机构。与QDLP类似，在此不再详细说明。

以上是目前境内投资者参与境外证券市场投资的主要方法，其他途径还有购买境外基金、购买面向境外市场投资的银行理财产品等。

腾安研究	编写	华宝基金 Hwabao WP Fund	审阅
华宝基金管理有限公司成立于2003年，是国内首批成立的中外合资基金管理公司之一。华宝始终秉承"恪守投资边界，策略胜过预测"的投资理念和基本策略，坚持严格的风险管理和控制，现已成为一家向客户提供国内公募基金产品、海外投资基金产品和专户理财服务的综合性资产管理公司			

8.4 投资港股的基金有哪些特点

港股的投资优势在哪儿

1. 资金青睐

受益于全球流动性释放，2019年7月下旬以来，投资港股市场的南下资金主要呈现净流入态势，显示出市场对于港股市场的态度（见下图）。

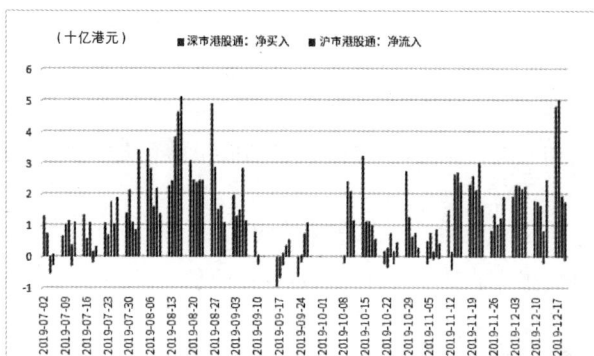

2. 估值较低

受外部宏观变量扰动，港股最近几年在全球主流市场中估值相对较低。下图为香港恒生指数近10年的市盈率（PE）走势图。

尤其是"A+H"同时上市的公司，其目前的港股市场价格要比A股市场价格低，估值优势非常明显（截至2020年2月10日）。

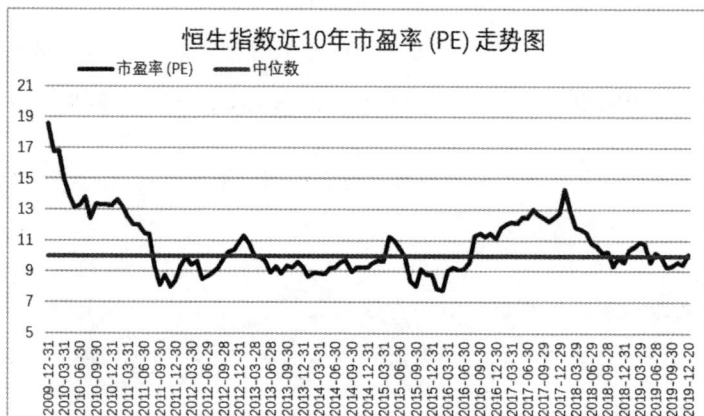

数据来源：Wind，2009/12/31—2019/12/20

3. 独占性

我们知道，部分行业的优质品种集中在A股市场，而在其他市场比较稀缺。如酒类、家电、医药领域在A股市场有大量独特的品种。

同样，港股中也有一些具独特性的优质品种，如一些估值优势明显、互联网新兴行业甚至具有行业定价权的品种。

通过投资港股，可以互补两地投资品种的稀缺性，同时，多市场投资也利于有效提升投资组合的风险回报比。

港股中有哪些稀缺标的

在港股市场中，对定价更有话语权的品种主要集中在互联网、体育服饰、内房股、博彩等行业的稀缺品种上。

以这四个板块的龙头为例，腾讯控股、安踏体育、融创中国、银河娱乐，在过去3年（2016—2018年）分别实现了50%、240%、100%、550%的收益，显现出企业较强的内生增长动力和盈利能力。

下图为腾讯控股、安踏体育、融创中国、银河娱乐近3年利润同比增速对比。

着眼未来，全球进入货币宽松的大背景，而港股有望充分受益于全球流动性释放的红利。随着避险资金的集中，我们预计港股中高股息率标的的估值有望持续提升。

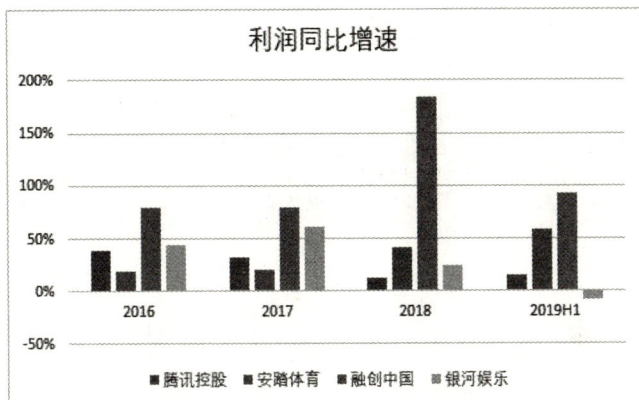

利润同比增速

数据来源：Wind

综合宏观趋势、行业竞争格局、政策因素、股息率四个维度，可关注的板块包括：必选消费、公用事业、医药、5G。

买港股有哪些风险

相较于A股，港股的优势主要在于估值较合理、市场较稳定，但其风险也比较明显。港股交易的主要风险有以下几种。

1. 汇率风险

因为美元加息、汇率波动对港股造成的影响更大。比如2019年，受国际贸易摩擦等调整因素的影响，港股的股价波动加剧。

2. 交易机制风险

港股没有涨跌幅限制，交易实行T+0制度，所以常出现暴涨暴跌的现象，这也直接影响投资港股的基金的净值。

3. 市场联动风险

港股市场是完全开放的，国际资金可自由进出，交易十分活跃，国际关联度高，因此参与港股市场交易时，受全球宏观经济和货币政策变动导致的系统风险的影响相对更大。

另外，港股还有做空机制，以及内地与香港信息不对称、A股与H股的估值差异等风险。

个人投资者若要直接参与港股，开户或有较高的门槛，以及需要承担较高的投资风险，有投资港股意向的投资者不妨考虑购买投资港股的基金间接参与。

哪些基金可以投资港股

如下3类基金可投资港股。

1. 投资港股的QDII基金

通过QDII机制投资港股，这是境内基金投资港股最早使用的通道。但由于QDII的额度受到政策的影响较多，所以这类基金的申赎额度经常有不确定性，偶尔会进行限额。另一个方面，在QDII机制下赎回时，到账时间比较慢，一般需要7~10个工作日。

2. 港股通基金

通过沪港通或者深港通投资港股，这是目前境内基金常用的投资通道。目前港股通的额度还比较充裕，所以基金在投资过程中遇到的障碍相对QDII基金更少。

在这一类基金中，有的主要投资于港股，有的沪、港、深三地均参与投资，投资者可以从基金名称中判别出来。

3. 香港互认基金（北上基金）

互认基金是在香港本地注册和销售的基金，这些基金主要投资面向全球市场、香港市场，也有包含境内市场的基金，有股票型也有债券型。

这些基金在经过中国证监会的审批后，可以在内地销售。通常情况下，境外各家基金公司选择长期比较优秀的产品推向内地市场。

截至2019年9月16日，全市场已有19只北上基金获批（见下表）。

基金代码	基金名称	基金类型	境内基金代理人
968009	建银国际-国策主导基金	常规股票型	中国建设银行股份有限公司
968006	行健宏扬中国基金	常规股票型	天弘基金管理有限公司
968040	惠理价值基金	常规股票型	天弘基金管理有限公司
968010	摩根太平洋证券基金	常规股票型	上投摩根基金管理有限公司
968044	摩根亚洲股息基金	常规股票型	上投摩根基金管理有限公司
968022	中银香港环球股票基金	常规股票型	中银基金管理有限公司
968014	东方汇理香港组合-亚太新动力股息基金	常规股票型	农银汇理基金管理有限公司
968034	汇丰亚太股票（日本除外）专注波幅基金	常规股票型	汇丰晋信基金管理有限公司
968013	施罗德亚洲高息股债基金	混合型	交银施罗德基金管理有限公司

续表

基金代码	基金名称	基金类型	境内基金代理人
968033	东方汇理灵活配置增长基金	混合型	农银汇理基金管理有限公司
968024	东亚联丰多元累积	混合型	南方基金管理股份有限公司
968056	海通亚洲高收益债券基金	债券型	中国建设银行股份有限公司
968021	东亚联丰亚债	债券型	天弘基金管理有限公司
968000	摩根亚洲总收益债券基金	债券型	上投摩根基金管理有限公司
968050	摩根国际债券基金	债券型	上投摩根基金管理有限公司
968012	中银香港全天候中国高息债券基金	债券型	中银基金管理有限公司
968008	恒生中国企业指数基金A类-累积收益份额	指数型	中国建设银行股份有限公司
968007	恒生中国企业指数基金M类人民币（对冲）份额	指数型	中国建设银行股份有限公司
968029	恒生指数基金M类人民币（对冲）份额	指数型	中国建设银行股份有限公司

交银施罗德 BOCOM Schroders	编写	交银施罗德 BOCOM Schroders	审阅

8.5　如何通过QDII基金投资中概股

近几年，科技热潮持续升温。除了苹果、亚马逊、微软等海外科技股股价屡创新高外，我国的科技巨头们也纷纷走入世界舞台中心。但遗憾的是，这些具有较高成长性的中概股（中国概念股）均在国外或中国内地以外的地区上市，对于境内的个人投资者而言，投资起来颇不方便。下图为过去10年海外中概股指数与上证指数对比。

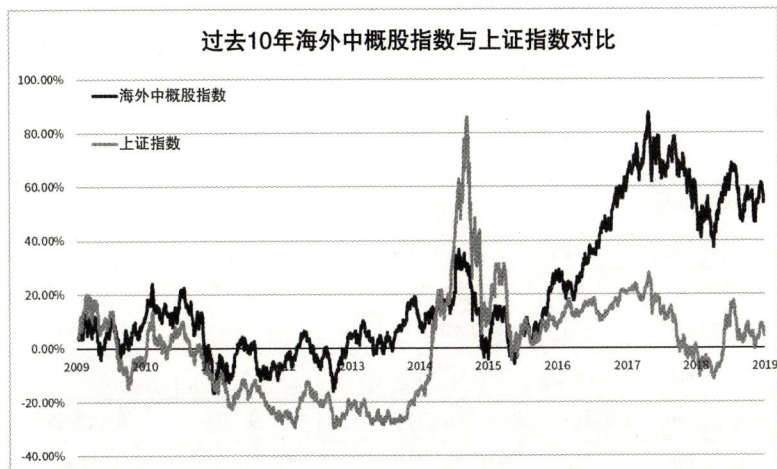

过去10年海外中概股指数与上证指数对比

数据来源：Wind，2009/9/30—2019/9/30

QDII基金是国内投资者投资海外市场最方便的工具之一。目前市场上投资于中国概念股的基金不少，投资者在挑选时，可以留意以下几点。

（1）主动投资还是被动投资：目前大部分投资中概股的基金是主动投资，仅有少部分是跟踪指数的被动投资。

（2）泛中国概念股还是主投科技股：中概股不仅包括以互联网公司为主的科技股，还包括金融、能源、消费等其他领域的海外上市公司，所以投资者应该仔细观察基金的重仓股，了解它们的投资方向和特点。各主要QDII基金的投资方式如下表所示。

基金代码	基金名称	成立日期	投资方式
070012.OF	嘉实海外中国股票	2007/10/12	主动投资
241001.OF	华宝海外中国成长	2008/5/7	主动投资
050015.OF	博时大中华	2010/7/27	主动投资
519602.OF	海富通大中华精选	2011/1/27	主动投资
040021.OF	华安大中华升级	2011/5/17	主动投资
262001.OF	景顺长城大中华	2011/9/22	主动投资
000934.OF	国富大中华精选	2015/2/3	主动投资
164908.OF	交银中证海外中国互联网	2015/5/27	被动投资
002230.OF	华夏大中华企业精选	2016/1/20	主动投资
160923.OF	大成海外中国机会	2016/12/29	主动投资
513050.OF	易方达中证海外互联ETF	2017/1/4	被动投资
006327.OF	易方达中证海外互联ETF联接A	2019/1/18	被动投资
006370.OF	国富大中华精选美元	2019/4/15	主动投资
007455.OF	富国蓝筹精选	2019/8/2	主动投资

（3）留意基金规模和QDII额度：建议投资者不选择规模过小的基金，同时QDII额度也应该比较充裕，以免影响投资。

交银施罗德 BOCOM Schroders	编写	交银施罗德 BOCOM Schroders	审阅

8.6　投资美国市场的基金有哪些

美国股市是一个十分成熟的股票市场，各种制度均相对完善，也是备受全球投资者瞩目的股市。美国股市熊短牛长、走势稳健，作为全球最大的金融市场，有没有什么方法可以让我们方便地投资美股市场呢？我们先来了解一下美股的3大指数。

美股3大指数

1. 道琼斯工业指数

道琼斯工业指数（简称道指）是历史悠久的市场指数，在1884年由道琼斯公司的创始人查尔斯·道编制。我们通常所说的美国大盘，即美国股市的涨跌，就是指道指的涨跌。

道指是由在纽约证券交易所（纽交所）交易的30只具有代表性的美国大公司股票所组成的平均指数，涵盖金融、科技、娱乐、零售业等多个行业，反映美国股票市场的总体走势。投资者在淘金美股的时候，可以把道指作为风向标。

该指数成份股中知名上市公司有苹果、微软、迪士尼、英特尔、可口可乐、耐克、沃尔玛、麦当劳、IBM等。

2. 标准普尔指数

标普500（标准普尔500）指数是由标准普尔公司1957年开始编制的。作为第二大的美股指数，与道琼斯指数相比，其包含的公司更多，因此风险更为分散，能够反映更广泛的市场变化。

标普500指数是由从纽约股票交易所中选出500种股票的股价（其中78%为工业股，12%为公用事业股，2%为运输股及8%为金融股）所计算得出的股价指数。

该指数成份股中知名上市公司有微软、苹果、谷歌、亚马逊、Facebook、宝洁、强生、花旗集团、福特汽车、星巴克等。

3. 纳斯达克指数

纳斯达克证券市场是1971年在华盛顿建立的全球第一个电子交易市场，它现已成为全球第二大的证券交易市场。

纳斯达克综合指数是一个综合股价指数，是高科技产业的重要指标。微软、谷歌这些家喻户晓的高科技公司都在纳斯达克挂牌上市，因而成为美国"新经济"的代名词。国内众多赴美上市的企业，京东、新浪等公司也都选择在纳斯达克上市。

纳斯达克100指数，是包含了从纳斯达克市场中，剔除金融股后最重要的100只股票，强调对技术类股票的投资。

该指数成份股中知名上市公司有亚马逊、苹果公司、微软公司、Facebook、谷歌、英特尔、思科、百事公司和奈飞公司等。

如果想投资美股的指数，有什么简单的方法吗？

美股指数相应的基金

不论是投资A股指数还是美股指数，投资相应的指数基金无疑是最方便的途径之一。

首先，投资指数基金的优势如下：（1）分散风险；（2）公开透明；（3）成本更低。

而通过基金投资美国股市的优势也是显而易见的：（1）人民币直接购买，无须兑换外汇；（2）最低1元起投，门槛低；（3）不受个人换汇额度限制，投资额度更高。

投资指数基金是股神巴菲特推荐的适合散户的投资方式，这不仅在A股适用，在美股也适用。相关的指数基金很多，比较典型的有下表所示的这些。

基金代码	基金名称	成立日期	跟踪指数
160213.OF	国泰纳斯达克100	2010/4/29	纳斯达克100
513100.OF	国泰纳斯达克100ETF	2013/4/25	纳斯达克100
159941.OF	广发纳斯达克100ETF	2015/6/10	纳斯达克100
270042.OF	广发纳斯达克100指数	2012/8/15	纳斯达克100
000834.OF	大成纳斯达克100	2014/11/13	纳斯达克100
040048.OF	华安纳斯达克100	2013/8/2	纳斯达克100
161130.OF	易方达纳斯达克100	2017/6/23	纳斯达克100
001092.OF	广发纳斯达克生物科技	2015/3/30	纳斯达克生物科技
513500.OF	博时标普500ETF	2013/12/5	标普500
050025.OF	博时标普500ETF联接	2012/6/14	标普500
161125.OF	易方达标普500	2016/12/2	标普500
096001.OF	大成标普500等权重	2011/3/23	标普500等权重
519981.OF	长信标普100等权重指数增强	2011/3/30	标普100等权重
161128.OF	易方达标普信息科技	2016/12/13	标普信息科技
162415.OF	华宝标普美国品质	2016/3/18	标普美国品质消费
161127.OF	易方达标普生物科技	2016/12/13	标普生物科技
161126.OF	易方达标普医疗保健	2016/11/28	标普医疗保健

国泰基金	编写	国泰基金	审阅

8.7 投资日本市场的基金有哪些

2019年4月，在中日资本市场论坛上，上交所与日交所（日本交易所集团）签署了ETF互通协议，时至6月25日中日ETF互通正式开通。这意味着双方可以购买对方市场上的ETF，也就是说中国投资人也可以投资日本证券市场了。

中日ETF互通的具体方式是由中日两国基金公司分别通过现行QDII和QFII机制设立跨境基金，并将全部或绝大部分基金资产投资于对方市场具有代表性的ETF产品。境内投资者可以通过购买本土基金公司发行的ETF基金，借道QDII投资于日本交易所挂牌的具有代表性的ETF品种。

目前市场上有4只中日ETF互通基金，均于2019年6月12日成立，如下表所示。

基金公司	基金代码	基金产品
华夏	513520	华夏野村日经225交易型开放式证券指数基金
华安	513880	华安三菱日联日经225交易型开放式证券指数基金
易方达	513000	易方达日兴资管日经225交易型开放式证券指数基金
南方	513800	南方顶峰TOPIX交易型开放式证券指数基金

这4只基金将绝大部分资金投资于对方市场的单只ETF，比例不低于基金资产净值的90%。通过此方式，紧密跟踪标的指数，追求跟踪误差最小化。4只基金中，有3只跟踪日经225指数，一只跟踪东证指数（TOPIX）。其中，东证指数是以在东交所市场一部上市的所有日本

企业普通股的市价总额计算出的股价指数。日经225指数是以东交所上市的225只有代表性的企业股票为样本股计算出的股价指数。

为更好地实现投资目标，基金还将少部分资金投资于标的指数成份股、备选成份股等。4只产品的具体目标ETF分别见下表。

产品	标的ETF
华夏野村日经225	日经225交易型开放式指数证券投资基金（野村资产管理有限公司）
华安三菱日联日经225	MAXIS Nikkei 225 ETF（三菱日联国际资产管理有限公司）
易方达日兴资管日经225	日兴资管日经225ETF（日兴资产管理有限公司）
南方顶峰TOPIX	One ETF TOPIX（顶峰资产管理有限公司）

投资者可以根据对日本市场上不同指数的行情判断以及ETF管理公司的水平来挑选自己心仪的ETF互通产品。

▲华夏基金 CHINA ASSET MANAGEMENT	编写	▲华夏基金 CHINA ASSET MANAGEMENT	审阅

8.8　什么是美元债基金？投资机会在哪里

海外债券市场和国内的差异与机会在哪里

美元债是海外债券最主要的品种。与我国国内债券市场相比，海外债券市场有以下几个特点。

第一，计价货币不同。海外债券市场主要以美元、欧元等货币计价，这些货币相对来说在全球有更高的接受程度，特别是以美元计价的债券。

第二，投资的范围不仅是一个国家的国债和企业债，更是全球范围质量优质的企业债，主权债也多了很多，风险也更为分散。

第三，不同国家间的国债收益率不同。从Wind的数据统计可知，截至2019年11月末，10年期国债收益率日本的是-0.0874%，美国的是1.78%，英国的是0.7387%，欧元区的是-0.2973%。而一些主要新兴市场国家的10年期国债收益率都偏高，如印尼的是7.07%，土耳其的是12.18%，巴西的是6.88%，印度的是6.46%。目前，我国的10年期国债收益率是3.2008%。由此可见，发达国家的国债收益率普遍偏低，新兴市场国家的国债收益率普遍偏高。

新兴市场债券的投资机会

新兴市场债券主要有以下4个投资机会。

1. 新兴市场企业债券

新兴市场国家的许多企业拥有稳健的独立信用状况，收入中大部分来自美元，对本币波动不那么敏感。然而新兴市场国家主权债务状况往往较差，税收薄弱，赤字较高，更容易受到政治环境、汇率波动的影响。因此，在同等风险水平上，新兴市场企业债券波动较低，过往表现更加出色。

很多新兴市场公司债券相对其国家主权债务提供了额外的债券息

差，从估值的角度看，市场也更喜欢企业债。

2. 新兴市场类主权债券

与新兴市场企业债券相比，新兴市场类主权债券收益率较高，且违约率同样较低。这个领域大部分发行人已经建立了完善的债券曲线和发行规则。因此，它是拥有最广泛投资者基础的最具流动性的资产类别。

3. 新兴市场国家的银行债券

新兴市场国家的许多主要银行拥有较高的市场份额、较高的盈利能力和充足的资本金，其中一些还具有国有属性。由于宏观经济周期影响银行的基础业务，新兴市场银行债券通常与其国家主权债券同涨同跌，风险相近，但银行债券通常比相应的主权债收益更高。

4. 较弱的新兴市场国家内相对高质量的公司债券

新兴市场国家的许多企业拥有稳健可靠的独立企业信用状况，收入中很大一部分来自美元与其他硬通货币，本币波动对其负债水平与盈利能力并不那么敏感。然而其信用评级受其国家主权评级的影响，这些与其信用状况不相符的较低评级导致其债券估值过低，为投资创造了机会。这类公司的债券与类似的发达国家市场债券产品相比，具有显著的债券息差。

影响海外债券市场的因素有哪些

1. 汇率因素

以嘉实新兴市场A1为例，该基金在中国境内以人民币为币种发行，募集完毕以后在全球新兴市场进行投资，购买新兴市场各发债主体（政府、企业等）发行的债券。在人民币兑美元升值的情况下，如果其他因素保持不变，新兴市场A1的净值会出现下跌，这是因为这个产品是以人民币作为最终计提方式。

假如在T1时刻，700元人民币可以兑换100美元，这100美元全部买了一张面值为100美元的债券。到了T2时刻，人民币兑美元升值到了600元人民币兑换100美元。假设在此期间该债券交易收入和票息收入全部为0，即以100美元买入债券又以100的价格卖出变现成100美元，那么此时基金资产计提的时候只相当于600元人民币，而一开始这100美元是与700元人民币等价的。对于基金资产本身来说，T1到T2时刻基金资产没有涨跌变化，但是因为涉及两种货币的转算，从而造成了基金资产和净值的变化，即T1到T2时刻亏了100元。但QDII基金的外币份额部分，则不受这个因素影响。

比如嘉实新兴市场C2份额因为是以美元发行，就不受这个因素的影响。好比国内的债券型基金，只会受国内货币政策、利率政策和债券交易价格的影响，而不会直接受外汇汇率的影响一样。汇率因素是所有投资海外债券的基金都必须考虑的。

从2005年到2015年这10年间，人民币对美元处于上升通道，因此

QDII基金受一定的"负激励"影响，说的就是这个问题。

2. 全球宏观因素

回顾2019年的全球经济表现，可以说2019年全球经济表现不尽如人意。如美国经济增长放缓，私人投资意愿回落、房地产市场转冷带动投资端下行；欧洲经济增长延续低迷，英国脱欧加剧经济不确定性；全球贸易预期收缩，新兴市场国家面临外需冲击。

在中期悲观预期下，美欧的央行态度转为宽松，美联储不再加息并在年内结束缩表，全球货币市场转向宽松，从而间接利好债券投资。

3. 货币政策

2019年，美欧经济走势趋同，各国央行态度普遍转为偏宽松的状态，货币流动性得到了进一步的改善，这在总体上是利好全球债券市场的。特别是美国加息周期的终结和2019年以来美联储的连续几次降息操作，更是对全球央行都产生了深远的影响。

4. 发债主体因素

如果是政府发行的主权债券，那么要密切关注该国的政治局势和社会稳定性，特别是一些新兴市场国家，常常面临各种状况。如果是公司发行的债券，则要做好公司研究，比如公司的盈利情况、公司治理、现金流情况等。

通过QDII投资海外债券市场的注意事项

国家给每个有资格的基金公司的QDII额度都是有限制的。随着QDII基金更受欢迎，无论是零售还是机构客户都去争抢，使得QDII额度非常紧缺。一旦额度完全被占满，基金的申购就将停止。直到有部分客户离开又有多出来的额度后，申购的大门才会再次敞开。

因此资金管理就显得尤为重要，对于公募基金来说，每天资金的流入流出都是正常的。因此基金公司的投资部门和风控、客服等部门会密切关注，及时与较大申购/赎回的机构客户保持联系，尽量使资金变动对基金净值的影响达到最小值。

◆ 嘉实基金 Harvest Fund	编写	◆ 嘉实基金 Harvest Fund	审阅

8.9　什么是房地产信托基金

房地产信托基金（REITs）简介

房地产信托基金（Real Estate Investment Trusts，简称REITs）是一种以发行收益凭证的方式汇聚众多投资者的资金，由专门机构经营管理，通过多元化的投资，选择不同地区、不同类型的房地产项目进行投资组合，在有效降低风险的同时通过将出租不动产所产生的收入以派息的方式分配给股东，从而使投资人争取长期稳定的投资收益（见下图）。

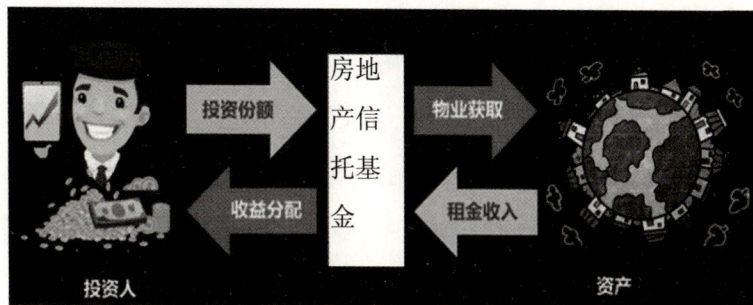

投资REITs可以间接获得投资物业，分享租金收入和资产增值带来的收益权。从定义看，REITs本质上属于资产证券化的一种方式。

是不是像是合伙投资买房，但是REITs有其更独特的优势。

目前，国内投资REITS的基金不多，一方面主要是相关政策上还没有完全配套，另一方面国内REITs的市场还不够大，可投标的也不多。

投资房地产信托基金（REITs）有哪些优势

1. 举重若轻

购买房地产信托基金，相当于购买了房地产或抵押贷款，投资者有机会享受房产的租金、利息以及升值带来的收益，同时还能免去直接经营管理物业的麻烦。

2. 交易方便

在房地产信托基金出现前，投资者只能从房产市场交易房产，而房地产信托基金可以通过股市交易，从而大大提高房产的流动性。

3. 门槛亲民

现实中，投资者想要投资房地产，没有上百万元是不好操作的。但通过购买REITs基金，只需要几百元就可以参与投资，分享物业增值和租金收入。

4. 分散投资

房地产信托基金天然与股债类资产的相关性较低，即使作为房产投资的一种方式，相较于购买单一地产或向单一租户收租，房地产信托基金提供了一种通过小额资金参与各类地产项目的投资渠道，在资产配置中添加一定比例的房地产信托基金，能够有效实现分散投资。

目前，国内的REITs基金主要投资于海外的房地产市场，部分基金如下表所示。

基金代码	基金简称	成立日期	业绩比较基准	投资目标	投资区域	投资方式
320017.OF	诺安全球收益不动产	2011/09/23	FTSE EPRA/ NAREIT Developed REITs Total Return Index	投资全球范围内的REITs，通过积极的资产配置和精选投资，在严格控制投资风险的前提下，追求基金资产超越业绩比较基准的长期稳定增值	全球	主动投资

续表

基金代码	基金简称	成立日期	业绩比较基准	投资目标	投资区域	投资方式
206011.OF	鹏华美国房地产人民币	2011/11/25	人民币计价的MSCI美国REIT净总收益指数（MSCI US REIT Net Daily Total Return Index）	投资美国上市交易的房地产信托凭证、投资于房地产信托凭证的交易型开放式指数基金以及房地产行业上市公司股票，以获取稳健收益和资本增值为目标，为投资者提供一类可有效分散组合风险的地产类金融工具	美国	主动投资
070031.OF	嘉实全球房地产	2012/07/24	FTSE EPRA/NAREIT Developed REITs Total Return Index（经汇率调整后）	投资全球房地产证券，在严格控制投资风险和保障资产流动性的基础上，力争长期、持续战胜业绩比较基准，为国内投资者分享全球房地产相对稳定的现金流收益和资本增值收益	全球	主动投资
000179.OF	广发美国房地产人民币	2013/08/09	人民币计价的MSCI美国REIT净总收益指数（MSCI US REIT Net Daily Total Return Index）	跟踪MSCI美国REIT指数为原则，采用被动式指数化投资方法，为投资者提供一个投资于美国REIT（房地产投资信托）市场的有效投资工具	美国	被动投资

基金代码	基金简称	成立日期	业绩比较基准	投资目标	投资区域	投资方式
160141.OF	南方道琼斯美国精选C	2017/10/26	道琼斯美国精选REIT指数收益率×95%+银行人民币活期存款利率（税后）×5%	投资道琼斯美国精选REIT指数的成份券、备选成份券、以道琼斯美国精选REIT指数为投资标的的指数基金（包括ETF）等，在有效分散风险的基础上，力争获得与业绩比较基准相似的回报	美国	被动投资
005613.OF	上投摩根富时REITs人民币	2018/04/26	富时发达市场REITs指数收益率×95%+银行活期存款收益率（税后）×5%	投资富时发达市场REITs指数成分券、备选成分券及以富时发达市场REITs指数为投资标的的指数基金（包括ETF）等采用被动式指数化投资策略，力求实现对标的指数的有效跟踪，追求跟踪误差的最小化	全球	被动投资
184801.OF	鹏华前海万科REITs	2015/07/06	十年期国债收益率+1.5%	投资目标公司股权参与前海金融创新，是国内首只在封闭期内投资目标公司股权以获取商业物业租金收益为目标的公募基金，通过增资入股万科前海企业公馆公司权益，参与前海金融创新落地和试，力争分享金融创新的红利	境内	主动投资

华安基金 HuaAn Funds	编写	华安基金 HuaAn Funds	审阅

第**9**章
FOF与养老基金

9.1 FOF有什么优劣势

什么是FOF

FOF（基金中基金），是一种主要投资其他证券投资基金的基金。换句话说，FOF绝大部分仓位并不直接投资股票或债券，而是投资其他基金，通过持有基金而间接持有各类证券资产。

如果说股票基金是专业的股票买手，买它就相当于买入一揽子股票；那么，FOF基金就是专业的基金买手，买它就相当于买入一揽子基金，进而间接投资了股票、债券、货币工具、大宗商品等各类资产，如下图所示。

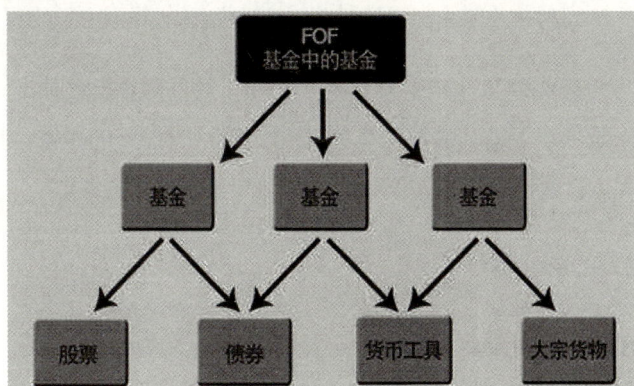

2016年9月，证监会对外公布了《公开募集证券投资基金运作指引第2号——基金中基金指引》，在我国引起了新一轮FOF投资热潮。在政策推动下，首批FOF基金在2017年下半年陆续向市场推出，海富通聚优精选混合（FOF）就是其中之一，也是首批发行的FOF基金中唯

——一个偏向权益的产品。

FOF有哪些优势

1. 分散风险

FOF基金其实是买入了一揽子的基金，然后这些基金投资各种股票和债券等，因此FOF投资分散度大大提高，一定程度上也降低了单个标的的投资风险。

按照相关规定，FOF需要将80%以上的基金资产投资于证监会依法核准或注册的基金份额，另外，FOF持有单只基金的市值不得高于FOF资产净值的20%。假设某只基金的重仓股票"爆雷"了，对基金净值的影响可能是5%，那么对于投资这只基金的FOF来说净值影响不高于1%。

据华西证券财富管理中心数据，美国市场的FOF指数数据（1990年以来）显示，无论是哪种策略的FOF均跑赢了标普500指数。特别是市场防御型指数，即使在2008年金融危机中，也十分抗跌。

2. 投资人更专业

FOF产品是由专业人员通过定量和定性等多重方法，挑选并建立的基金投资组合。随着公募基金数量的增多，投资者感觉"挑花了眼"，而FOF基金的意义就在于把买基金的选择权交给基金公司，让业内人士去选择靠谱的基金。另外，对于体量较大、产品类型丰富的基金公司来说，他们也有动力去选择自家的优质基金，这样就可以形成良性循环。

3. 降低了多样化投资门槛

这其实和上面类似，普通投资者受限于资金规模和投资能力，往往难以投资多只不同的基金产品，而FOF能以较低的成本投资于多只基金，大大增加了所投基金的种类，丰富了普通投资者的投资类型，从而以较低成本实现资产配置的目标。

FOF有哪些劣势

1. 收益率可能偏低

FOF基金大多是混合型产品，权益仓位多的就是偏股型，固收仓位多的就是偏债型。相比于股票型基金来说，FOF基金投资策略相对较为保守，因此在风险较低的情况下，其预期收益一般也低于普通股票型基金。

2. 投资随意性较强

FOF基金同样存在风格漂移的问题。迫于业绩考核的压力，部分FOF基金运作期间可能出现投资结构变动幅度较大的情况。

3. 双重收费

我们知道，买普通基金时需要支付申购费、管理费等费用。同样，FOF买基金时，也要支付这些费用，且最终也是由投资者买单的。对于购买FOF产品的投资者来说，等于支付了两次申购费、管理费、托管费等，即"双重收费"。

虽然根据现有规定，FOF如果投资自家基金，不支付管理费，如购买与自己相同托管机构的基金，不支付托管费。但除此之外，

FOF仍要支付相应的费用，因此双重收费不能完全避免。想避免双重收费，就要缩小基金投资的可选择范围。

FOF适合什么样的投资者

以上是FOF的优劣势，那什么样的投资者适合购买FOF呢？

1. 中长期个人投资者

FOF产品区别于单一类别基金的最大优势，是随市场形势的变动，其组合资产可进行灵活及时地调整，经历牛熊的考验，以获取中长期收益。因此，对于普通投资者或追求资产稳健增值的投资者来说，FOF无疑是最佳的中长期资产配置利器。

2. 保险、社保、企业年金类的机构投资者

鉴于其能够分散风险的特点，FOF也尤其适合保险、社保、企业年金等这一类投资期限较长，对收益有较高要求但对风险控制有更高要求的机构投资者。

海富通基金 用心投资 稳健运行	编写	海富通基金 用心投资 稳健运行	审阅
海富通成立于2003年4月，是中国首批获准成立的中外合资基金管理公司之一。总部设于上海，在北京、深圳等地设有分公司，并设有海富通资产管理（香港）有限公司和上海富诚海富通资产管理有限公司两家子公司。近年来公司在权益基金、债券ETF等领域成就突出，2019年荣获"金基金•成长基金管理公司奖"，2020年又再次荣获"金牛进取奖"。（颁奖机构《上海证券报》《中国证券报》）			

9.2　FOF有哪些分类方式

FOF有哪几种分类方式

根据FOF主投基金标的的类型，可以分为混合型FOF、股票型FOF等不同类型的FOF，其风险收益属性也和标的一致。在美国市场，混合型FOF的母基金主要投资于股票型、债券型、货币型以及另类投资型等基金产品，体现了FOF大类资产配置的战略核心，因此受到市场广泛关注，而单一类型的FOF占比较小。

根据FOF管理策略的不同，可以分为主动FOF和被动FOF。这里的被动不仅仅包括指数投资（FOF指数），也包括其他被动执行的投资策略。

根据主投基金管理人的不同，可以分为主投同公司产品的内部FOF、主投全市场产品的外部FOF和内外公司产品均投资的混合FOF。采用内部FOF策略的公司主要是产品线齐全的大公司。

根据主要管理方的不同，可以分为发行人自己管理的内部FOF、有外部投顾提供策略支持的外部投顾FOF。采用外部投顾的FOF发行人可能自身投资能力不强，但是渠道优势明显（总结见下表）。

分类方式	类型
所投子基金标的	混合型FOF、股票型FOF、另类投资FOF、固定收益FOF、货币市场FOF、商品投资FOF、可转换证券FOF、不动产FOF（晨星分类）
母基金管理策略	主动FOF、被动FOF
所投子基金归属	内部FOF、外部FOF、混合FOF
母基金管理方	内部管理FOF、外部投顾FOF

根据母基金管理策略和子基金的投资方式（主动或被动）结合，可以进行如下分类（见下表）。

类型	解释	特点
双重主动	母基金主动择时择基，子基金主动投资	管理难度较高、透明度低、费率偏高
主动+被动	母基金主动择时择基，子基金被动投资	费率中性、子基金透明，可能成为主流模式
双重被动	母基金子基金均被动投资	操作难度较大
被动+主动	母基金被动投资，子基金主动投资	子基金透明度低，可能导致母基金被动配置效果减弱

根据所投子基金归属和母基金管理方结合，可以进行如下分类（见下表）。

类型	解释	特点
纯内部FOF	内部管理人，投资内部子基金	大基金公司可采用此类
纯外部FOF	外部投顾，投资全市场子基金	现实中，这种多适用于渠道能力强但投资能力弱的公司
内外混合FOF	内部管理人，投资全市场子基金或者外部投顾，投资内部子基金	现实中，内部管理人投资全市场子基金的例子较多

除此以外，市场上还有特殊目的的FOF，比如养老目标FOF，有其自身专属的投资特点。

目前市场上的FOF主要是哪几种类型

据Wind数据统计，截至2019年7月底，市场上共有FOF 57只，大多数是养老目标FOF，小部分是普通FOF，具体情况如下表所示。

一级分类	二级分类	基金主代码	基金名称
普通FOF （14只）	偏债混合 FOF（10只）	005215.OF	南方全天候策略
		005156.OF	嘉实领航资产配置
		005217.OF	建信福泽安泰
		005221.OF	泰达宏利全能优选
		005218.OF	华夏聚惠稳健目标
		005758.OF	中融量化精选
		005976.OF	长信稳进资产配置
		005957.OF	华夏聚丰稳健目标
		005979.OF	南方合顺多资产
		006507.OF	前海开源裕泽
	偏股混合FOF （4只）	005220.OF	海富通聚优精选
		005809.OF	前海开源裕源
		006042.OF	上投摩根尚睿
		005925.OF	建信福泽裕泰
养老目标 FOF （43只）	目标日期FOF （25只）	006289.OF	华夏养老2040三年
		006321.OF	中欧预见养老2035三年
		006295.OF	工银养老2035三年
		006290.OF	南方养老2035三年
		006296.OF	鹏华养老2035三年
		006305.OF	银华养老2035三年
		006292.OF	易方达汇诚养老三年 （FOF）
		006763.OF	汇添富养老三年（FOF）
		006307.OF	嘉实养老2040五年
		006891.OF	华夏养老2050五年
		006620.OF	华夏养老2045三年
		007271.OF	鹏华养老2045三年
		006622.OF	华夏养老2035三年
		007188.OF	嘉实养老2050五年
		006575.OF	华安养老2030三年
		007250.OF	广发养老2050五年

一级分类	二级分类	基金主代码	基金名称
养老目标 FOF （43只）	目标日期FOF （25只）	007059.OF	汇添富养老2040五年
		006859.OF	易方达汇诚养老2033三年
		006860.OF	易方达汇诚养老2038三年
		006894.OF	兴业养老2035
		007241.OF	中欧预见养老2050五年
		007060.OF	汇添富养老2050五年
		007231.OF	国泰民安养老2040三年
		007297.OF	大成养老2040三年
		007238.OF	平安养老2035
	目标风险 FOF （18只）	006306.OF	泰达宏利泰和养老（FOF）
		006294.OF	万家稳健养老（FOF）
		006297.OF	富国鑫旺稳健养老一年
		006298.OF	广发稳健养老目标一年
		006581.OF	建信优享稳健养老一年
		007070.OF	博时颐泽稳健养老一年
		006876.OF	国投瑞银稳健养老一年
		007273.OF	鹏华长乐稳健养老一年
		007255.OF	华宝稳健养老一年
		007090.OF	海富通稳健养老一年
		006991.OF	民生加银康宁稳健养老一年
		006918.OF	国联安享稳健养老一年
		006861.OF	招商和悦稳健养老一年
		006303.OF	中银安康稳健养老一年
		007159.OF	南方富元稳健养老一年
		006880.OF	交银安享稳健养老一年
		006580.OF	兴全安泰平衡养老（FOF）
		007232.OF	万家平衡养老三年（FOF）

腾安研究	编写	前海开源基金 First Seafront Fund	审阅

9.3　FOF在海外发展的如何

FOF在美国的发展历程

美国的FOF基金市场发展最为成熟，规模最大，借鉴美国市场的发展经验对我们FOF的发展有重要的启示意义。

据美国投资公司行业协会（ICI）统计，2002年以前，FOF基金资产在美国整体共同基金（mutual fund）市场规模不到1%，但此后一直保持高速增长，仅在2008年有过小幅下降。截至2015年，FOF基金净资产占共同基金市场规模维持在10%以上，数量也超过1600只。

FOF基金的高速发展主要受益于美国养老金制度的一系列变革，特别是401以及IRA等退休计划的普及。事实上，据ICI统计，目前FOF基金里80%以上的投资资金来自养老金相关账户。

养老计划逐渐从待遇确定型（Defined Benefit Plan，简称DB）向缴费确定型（Defined Contribution Plan，简称DC）转变，雇主逐渐仅承担向员工养老账户缴纳员工工资比例的定额退休金，由雇员最终决定购买哪种投资品种和承担相关投资风险。

面对数量庞大的共同基金、令人眼花缭乱的投资策略，FOF基金就成为个人养老计划投资于各类不同类型品种，进行风险分散的高效工具。

FOF在欧洲的发展历程

从基金发展历程来看，欧洲发行FOF也是从20世纪90年代开始呈现较快的发展势头。进入21世纪，特别是2001年以及2005—2008年，进入了发展高峰期。据彭博统计，截至2015年10月30日，欧洲地区共有3746只FOF，规模达5620亿美元。

欧洲FOF基金近20年来发展较快，一个重要原因是，随着发行的基金数量爆发式增长，投资者如何选择绩优基金成了一个难题，而且投资者发现，如果频繁转换基金，不仅赚不了太多钱，反而要支付较高昂的成本。

面对客户的困惑，一些大型基金公司顺势推出FOF产品，主打投资"一揽子基金"的概念，借此来帮助投资者解决挑选基金的问题。FOF具有分散化投资、业绩波动较小等特点，得到了市场的热捧。

在欧洲各国中，英国、法国、德国、意大利等国第三方FOF所占的比重较高。法国是拥有FOF数量最多的国家，这或许和法国把其产品划分得更加细致有很大关系。

海外FOF的模式

按照FOF的基金投资范围划分，FOF产品可分为主要投资于内部基金的内部FOF和可以投资于外部基金的全市场FOF。

1985年，由先锋（Vanguard）推出的美国市场第一只投资于共同基金的FOF基金，就采用投资于先锋旗下股票型基金和债券型基金产品的内部FOF模式。

内部FOF通常不收被投子基金的申赎费用，在子基金的调研和了解上也具备天然优势。通常产品线齐全的大型基金公司会倾向于采用内部FOF形式。

外部基金在投资范围上可以提供更多选择，进而增强资产配置及风险分散功能。通常，全市场FOF在投资外部基金时，会采用外部第三方投资顾问的形式，由第三方提供对内部或者外部基金的筛选和甄别服务。据晨星统计，截至2012年末，约50%的FOF外聘了第三方投资顾问或二级投资顾问。

美国FOF的投资策略

按照美国FOF的投资策略看，目标日期型（target date）和目标风险型（target risk）是最主要的两种类型。

目标日期型FOF会设定一个基金投资到期年（该日期通常为目标客户群体的退休日期，但基金通常会在该日期后持续运营，为投资者退休后的生活费用继续提供保障），随着逐渐靠近到期日，目标日期型FOF会主动在保守性资产（债券或货币基金）和积极性资产（股票基金）之间进行动态调整，例如典型的下滑曲线（Glide Path）资产配置方式。

目标风险型FOF是基于风险的投资方式，通常按照投资者的风险容忍度分为积极、稳健和保守类型产品，通过严格的风险和波动控制力争实现相对应风险程度的收益目标。

美国FOF的经典产品

美国市场FOF基金有一个特点，那就是行业集中度较高，据ICI数据显示，截至1999年底，前3大公司分别为先锋（Vanguard）、普信（T.Rowe Price）和富达（Fidelity），各自市场份额为39.28%、13.08%、12.8%，3家共占65.16%，前10大基金管理公司占了近90%的市场份额。

截至2013年年底，经过10多年的发展，占据市场份额最大的依旧是这3家公司，分别为20.2%、16.4%和10.3%，前3家大公司占了近一半市场份额，相比1999年年底，虽占比有所下降，但地位依旧难以撼动。前10大基金管理公司占据了FOF市场的74%份额。

（1）经典目标日期FOF基金——Vanguard Target Retirement 2025 Fund Investor Shares（VTTVX）

该基金是当前全球市场上最大的FOF基金之一。据Wind数据，截至2018年年底，该基金资产总值为403亿美元。

从产品运作思路看，随着退休日期的临近，该基金的投资风格将逐渐趋于保守，基金资产的债券类资产配置比例将随之增加。

（2）动态配置型FOF基金——PIMCO All Asset Fund（PAAIX）

该基金采用第三方管理人+内部基金的运作模式，聘请了第三方机构——Research Affiliates LLC对该基金进行管理，因此基金费率较高。

基金成立于2002年，据Wind数据，截至2018年年底，该基金资产总规模为180亿美元。

相比于目标日期基金，该基金在配置风格上更为激进。据晨星研究，该基金由30多只PIMCO基金组成，包括债券基金、指数基金、对冲基金等。

海富通基金 用心投资 稳健运行	编写	海富通基金 用心投资 稳健运行	审阅

9.4 养老基金和普通基金、普通FOF有何区别

养老目标基金和普通基金的区别

都说"养老早一步，人生大不同"，如今，新的养老理财方式——养老目标基金被广泛关注。那么，养老目标基金，和一般的基金有什么区别呢？

（1）名称不同，证监会《养老目标证券投资基金指引（试行）》中指出，养老目标基金应当在基金名称中包含"养老目标"的字样，其他普通基金不得使用。

（2）投资标的不同，养老目标基金应采用FOF形式或证监会认可

的其他形式运作。

（3）投资策略不同，养老目标基金目前主要有两大策略，一是对某一段特定时间内，达到退休年龄的投资者设定的日期目标风险策略；二是要通过权益仓位或波动率等指标定义基金的风险等级的目标风险策略，而普通基金则一般分为主动投资和被动跟踪等策略。

（4）对基金经理要求不同，养老目标基金的基金经理有相应的任职条件，基金管理人应当优先选择具备相应条件的投研人员担任养老目标基金的基金经理，普通基金则无此要求。

（5）其他不同，养老目标基金可设置优惠的费率、养老目标投资的子公司资质有特定要求、养老目标基金管理人有特定要求等，均和普通基金有所不同。

养老目标基金与普通FOF有什么区别

根据规定，养老目标基金发展初期主要采用基金中基金（FOF）的方式运作。以FOF的形式运作，又与通常所说的FOF基金有什么区别？

普通FOF是一类资产配置工具，而养老目标基金是专为养老做大类资产配置的，要求更严格，对比如下表所示。

	普通FOF	养老目标基金
投资定位不同	各类FOF基金，投资目标可以多样	为养老投资提供一站式解决方案，更具针对性
对管理人、基金经理、子基金的要求不同	要求较为严格	要求更严格。如养老目标基金要求公司成立满2年、公司治理健全稳定、投资研究团队不少于20人、成立以来或最近3年没有重大违法违规行为等
对封闭期的要求不同	一般为开放式FOF，可以自由申赎	有一定的封闭期。普通FOF是开放式基金运作，养老目标基金有定期开放的封闭运作期或投资人最短持有期限应当不小于1年
对权益仓位的要求不同	一般无特别要求	养老目标基金定期开放的封闭运作期或投资人最短持有期限不小于1年、3年或5年的，基金投资于股票、股票型基金、混合型基金和商品基金等品种的比例合计也有严格的限制

购买力下降

有朋友说，我把一部分钱存在银行，存个几十年，等到老的时候用来养老。

存银行的好处就是，可以自己决定存多存少，风险相对小一点。但是，存银行最大的问题是利率跑不过CPI，导致购买力下降。

2017年的一条新闻，或许能让我们通过时间的隧道看到储蓄利率没有能与CPI同步的效果，购买力降低。

2017年，厦门的陈女士成功提取一笔44年的存款，这张老存单存入日期是1973年3月20日，金额是1200元。

44年过去了，这张1200元的存单究竟能支取多少钱呢？经多方计算确认，在支取日这笔存了44年的存单本息合计为2684.04元，其中利息为1484.04元。

44年前，1200元能买什么？

20世纪70年代，普通职工工资每月几十元钱。粗略来说，当年好一点的大米约0.13元/斤，猪肉0.7元/斤，两口之家一天只需要一两元左右的伙食费，1200元在当年就是一笔"巨款"。

而到现在，这笔钱的购买力与当时有较大差别。

打算通过储蓄来养老的小伙伴们要注意钱的时间价值，即同等数目的钱，等到将来养老的时候，购买力不同甚至大幅降低。

因此，对于既有基本养老保险，又有企业年金，还有储蓄的朋友们来说，单靠这些来养老还不够。

所以，还应该考虑加上一项——养老目标基金！

养老目标基金，以追求养老资产的长期稳健增值为目的，鼓励投资人长期持有，采用成熟的资产配置策略，合理控制资产组合波动风险的公开募集证券投资基金。

根据《养老金第三支柱元年白皮书》数据显示，基金公司受托管理基本养老金、企业年金、社保基金等各类养老金为1.5万亿元，在养老金境内投资管理人的市场份额占比超过50%，总体上实现良好收益。

根据全国社会保障基金理事会2019年7月13日发布的《2018年度社保基金年度报告》，社保基金自成立以来的年均投资收益率7.82%，累计投资收益额9552.16亿元。

未雨绸缪，有备无患。基本养老保险保障基本生活需求，且面临老年抚养系数不断上升和养老金的替代率逐渐下降的压力；企业年金运营风险目前依然较大，平均收益率低；银行储蓄跑不赢通货膨胀。为了"老有所养"，关注养老目标基金，或许可以为老年的体面生活上一个保险。

博时基金 BOSERA FUNDS	编写	博时基金 BOSERA FUNDS	审阅

9.5　为什么养老目标基金都是FOF

以养老为目标的投资方案，需要关注两个关键点。

关键点一：长期投资。为养老后的生活做财富积累，一般从还能创造财富的青年期、中年期开始，需要制定长达二十年甚至三十年的投资规划。养老投资对收益从长期着眼，追求长期资产的保值增值。

关键点二：稳健投资。一般投资可以激进，也可以稳健，但养老投资首先是追求"稳健"的。养老资产是一生中的重要财富，如果因为高风险带来财富蒸发，对未来养老生活将带来巨大的消极影响。因此，养老金以"稳"字当头，在降低组合波动率的前提下，追求更高的回报率。

而长期稳健投资的核心，其实是专业的大类资产配置。养老目标基金以FOF形式运作，通过一只基金灵活配置股票、债券、黄金、货币等资产，契合大类资产配置理念，而且由专业投资团队操盘，具备多重投资优势。

（1）产品种类丰富。基金本身的投资范围广阔，种类丰富，几乎包含了绝大多数可投资的品种：股票、债券、货币、大宗商品，以及海外市场等。直接投资基金可方便养老基金在各项大类资产上的配置，节约成本。

（2）站在巨人的肩膀上。基金经理本身就有优异的资产选择和配置能力，也有相应的投研团队的支持。直接配置基金，可以让我们优中选优，获得更稳健的收益。

（3）机构研究基金更有优势。当前市场上基金种类众多，个人基金投资者的甄别难度很大，而机构除了可以分析基金业绩、风格、持仓，还可与基金经理进行访谈，深入了解其投资理念与投资风格。

（4）投资成本相对低。自己持有不同的基金，相关费用较高；通过FOF集中申购，因为具有规模效应，可以让费用大大降低。

博时基金 BOSERA FUNDS	编写	博时基金 BOSERA FUNDS	审阅

9.6　养老目标基金在持有期上有何限制

相关法规规定：养老目标基金定期开放的封闭运作期或投资者最短持有期限不短于1年、3年或5年的，基金投资于股票、股票型基金、混合型基金和商品基金（含商品期货基金和黄金 ETF）的比例不超过30%、60%、80%。

为什么养老目标基金要设置1~5年的持有期呢？

为什么要设置较长的持有期

以某三年期养老FOF为例，投资者每个交易日都可以申购，但是每一笔申购的基金份额必须持有满三年后才可自由赎回。

之所以这么设置，主要考虑两个方面：

一方面，设置持有期能有效避免资金大额进出对投资管理的干扰，让基金经理更好地坚持投资策略；另一方面，也在引导投资者长期投资，减少受市场干扰后追涨杀跌的非理性行为，改善投资体验。

案例分析：基金公司内部数据

通常而言，长期持有的盈利概率更高、盈利也更多。我们这里举一个例子：

2018年初，嘉实基金曾对旗下著名基金嘉实沪港深的持有人做了一个分析。该基金自2016年5月27日成立至2018年1月末，净值增长82.8%，远远跑赢指数，但基金公司内部数据却出现投资者买了赚钱基金，收益一般甚至出现亏损的情况。

在同样的期间内，有9.07万名客户（直销）投资过嘉实沪港深基金——其中，有85.93%的客户赚钱，但也有14.07%的客户亏损。从收益率分布来看，高达77%的客户收益率在0~20%。其中，0~10%的最多，占比高达49.71%；10%~20%的占比也高达27.51%；而收益率超过80%的客户只有98位，占比0.11%，如下图所示。

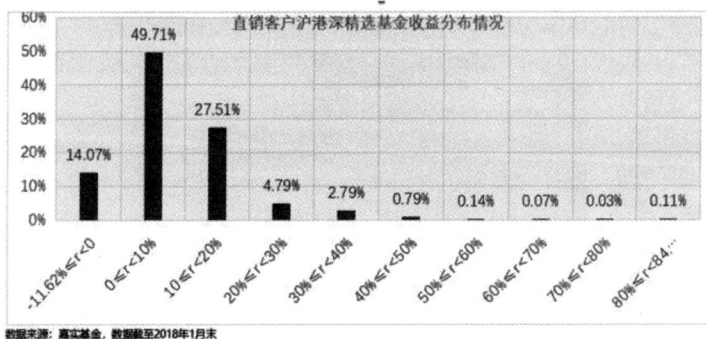

数据来源：嘉实基金，数据截至2018年1月末

那么为什么投资者买了赚钱的基金，还会出现收益一般甚至亏损的情况？

大多数时候是因为部分投资者没有坚持长期投资的理念，超过70%的投资者持有基金的时间小于5个月，追涨杀跌频繁交易是基金投资收益的主要杀手。

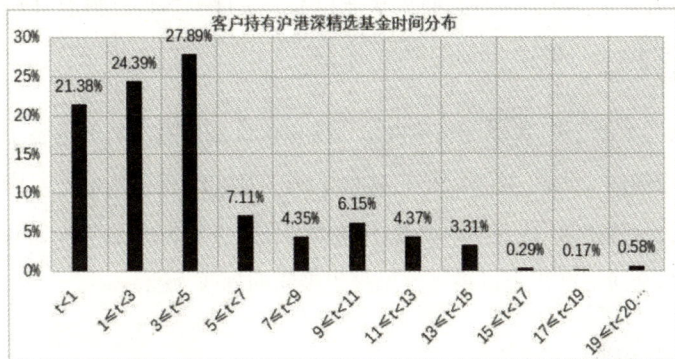

客户持有沪港深精选基金时间分布

数据来源：嘉实基金，数据截至2018年1月末

| | 嘉实基金 Harvest Fund | 编写 | 嘉实基金 Harvest Fund | 审阅 |

9.7　养老目标基金在投资上有哪些特别之处

2016年9月，证监会发布了《公开募集证券投资基金运作指引第 2号——基金中基金指引》；2018年2月，证监会正式发布了《养老目标证券投资基金指引（试行）》。根据这两份《指引》，养老基金在投资上和其他基金有许多不一样的地方。

养老目标基金在投资比例和基金管理人上有何要求

1. 对投资比例的要求

（1）养老目标基金定期开放的封闭运作期或投资者最短持有期限不短于 1 年、3 年或 5 年的，基金投资于股票、股票型基金、 混合型基金和商品基金（含商品期货基金和黄金 ETF）等的比例合计原则上不超过 30%、60%、80%；

（2）基金中基金（简称FOF）持有单只基金的市值不得高于基金资产净值的 20%，且不能持有其他 FOF；除ETF联接基金外，同一管理人的全部 FOF 持有单只基金不得超过被投资基金净资产的 20%，被投资基金净资产规模以最近定期报告披露的规模为准。

2. 对基金管理人的要求

鼓励具备以下条件的基金管理人申请募集养老目标基金：（一）公司成立满 2 年；（二）公司治理健全、稳定；（三）公司具有较强的资产管理能力，旗下基金风格清晰、业绩稳定，最近三年平均公募基金管理规模（不含货币市场基金）在 200 亿元以上或者管理的基金中基金业绩波动性较低、规模较大；（四）公司具有较强的投资、研究能力，投资、研究团队不少于 20 人，其中符合养老目标基金基金经理条件的不少于 3 人；（五）公司运作合规稳健，成立以来或最近 3 年没有重大违法违规行为；（六）中国证监会规定的其他条件。

基金经理：（一）具备 5 年以上金融行业从事证券投资、证券研究分析、证券投资基金研究评价或分析经验，其中至少 2 年为证券投资经验；或者具备 5 年以上养老金或保险资金资产配置经验；（二）历史投资业绩稳定、良好，无重大管理失当行为；（三）最近 3 年没有违法违规记录；（四）中国证监会规定的其他条件。

哪些基金可以成为养老目标基金的投资标的

- 子基金运作期限应当不少于 2 年，最近 2 年平均季末基金净资产应当不低于 2 亿元；子基金为指数基金、ETF 和商品基金等品种的，运作期限应当不少于 1 年，最近定期报告披露的季末基金净资产应当不低于 1 亿元。

- 子基金运作合规，风格清晰，中长期收益良好，业绩波动性较低。

- 子基金的基金管理人及子基金基金经理最近 2 年没有重大违法违规行为。

- 中国证监会规定的其他条件。

需要注意的是，FOF不得持有具有复杂、衍生品性质的基金份额，包括分级基金和中国证监会认定的其他基金份额，中国证监会认可或批准的特殊基金中基金除外。

养老目标基金中目标日期基金（TDF）和目标风险基金（TRF）如何选择

1. 什么是目标日期基金

目标日期基金（Target-Date Fund，简称TDF）又称生命周期基金（Lifecycle Fund），它根据投资者所处的生命周期阶段的不同，逐渐调整权益类风险资产在基金组合中的比例。这类基金一般名称里带一个退休年份（如某某养老目标日期2040基金），投资者根据退休年份买入即可。买入后，由于权益资产比例下降，基金风险和预期收益都会随时间的推移而逐渐降低。

随着目标日期（退休日）的临近，目标日期基金中的权益类资产占比逐渐降低，其变动路径又称为下滑曲线（Glide Path）（见下图）。

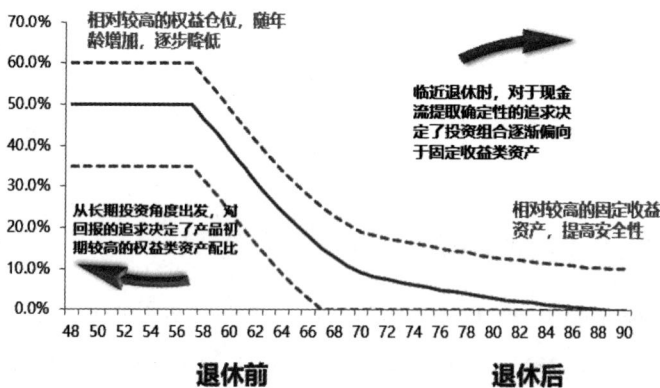

相对较高的权益仓位，随年龄增加，逐步降低

临近退休时，对于现金流提取确定性的追求决定了投资组合逐渐偏向于固定收益类资产

从长期投资角度出发，对回报的追求决定了产品初期较高的权益类资产配比

相对较高的固定收益资产，提高安全性

退休前　　　　退休后

资料来源：华夏基金

相关说明如下。

分类方法：基金公司基于自身研究和市场养老需求，推算出不同路径的下滑曲线，对应不同目标日期的产品。

风险偏好：个人的风险偏好仅与年龄直接相关，年龄越大，风险偏好越低。

适用人群：特定年龄群体，如目标日期2035对应在2035年前后退休的人群，即1975—1980年期间出生的人群。

投资策略：以下滑曲线为依据，随着时间推移改变资产配置比例。一般情况下，基金所对应的日期越早，产品权益资产比例越小，即同样策略的养老目标日期基金，"2040"要比"2050"的权益占比更小。

2. 什么是目标风险基金

目标风险基金（Target-Risk Fund，简称 TRF）又称生活方式基金（Lifestyle Fund），它通过事先设定基金组合的风险水平，根据资产配置理论进行组合构建，并动态调整维持基金组合的风险水平。此类基金选择更透明、更灵活。成立时就给定了风险目标，并不会随着时间的变化而变化。

分类：目标风险策略可以根据风险等级划分为稳健型、平衡型、成长型，各自具有不同的风险收益特征，适合不同风险偏好的投资者。

风险偏好：个人的风险收益特征除年龄之外，还和健康状况、资产状况等因素相关。

适用人群：风险偏好相吻合的人群。

投资策略：以事先设定好的风险水平为依据，根据相对稳定且清晰的资产配置策略做投资。

3. 投资者如何选择

对于退休日期明确的投资者，目标日期基金最为便捷。投资者无须考虑每个阶段自身的风险承受能力，也不需要研究所投资基金的风险暴露水平，直接根据退休年份选择对应的基金即可。

对于有明确的风险投资目标的投资者，目标风险基金更为合适。投资者根据自身的风险承受能力，选择成长型、平衡型或稳健型的基金组合即可。基金经理会通过资产配置把剩下的事都做了，十分方便。

当然，除了对自身需求的了解，投资者还要对所投资基金的投资团队进行考察。

腾安研究	编写	●●中欧基金 ZHONG OU ASSET MANAGEMENT	审阅

10.1　什么是基金定投，它有什么特点

什么是基金定投

基金定投全称为基金定期定额投资，是指在一定时期内，每隔预设的固定时间，将固定的金额投资到指定的公募基金中。这种投资方法通过分批投入、积少成多，有效地帮助投资者平滑投资成本，降低了择时的风险。

基金定投的特点

1. 分批投资、积少成多

基金定投中投入的资金不是在期初一次性投入，而是每隔一段固定的时间进行一次投资，分批次投入到投资标的中。随着时间的拉长，所积累的基金份额会越来越多。

2. 定期投资、长期坚持

基金定投每次投入的时间间隔是固定的，不会因为市场环境的变化而随意改变。设定的投资间隔根据投资者的风险偏好和现金流状况而不同，最常见的是按月定投（大部分人按月发工资），也有按周、双周定投等周期。

3. 定额投资、逢低多买

基金定投每次投入的金额是固定的，由于目标基金的净值会随着

市场波动而发生变化，那么在金额固定的情况下，基金净值下跌时可以获得更多份额，基金净值上涨时获得更少的份额。这样一来，基金定投便自动实现了逢低多买、逢高少买的目的。当然，现在也有"智能定投"等定期不定额的投资方法，即低点加大固定金额，高点减少固定金额，以加强"逢低多买、逢高少买"这一目标。

假设一只基金净值期初是1元，经过一段时期的波动，期末仍是1元。虽然基金净值没有增长，但是通过基金定投，每期投入1000元，投资者可以获得更多份额，最终实现收益，如下表所示。

基金净值/元	定投金额/元	定投份额/份
1	1000	1000
1.1	1000	909
1.2	1000	833
1.1	1000	909
1	1000	1000
1	1000	1000
0.9	1000	1111
0.8	1000	1250
0.9	1000	1111
1	1000	1000
最终金额/份额	10,000	10,124
期末资产合计	10,124元	
期末收益率	1.24%	

上图净值表现均非真实数据，仅为说明所用。收益数据仅依据表中净值计算，不代表真实收益亦不作为未来业绩的保证。

4. 纪律投资、克服人性

投资中最难的事情是克服人性的弱点：恐惧和贪婪。高买低卖，追涨杀跌，是大部分投资者经常操作的。而通过基金定投，将投资规则事先固定下来，并长期坚持，可以有效地规避人性的弱点，力争通过良好的投资纪律帮助投资者最终赚到钱，如下图所示。

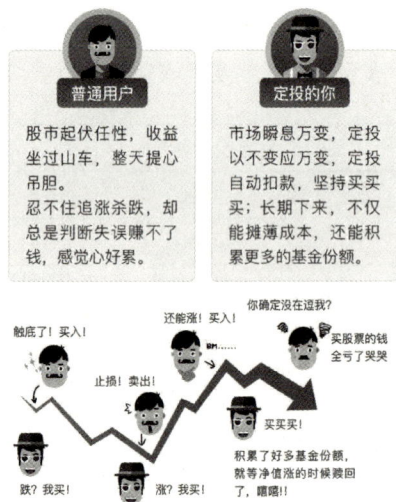

5. 不惧下跌，拥抱波动

基金定投的目标基金通常为权益类基金，如股票基金（尤其是指数基金）、混合基金、商品基金等，这类基金波动更大，尤其是下跌过程中，通过基金定投可以积累更多的份额，有助于反弹时获取更多的收益。而投资者对货币基金、债券基金的定期投资，达不到上述效果，这是因为该类基金本身波动较小，用基金定投平滑成本的效果并不明显。

⊙ 融通基金 RONGTONG FUND	编写	⊙ 融通基金 RONGTONG FUND	审阅

融通基金是国内第二批、全国第十三家成立的老牌基金公司，资管总规模超过2200亿元。公司以持续推广分红和定投备受业内人士称道，旗下基金累计分红近300亿元，专注定投15年，定投总客户超过300万人，被誉为定投鼻祖（截至2019/12/31）

10.2　基金定投和一次性投资哪个更好

经常有小伙伴问："无论是定投，还是一次性投资，都是花钱买基金，真的会不一样吗，到底哪个好？"

这一节我们就讲定投和一次性投资中的不同之处。

基金定投和一次性投资有什么区别

1. 用来投资的钱来源不同

这是区分定投与一次性投资的关键所在。

大家都知道，作为工薪阶层，定投最好是用每个月结余的闲钱，定投的期限是越长久对投资者越有利，至少也要坚持三年五载。

也就是说，定投的钱有以下特点：（1）小钱，每个月结余的闲钱再多也终归是一笔小钱；（2）长钱，短期内轻易不用的；（3）未来的钱，下个月定投的钱还得靠下个月的工资。

与之相反，当我们想一次性投资买基金时，这笔钱往往来自以下渠道。

- 一笔大钱：也许是奖金，也许是N年的存款。与每个月的定投金额相比，数目较大。

- 中短期钱财：一般情况下，拿一大笔钱买基金的小伙伴，设定的投资期限都很短，常常高抛低吸，愿意坚持两三年的，就算时间比较长的了。

- 现有的钱：这个不用解释。

对于绝大多数上班族而言，定投和一次性投资所需要的这两种钱，我们都有。当我们想投资基金时，既可以用已有的积蓄一次性投资，也可以用每个月的闲钱做份定投，两者并不矛盾。

2. 设定的理财目标不同

不同的钱做不同的事，这是理财的一个基本常识。同样是投资买基金，定投与一次性投资用的钱不一样，理财目标当然也不一样。

基金定投是长钱，是长期的财务规划，更适宜于养老、子女教育等长期的理财目标。所以，有一种说法叫作"幸福家庭至少需要两份定投"。

- 一份定投，为了孩子：为子女教育做好准备，让孩子能够长期深造；

- 一份定投，为我们的爱：当我们终将老去的时候，可以与老伴偎坐在海滩上，看夕阳西下。

而一次性投资的理财目标，就要简单多了。那就是尽可能不错过任何一个牛市，尽可能地在牛市里博取高收益，尽量不亏或少亏。

3. 不同的投资纪律

要想达到理财目标，必须能够坚持投资纪律。不同的目标，需要不同的投资纪律。

对于一次性投资而言，要想赚钱，必须低买高卖，找到合适的买点很重要。一旦买错，要能及时止损，不能盲目持有。基金定投无须择时，不用止损。

由于每一笔投入的钱都是小钱，最初的买点并不重要。从低点开始定投，收益一定不差，万一不幸从高点开始定投，时间拉长也能赚钱。如果你问什么时候开始定投最好？答案是现在！

不要止损，要坚持，要学会捡"便宜货"，静待市场的机会来临。熊市里定投也会出现亏损，而这也是捡"便宜货"的大好机会。坚持定投，等待市场转暖，终将迎来光明。那些没熬过熊市而终止的，一般是两种情况：

- 停止定投并赎回。结果：亏损！

- 停止定投但不赎回。结果：后悔！因为错失捡便宜货的大好时机。

4. 适合不同的投资者

定投本身是一种"定时定量投资法"。它是一种适合工薪阶层零星式的分散型理财方式，目的是保值、增值，并非以跑赢指数或大多数基金经理为目标。对于刚入门的投资者，如果没有准确把握市场节奏的能力，也没有一个应对波动的良好心态，那么基金定投是非常好的投资方式。尤其是对刚工作的年轻人，基金定投省心又省力，还能帮助你完成定期理财的小目标。而对于风险偏好较低的投资者，基金定投也是相对较为平稳的介入权益市场的投资方式。

定投不适合超级投资者（利用市场的无效性获取超过市场平均回报的投资人）或任何追求超额回报的投资者。巴菲特建议人们定投指数基金，但他自己从来不做定投，甚至连基金也不买，因为他是超级投资者。A股市场有大量追求超额回报的投资人，他们投资判断能力较强，有精力在市场上搏杀，一次性投资是其最佳选择。

情境测试：基金定投和一次性投资哪种收益高

基金定投是适合于中长期投资的理财方式，而不是期待一夜暴富的投机行为。和一次性投资相比，在不同的市场形态下两者各有优势。

定投的最大作用是帮助投资者平滑投资成本。长期定投后，投资者会获得一个较为平均的投资成本。

投资者可记住两条法则：（1）只要期末基金净值>定投平均成本，定投就一定是赚钱的；（2）只要一次性投资成本（即期初基金净值）>定投平均成本，定投就一定优于期初一次性投资。

在不同市场环境下，效果如下。

1. 单边上涨行情

在单边上涨行情中，期末基金净值>定投平均成本>期初一次性投资成本，所以基金定投是赚钱的，但没有一次性投资赚得多。如果你能看准市场是上涨的，单笔大金额投入收益更好，只是预测市场的难度太大了，如下图所示。

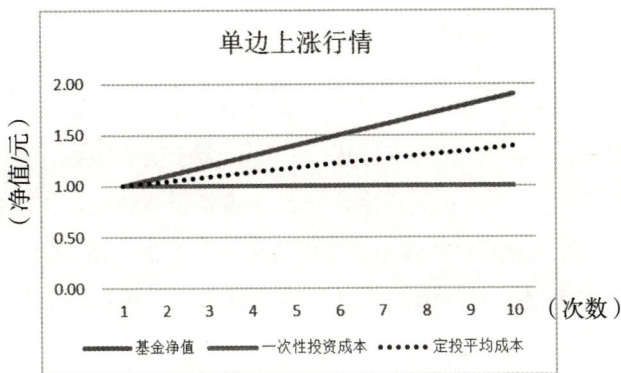

上图净值表现均非真实数据，仅为说明所用。不代表真实收益亦不作为未来业绩的保证，下同。

2. 单边下跌行情

在单边下跌行情中，期初一次性投资成本>定投平均成本>期末基金净值，所以基金定投是亏损的，但比一次性投资亏得少。如果不幸遇到下跌，基金定投摊平成本的作用就可以体现出来，更缓和的跌势能减少投资者的心理冲击，从而将投资坚持下去，如下图所示。

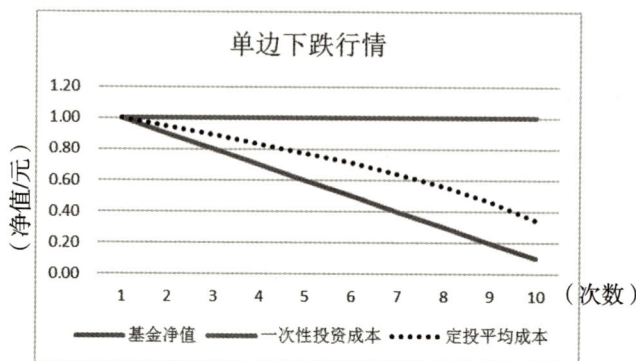

3. 震荡行情：先涨后跌

　　在先涨后跌的震荡行情中，一般情况下，定投平均成本>期初一次性投资成本，一次性投资优于定投，至于能否赚钱，要看期末净值处在什么水平。在下图中，一次性投资仍然赚钱，但定投则是亏钱状态。这种倒U型曲线是基金定投中最吃亏的行情，因为在高点也买入了不少高成本份额，所以止盈就变得相当重要，后面会单独讲解。

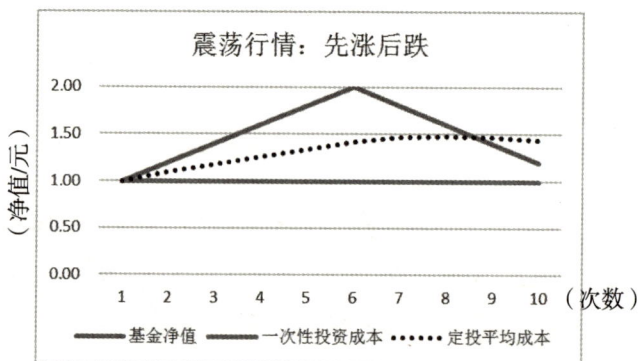

4. 震荡行情：先跌后涨

在先跌后涨的震荡行情中，一般情况下，期初一次性投资成本>定投平均成本，定投优于一次性投资，至于能否赚钱，要看期末净值处在什么水平。在下图中，定投已经开始赚钱，但一次性投资仍是亏损状态。

先跌后涨，被称为"微笑曲线"，是基金定投最具优势的一种市场状态。由于在底部不停地低吸吃筹，成本在不断降低，只要市场有一个小反弹，不需要回到最初的位置，基金定投便可以盈利。

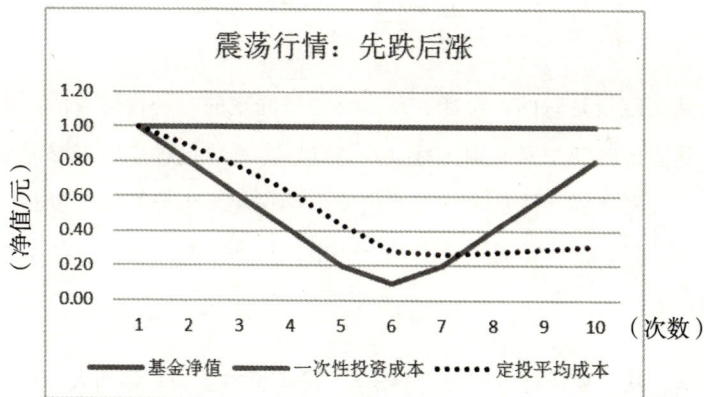

5. 总结

通过上面四种情形的分析，我们发现基金定投和一次性投资在不同的市场环境中表现各有优劣，并没有说谁一定比谁好。但是基金定投的优势在于通过纪律投资，帮助投资者把正确的事情坚持做下去，最终获取较好的回报。

"高抛低吸"的道理人人都懂，但当市场处在危险的亢奋期，没有多少人能抵制住加仓的诱惑；当市场处于低迷期，更没有多少人能够大胆介入。没有只涨不跌的市场，也没有只跌不涨的市场，但从长期来看，市场向上的概率更大，这就是定投能够成功的内在基础，即在于通过分批入场来摊薄成本和风险，规避人性的贪婪和恐惧，力求获取市场长期上涨的收益。

🔵 融通基金 RONGTONG FUND	编写	🔵 融通基金 RONGTONG FUND	审阅

10.3　哪些人适合基金定投

基金定投是时间、金额、基金品种三固定的一种投资方法，也就是每到固定时间，对某固定基金投资固定金额。这种投资方法能够有效分散投资风险，降低单位投资成本，操作起来十分简单。虽然都说基金定投好，却也不是人人都适合。根据长期数据分析，总结了五类最适合定投的人群。

第一类：从"象牙塔"到社会1~3年，没有资本金的职场新人

刚毕业进入社会开始工作的职场新人，手上没有足够的积蓄，但每个月的工资最适合用来定投。在保证每月定投资金流不会剧烈波动的情况下，通过分批多次积累大量的廉价筹码，随之等候牛市的到来，如下图所示。

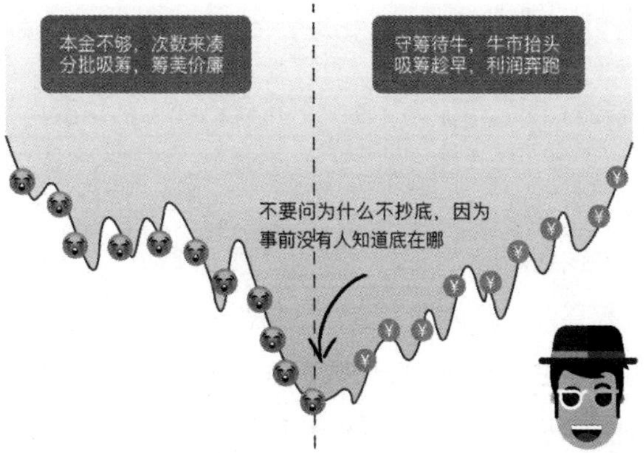

第二类：有资本金，却在股市沉浮多年、铩羽而归的投资者

这一类人群手上虽然有一定的积蓄，但其实对市场和投资理财并没有深入的理解和判断，赶上市场波动时只会追涨杀跌，最终铩羽而归。

与其用散户思维投资（见下图），始终没办法取得盈利，不如用基金定投来克服人性的弱点。

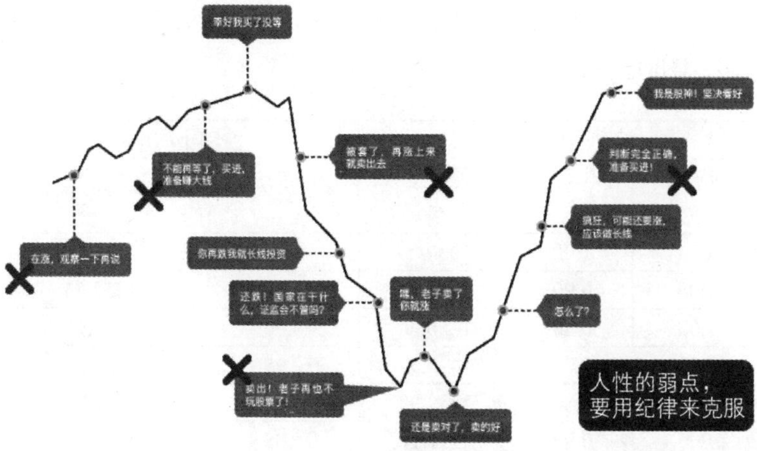

第三类：月光族、剁手党

月初刚发的工资，到了当月中下旬就已经全部消费，这就是"月光族"。

有道是"钱到用时方恨少，早知定投无烦恼"。买房、换车、出国游、子女教育金、退休养老金等已知在未来将有大额资金需求的事项，都可以通过定期定额投资方式来规划，不但不会造成自己经济上的负担，更能让现在的每月小钱在未来变成大钱。

第四类：害怕高波动投资，又不想只投货币基金的投资者

如果货币基金年化3%左右的收益率已满足不了你对财富增长的渴望，面对起伏不定的股市又害怕亏损，这时就可以考虑定投。

• 无波动，不定投！

• 下表为两个相同的定期定额比较，从中可以发现，波动大的市场对平均成本的平摊效果更为显著，意味着当市场反弹时，收益可能更高！

波动大的市场			波动小的市场	
定期投资金额/元	单位价格/元	购得单位数/份	单位价格/元	购得单位数/份
1 000	1.00	1000.00	1.00	1000.00
1 000	0.90	1111.11	0.95	1052.63
1 000	0.80	1250.00	0.90	1111.11
1 000	0.70	1428.57	0.95	1052.63
1 000	0.80	1250.00	1.00	1000.00
1 000	0.90	1111.11	1.05	952.38

续表

波动大的市场			波动小的市场	
定期投资金额/元	单位价格/元	购得单位数/份	单位价格/元	购得单位数/份
1000	1.00	1000.00	1.10	909.09
1000	1.10	909.09	1.15	869.57
1000	1.20	833.33	1.20	833.33
1000	1.30	769.23	1.30	769.23
合计10,000		共10662.45份		共9549.98份
平均单位成本/元	0.9379（=10000/10662.45）		1.0471（=10000/9549.98）	

第五类：看空后市，不想投资/看到上涨，下不了手

如果你对市场的未来趋势把握不定，定投也是十分适合的投资方式。由于定投可抹平基金净值的高峰和低谷，消除市场的波动性。只要选择的基金有整体增长，便能轻松获益，无须为入市的择时问题苦恼。

融通基金 RONGTONG FUND	编写	融通基金 RONGTONG FUND	审阅

10.4　基金定投有哪些选择技巧

基金定投中哪种基金收益好

如果想让基金定投收益高，那么该基金需具备以三个重要特点。

1. 长期收益好

不以赚钱为目的的定投都是一场空。定投并非炒短线，而是一场持久战,因此我们要选择长期业绩回报高的基金。

2. 净值波动大

基金定投在波动性大的产品上其平滑成本效果更显著。波动越大,投资者在低位买入的份额就越多,在高位买的就越少。同样的期末净值,波动大的产品,定投赚钱的概率也越大。

花同样的钱投资波动性不同的两个基金,在一次性投资收益相同的情况下,波动性越大定投的收益越可观,如下表所示。

	波动大的基金		波动小的基金	
定期投资金额/元	单位净值/元	购得单位数/份	单位净值/元	购得单位数/份
1000	1.00	1000.00	1.00	1000.00
1000	0.90	1110.11	0.95	1052.63
1000	0.80	1250.00	0.90	1110.11
1000	0.70	1428.57	0.95	1052.63
1000	0.80	1250.00	1.00	1000.00
1000	0.90	1110.11	1.05	952.38
1000	1.00	1000.00	1.10	909.09
1000	1.10	909.09	1.15	869.57
1000	1.20	833.33	1.20	833.33
1000	1.30	769.23	1.30	769.23
合计	共10662.45份		共9549.98份	
平均单位成本/元	0.9379		1.0471	
一次性投资收益率	30%		30%	
定投收益率	38.61%		24.15%	

3. 风格稳定

部分主动管理的基金由于基金经理的个人风格或更换基金经理，导致投资风格十分不稳定，对于长期定投来说不太合适。

除以上几个关键点，基金的申购赎回费、管理费等投资成本，投资者也应该予以关注。

哪些类型的基金适合定投

根据上述三个特点按图索骥，可以把适合定投的基金找出来。

1. 股票指数基金

指数基金的投资目标是跟踪对应指数，所以必须保持高仓位（一般额外为90%~95%仓位），在各类基金中，股票指数基金的波动通常是最大的。

而指数基金的投资风格十分稳定，不会因为市场环境和基金经理的变化而发生重大变化。另外，指数基金的管理费、托管费等费用通常比主动管理的基金要低。

如果能够精选一些波动大、长期收益优异的指数基金，它们将是非常好的定投标的。

目前市场上比较主流且适合定投的指数如下。

• 波动较高、过往长期收益中高：中证500指数、深证100指数、创业板指数。

- 波动中高、过往长期收益中高：上证50指数、沪深300指数、中证800指数。

- 波动中高、过往长期收益高：消费类指数、食品饮料指数、医药生物指数、纳斯达克指数、标普500指数。

不同指数测算表，测算结果如下表所示。（区间：2011—2019Q2，每月初定投，数据来源：Wind）

不同期限定投的盈利概率					
定投期限	1年	2年	3年	4年	5年
沪深300	50.97%	54.89%	76.01%	86.92%	93.51%
中证500	54.11%	56.15%	67.55%	72.63%	71.85%
标普500	90.14%	95.75%	99.50%	100.00%	100.00%

不同期限定投的年化收益率					
定投期限	1年	2年	3年	4年	5年
沪深300	3.62%	3.83%	4.25%	5.05%	3.68%
中证500	3.33%	4.27%	4.95%	5.18%	3.19%
标普500	6.18%	6.10%	5.75%	5.23%	5.09%

上述盈利概率测算以历史数据为依据，仅供参考，不作为收益承诺。

注：定投测算的统计区间为2011/1/1—2019/6/30；扣款方式：月定投，在测算区间内任意一天开始，月对日扣款（如遇非交易日则顺延到最近交易日）；定投收益率=[（sum(每期定投金额/每月扣款日收盘点位）×期末收盘点位)/（sum(每期定投金额×投资期数)）]−1。1年、2年、3年、4年、5年的样本总数分别为：2740、2375、2010、1645、1280；

计算公式：m为样本总数，n为收益率大于0的样本数量，盈利概率=n/m；年化收益率是指所有样本的算数平均。

下表所示为推荐基金，供用户参考。

基金名称	基金简介
融通创业板指数C	科创板的推出，利好科技创新企业。创业板指精选100家新兴行业龙头公司，是当前市场最具成长属性的指数
融通深证100C	深证100指数既涵盖深市价值白马龙头，又囊括深市主要成长股龙头。无论价值行情还是成长行情，深100都具有一定的投资价值
融通人工智能指数（LOF）	全市场第一只跟踪AI指数的基金，是投资科技中的科技——人工智能产业的合适选择

2. 绩优偏股基金

这里所说的偏股基金，主要是指主动管理的股票型基金（80%以上投资股票）、混合基金中的偏股混合基金（通常60%以上投资股票）、灵活配置基金（仓位0~95%，但以股票为主要投资方向）。这些基金整体呈现出较高的风险收益特征，即波动大、预期收益高。

但由于基金公司、基金经理、基金投资风格千差万别，这些基金的业绩也不尽相同。需要投资者关注基金经理的变更情况，最好选择长期在一只基金上耕耘的基金经理管理的基金。

还有一些偏股基金虽然是主动管理，但产品定位于某一类主题或风格，例如定位于消费类、医药类等本身就长期优异的行业，也可以作为一种选择。

3. 选择时还需要注意哪几点

在选择基金的过程中，投资者还需要注意以下几点：

（1）货币基金、债券基金等低波动基金，并不是定投的首选标的。

（2）由于基金定投是一种长期投资行为，份额的持有期通常超过1年，所以建议投资者选择没有销售服务费的A类份额。如果基金是后端收费模式，则建议采用后端收费。

（3）尽量选择已经存在的基金，刚成立新基金如处于建仓期，可能会造成仓位不足或风格不确定的情况。

（4）建议选择开放式基金，不选择定开型或封闭式基金，也不要选择暂停申购或者限制申购和定投的基金，以免造成扣款失败。

	编写		审阅
🔆 融通基金 RONGTONG FUND		🔆 融通基金 RONGTONG FUND	

10.5　基金定投到底投多少钱合适

基金定投是一种分散风险的投资方式，那么在了解了基金定投基本信息后，大家经常问的问题是：

那我每个月（或周）定投多少比较合适呢？

先说答案：量力而行，每个人都不一样。没有唯一正确的定投金额，只有适合自己的定投。

流量资金与定投

我们把钱分为两种。

（1）流量资金：定时定量，比如每个月收到的工资、房东收租得到的房租。

（2）存量资金：不定时不定量，比如奖金、买房子赚的钱等。

这两笔钱的用法不同，流量资金要合理分配，一部分用作日常生活，一部分存起来。存量资金要尽快起到作用，尽早投资或花出去，不耽误效率（记住，在银行存起来也是一种投资方式，只是比起其他投资方式风险小，收益低）。

> 小明每个月工资为1万元，然后有一年公司效益很好，发了20万元奖金，那么1万元就是流量资金，20万元就是存量资金。小明每天的开销，包括吃喝玩乐、房租等都使用的是流量资金，除此以外，小明每个月还剩下一两千元。20万元就是小明可以"挥霍"的资金，比如想犒劳自己一套一直舍不得买的西服，或出国游玩。如小明非常有投资意识，打算做长期投资，这笔存量资金就是小明的本金。

我们建议在保证生活质量的前提下，即吃喝玩乐不耽误的情况下，把剩下的大部分资金做定投（前提是准备够3~6个月花销的资金买货币基金或放在流动性较好的理财中，以备不时之需）。因此这个比例不同人不一样，年轻人比例会低一些，比如刚工作的朋友可能只有流量资金的10%。工作年限多的人可能比例高，达到流量资金的50%

以上。

存量资金与资产配置

再说存量资金，如果有一大笔钱，怎么处理呢？对有一定资金量的人来说，定投不是最好的投资方式，最好的投资方式是资产配置。如小明手头的20万元不是他的全部身家，而只是他资产的一部分。小明打算用20万元做投资本身就是一种资产配置行为，既然是资产配置就需要注意两点：

（1）忽略短期波动，关注长期收益。

（2）尽快让资产做好配置，发挥配置作用和效率。

存量资金可以考虑两种投资方式：

（1）综合考虑个人全部资产的配置（比如房产、其他银行的资产等），做好大类资产均衡配置。例如，债券类资产过高的投资者可以适当增加权益资产；房地产资产过高的客户可以适当增加其他类资产。

（2）大额定投权益资产，减少一次性投入风险。

如下图所示，中国人的家庭资产中，房地产占比过高（超过60%），与资产配置较为均衡的美国人的家庭相比，这种资产配置很不均衡，需要适当增加股票类资产投入。这时，存量资金的大额基金定投指数是一种很好的选择。

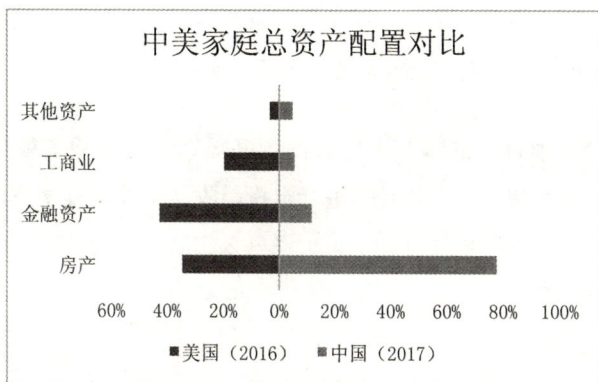

图片来源：广发银行联合西南财经大学，《2018中国城市家庭财富健康报告》

做个总结，资金分两种，流量资金和存量资金，流量资金比如每月收入，建议在保证生活质量条件下，拿出更多做定投，细水长流。存量资金，建议做资产配置或大额定投，尽早起到作用。

南方基金 SOUTHERN ASSET MANAGEMENT 托付南方·成就梦想 WITH US, YOU CAN	编写	南方基金 SOUTHERN ASSET MANAGEMENT 托付南方·成就梦想 WITH US, YOU CAN	审阅

10.6 基金定投扣款频率、金额如何设置

定投的扣款频率多高为宜

一般情况下，基金定投扣款频率可以设置为单周、双周、单月、季度。从直觉上判断，基金定投的扣款频率越高，平滑成本的效果就越好；扣款频率越低，就越接近一次性定投。

但在现实中，大多数人都是每月发一次工资，按周定投与现金流分布不太相符，这里建议投资者首选按月定投。

那在一个月中的哪一天定投比较好呢？我们查阅了很多研究报告，发现在月初、月中和月末进行定投，收益上并没有显著差异，所以投资者只需要把扣款日设定为工资日之后的一两天就可以了，不必纠结是哪一天。

定投的扣款金额多少比较好

没有一个合适的"基准金额"，就无法好好定投。

两个技巧帮你找到这个基准。

1. 固定结余法

定投的钱最好是我们每个月能够结余下来的闲钱。每个人工资和支出不同，月结余也就不同，所以没有一个绝对的、普适的定投金额。

但有一个基本的原则可以参考：在不影响生活质量的前提下，逐步找到适合自己的定投金额。

一开始你可以拿税后收入的15%进行定投，如这个月末你觉得手头还很宽裕，那么下个月就可以将定投金额提高到税后收入的20%，如你感到生活质量受到了影响，那么就可以调低到10%。经过几个月的摸索和调整，最终找到适合自己的定投金额。

当然，我们也可以来个简单的标准：拿月固定收入的10%~20%做定投。如果你税后月薪是8000元，适合的定投金额就是800元至1600元。

2. 目标导向法

比如你计划3年后买一辆10万元左右的代步车，就可以用10万元除以36个月来规划定投金额，那么从现在开始，你每个月大约需要定投2800元。当然，在定投的过程中，基金肯定有涨有跌，但只要坚持下来，有较大概率达到目的，甚至可以买一辆15万元左右的B级车。

另外，现在大多数人都不止一张银行卡，在定投时有人经常忘记定投那张卡上的钱是否足够。如经常出现钱不够的情况，就要考虑调整定投金额，以保证定投的连续性。

定投可以少投，但不要不投，贵在坚持！

3. 动态调整法

最近几年十分流行一种"智能定投法"，通过一定的规则策略，帮助投资者在低位加大投入金额，在高位减少投入金额，从而强化基金定投的收益。对于这种策略，我们会在专门的章节中讲解。

融通基金 RONGTONG FUND	编写	融通基金 RONGTONG FUND	审阅

10.7 定投很久还是亏损，哪儿做错了

基金定投是一个积少成多的过程，这个过程需要时间的累计，毕竟10,000元赚10%胜过1000元赚50%。另一方面，根据之前我们做过的大数据测算：定投时间越长，盈利概率越大。

我们将A股市场代表性指数——上证指数模拟为定投标的，经测算发现，近10年来少于3年的定投，亏损概率超过40%（见下表）。

定投期限	不同期限定投的盈利概率									
	1年	2年	3年	4年	5年	6年	7年	8年	9年	10年
上证指数	47.07%	35.47%	52.56%	63.13%	77.58%	88.25%	89.35%	82.70%	63.41%	100.00%

数据来源：Wind、小基快跑，统计区间：2009/9/1—2019/9/1。扣款方式：月定投，在测算区间内任意一天开始，月对日扣款（如遇非交易日则顺延到最近交易日）；定投收益率=[（sum(每期定投金额/每月月初收盘点位）×期末收盘点位)/（sum(每期定投金额×投资期数）)]-1。

但是盈利概率大不代表一定赚钱，很多人"定投了很久，却仍然亏损"，这是为什么呢？

抛开市场涨跌因素，人为因素更值得我们关注。来看两个例子。

倒在黎明前

定投标的：上证指数

定投起始日期：2007年10月16日

定投结束日期：2014年10月16日

定投时长：7年

收益率：-6.32%

下图中蓝线（右侧下面）代表上证指数的走势，红线（右侧上面）代表定投上证指数收益率的走势。

定投收益（左轴）———上证指数（右轴）

数据来源：Wind。注：选取上证指数2007年10月16日至2014年10月16日的数据测算，假设定投扣款日为每月第1个交易日，在此期间指数平均年化收益率为-12.68%。定投收益率=[（sum(每期定投金额/

每月月初收盘点位）×期末收盘点位)/（sum(每期定投金额×投资期数））]-1。

定投了7年，应该说时间不短，结果却亏损，让人十分痛心。

不过，如果再坚持两个月，到2014年12月16日，定投就能扭亏为盈，收益率提升至20.09%，如下图所示。

再坚持两个月

定投收益

再坚持两个月，
到2014年12月16日，
定投收益率20.09%

上证指数

—— 定投收益　　—— 上证指数（右轴）

数据来源：Wind。注：选取上证指数2007年10月16日至2014年12月16日的数据测算，假设定投扣款日为每月第1个交易日，这期间上证指数平均年化收益率为-9.31%。

这还没结束，如果再坚持6个月，到2015年6月16日，定投收益率提升到90.18%，如下图所示。

因此，定投很久依然亏损的第一个原因是——没再多坚持一段时间，提前终止了定投。

和很多事情一样，努力了很久却没有任何效果，而你放弃的那一刻，在事后看来往往是临界点。

再坚持6个月

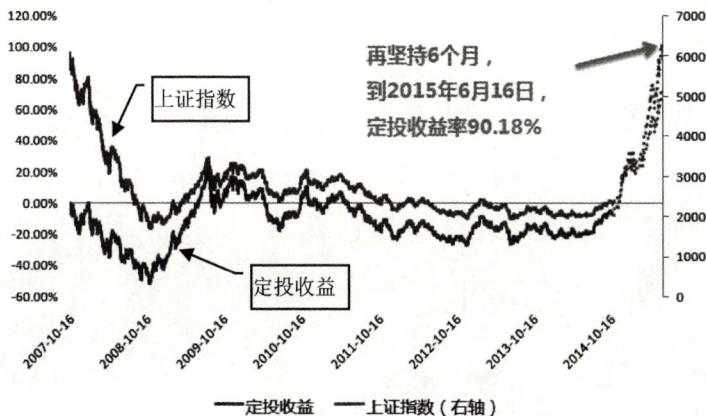

再坚持6个月，到2015年6月16日，定投收益率90.18%

数据来源：Wind。注：选取上证指数2007年10月16日至2015年6月16日的数据测算，假设定投扣款日为每月第1个交易日，这期间指数平均年化收益率为-2.83%。

如前所述，没有只涨不跌或只跌不涨的股市，一轮经济周期、股市周期，通常要经历四五年甚至更久，但只要能坚持住，迎来一波牛市甚至只是一次反弹，都可以帮我们收复城池，迎来曙光。

所以，不要在亏损的时候终止定投，静待风来。

坐了过山车

定投标的：上证指数

定投起始日期：2007年10月16日

定投结束日期：2016年1月28日

定投时长：8年零3个月

收益率：1.55%（见下图）

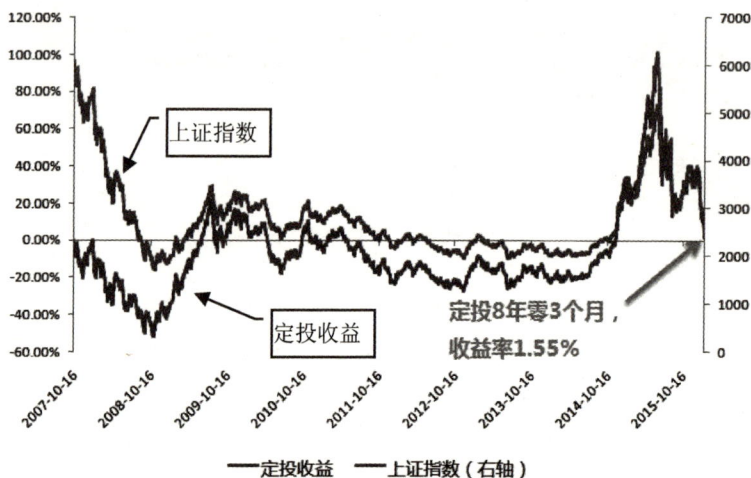

数据来源：Wind。注：选取上证指数2007年10月16日至2016年1月28日数据测算，假设定投扣款日为每月第1个交易日，这期间指数平均年化收益率为-9.53%。

定投了8年零3个月，时间比上一个例子更久，而收益率只有1.55%，如果扣除手续费，实际上是亏损的。

但是，如果少定投两个月，时间倒回2015年11月26日，定投收益率有39.65%，如下图所示。

少定投两个月

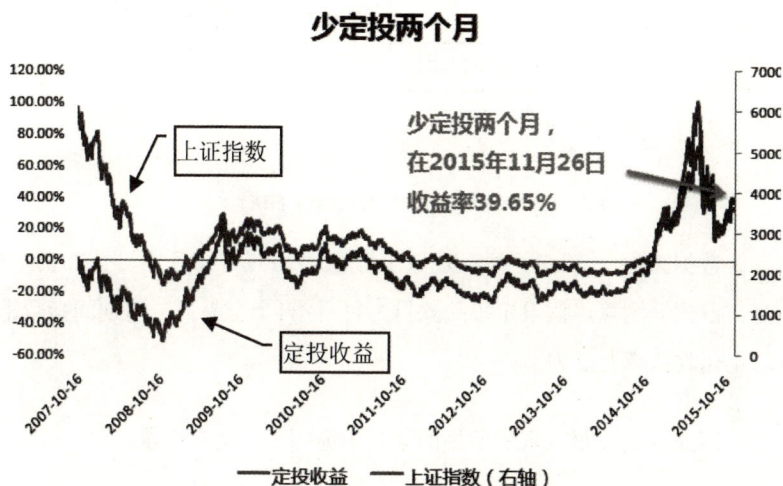

数据来源：Wind。注：选取上证指数2007年10月16日至2015年11月26日数据测算，假设定投扣款日为每月第1个交易日，这期间指数平均年化收益率为-6.16%。

如果再少定投6个月，在2015年5月27日，定投收益率达93.27%（见下图）。

少定投6个月

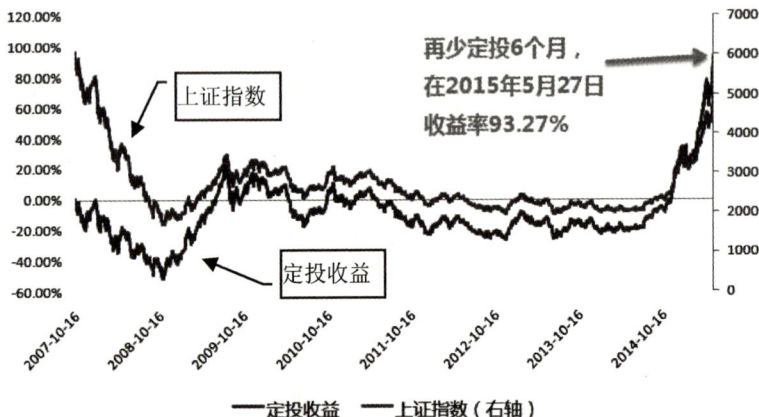

再少定投6个月，
在2015年5月27日
收益率93.27%

上证指数

定投收益

定投收益　　上证指数（右轴）

数据来源：Wind。注：选取上证指数2007年10月16日至2015年5月27日数据测算，假设定投扣款日为每月第1个交易日，这期间指数平均年化收益率为-2.71%。

因此，定投很久依然亏损的第二个原因——没有止盈。

从图中可以看出，随着定投时间的拉长，积累的份额越来越多，定投收益率和股市本身的收益率之间的关联性也会越来越强，这时投资者就要关注自己的定投持仓收益，寻找合适的止盈点。

当有一份不错的收益摆在你面前的时候，一定要适当止盈赎回，并开启一份新的定投重新积累份额。

然而，止盈是一件难事，"见好就收"和人性的贪婪相悖。所以，不要过分相信自己，"定一个具体的收益率目标，达到后即赎回"更具操作性。

定投总结

"定投了很久仍然亏损"确实让人泄气，但定投的投资者不用过于担心。因为细究起来，主要就是前面说的两个原因。

（1）倒在黎明前：没有再多坚持一点，提前终止了定投；

（2）坐了过山车：没有设置止盈点。

只要你能做到在亏损的时候继续坚持定投、设定合理的止盈点并严格执行，时间是定投的好朋友。

🌀 融通基金 RONGTONG FUND	编写	🌀 融通基金 RONGTONG FUND	审阅

10.8　基金定投到底投多久才赚钱

参与定投的投资者经常会遇到这样的问题：

"我觉得定投挺好的，但是定投到底投多久才能赚钱呢？"

"我定投了一年了还没有赚钱，到底靠谱吗？"

很多时候我们作为投资人或金融从业人员，在遇到这类问题时也无法给出准确答案。我们能精准地预测未来市场走势吗？几乎不可能，更不要说预测何时开始赚钱，赚多少钱，但无法预测是否说明我们专业素养不够？或者能力不足吗？

肯定也不是，问题在于提出这样的问题，本身有一些假设观点是需要改变的。很多人觉得市场是确定的，可以预估的，事实上短期市场是不确定的，但大趋势是可以判断的，确切时间点不能确定，但存在长期规律。

估值钟摆

我们应该这样看待这个问题：

市场就像一个钟摆。如果摆动从最高点开始，一定先往一个方向波动，然后达到最低位置继续向前，但是速度越来越慢，直到达到另一端最高位置，再返回摆动，周而复始。钟摆摆动的这样一个来回，我们称为周期。市场就呈周期变化，假设右边是估值顶部，到达了估值顶部，那么一段时间后一定会有趋势向另一个方向变动（估值底部），直到达到了估值底部区域（见下图）。因此，如果我们知道处于估值底部，则应该进行投资，到了估值顶部就应该将投资收回获利。

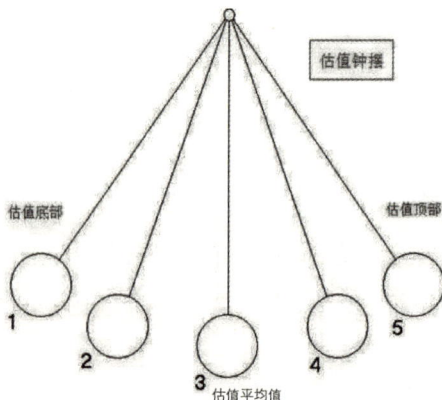

那么问题来了，市场虽然像钟摆，但我们也不能确定1和5的确切位置，我们怎么知道某一时刻一定是绝对底部或者绝对顶部呢？比如图中2、4的位置，他们既可能往右摆动又可能往左摆动。一个保险的方法是在2的位置，无论钟摆往左往右，都可以做投资，因为它低于评价估值，这里的投资可以帮助客户降低成本。如果继续探底，到了接近1的位置，则更应该投资，在3的位置因为是估值平均值，那么也可以投资。等待估值变化到4~5的位置，无论往左往右，都可以考虑将之前的投资收回，落袋为安。

这种在每个时点都投资的方式就是定投。奥妙就是如果估值比较低，不需要弄清楚当前在哪个位置一直投就行，等到估值较高的时候考虑卖出即可。

钟摆一圈摆多久

所以定投多久会赚钱，就要看这个钟摆多长时间摆一圈了

我们先看看美国，大家可能很"羡慕"美国的股市上涨周期，我们看美国CPI及标普500指数（见下图），可以更好地看出经济与股市的关系，CPI高涨可能对应资产价格高涨。绿线（图中竖线）之间的间隔从20世纪90年代初期开始依次约为：10年、7年、4年、7年。

美国CPI与标普500指数

数据来源：Wind   时间：1990/01—2019/06

标普500 月　　美国CPI 当月同比

可能大家会问，为什么有个4年在里面，而不去深究具体原因呢？简单来说，我们讲经济周期时其实不是一种周期，是各种周期的叠加，因此会有大周期包含小周期，再包含更小的周期，在这种共同力的作用下，经济周期会出现不规则的情况，比如4年，但对投资来说可能多样的经济周期会蕴含更多的机会，如下图所示。

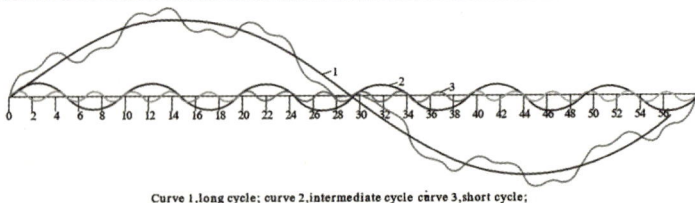

图1：熊彼特三周期嵌套的原型

Curve 1,long cycle; curve 2,intermediate cycle curve 3,short cycle;

资料来源：Joseph A. Schumpeter: Business Cycles-A Theoretical, Historical and Statistical Analysis of the Capitalist Process, 1939.P211

回到钟摆问题，钟摆摆一圈需要多长时间呢？

我们回到中国市场，以1998年以来上证指数的收盘价和估值（收益率TTM）来看，3根竖线作为市场相对高点，那么我们看到2001年7月左右是一个高峰，2007年10月左右是一个高峰，2015年6月左右是一个高峰，前两个高峰之间相隔6年零3个月，后两个高峰间隔相差7年零8个月。所以从近二十年中国股市来看，差不多6到9年有一个周期（见下图）。

上证综指收盘价及市盈率（TTM）
数据来源：Wind 时间：1998/01/05—2019/07/24

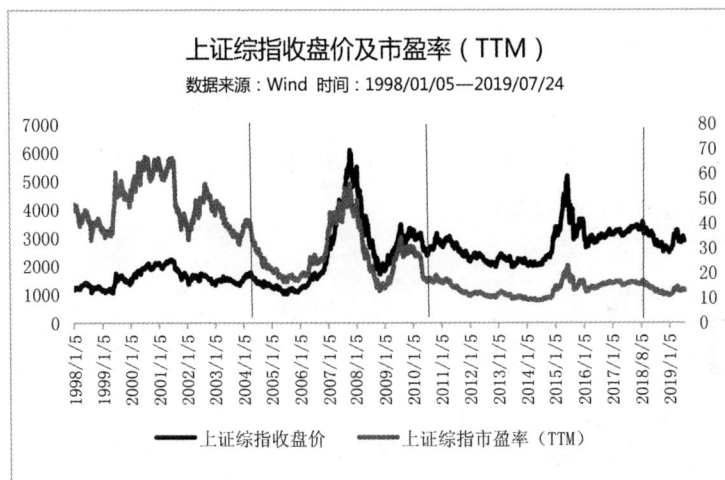

所以我们参与定投时，要坚持长期投资的理念，在下个牛市之前积累足够多的份额，到时候才能收获满满。

南方基金 托付南方·成就梦想 WITH US，YOU CAN	编写	南方基金 托付南方·成就梦想 WITH US，YOU CAN	审阅

10.9　为什么基金定投止盈很重要，应该如何止盈

惨痛的教训

以上证指数月定投模拟如下。

定投起始日期：2007年10月16日（假设这位投资者不幸在6124点最高点进入市场）

定投结束日期：2016年1月28日（假设这位投资者当前正处于2016年熔断后的低点2638点）

定投时长：8年零3个月

收益率：1.55%（见下图）

从图中可以看出，虽然这位投资者不够幸运，从2007年6124点进场，经历了千辛万苦，最后到了2016年熔断后的最低点2638点，虽然上证指数暴跌了57%，但这份定投至少还是正收益：1.55%。

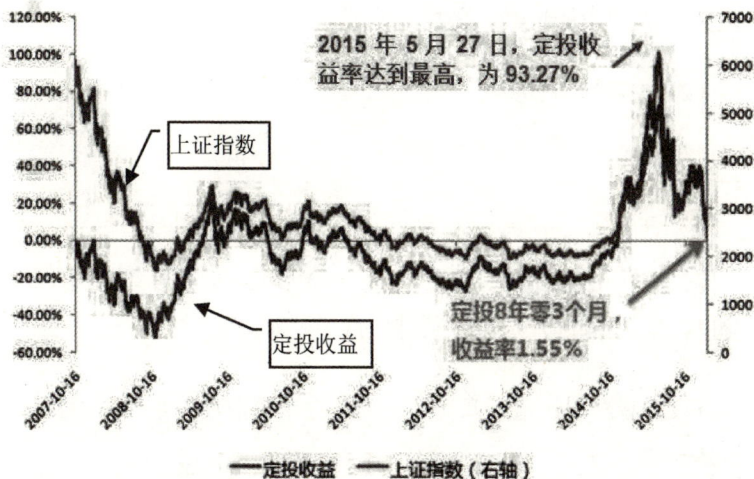

图中文字：

2015 年 5 月 27 日，定投收益率达到最高，为93.27%

上证指数

定投收益

定投8年零3个月，收益率1.55%

—定投收益　—上证指数（右轴）

数据来源：Wind。注：选取上证指数2007年10月16日至2015年5月27日数据测算，假设定投扣款日为每月第1个交易日，这期间指数平均年化收益率为-2.71%；选取上证指数2007年10月16日至2016年1月28日数据测算，假设定投扣款日为每月第1个交易日，这期间指数平均年化收益率为-9.53%。

然而这份定投最高收益率曾到93.27%（2015年5月27日）。

也就是说，在2015年5月27日结束本轮定投并赎回的话，收益率将由1.55%提升至93.27%。早8个月止盈，定投收益率增加近92个百分点。

从这里开始，它决定你赚多赚少；止盈需面对，无论你定投多久，总有赎回的那一天。

这一节说一说定投如何止盈。其实就是解决两个问题：

（1）何时考虑止盈？

（2）收益达到多少时止盈？

何时考虑止盈

定投前期无须止盈，因为投入的本金不多，即使收益率高，绝对收益也有限。毕竟1万元赚10%，胜过1千元赚90%。

有投资者会问：道理我明白，但是这个"前期"是多久？3年、5年还是8年？

我们换个角度来思考。

定投作为一种投资方式，核心优势是"分批投资，均摊成本"，定投的每一次扣款对整个定投成本都有影响。但随着定投时间拉长、定投次数增加，单次扣款对整体成本的影响越来越小（边际效应递减）。

以最常见的月定投举例（按月扣款）：

如果已定投了5个月，那么下一笔定投扣款对定投总成本影响（边际影响）是20%；

如果已定投了20个月，单次定投扣款的边际影响就是5%；

如果已定投了200个月，单次定投扣款边际影响只有0.5%。

即已定投了5次，那么下一笔定投扣款会让你的定投总成本增加20%；如果已定投了50次，单次定投扣款只会让你的定投总成本增加2%。而2%，基金净值一天的波动就可能覆盖，这时就要考虑止盈。换句话说，这时基金定投的收益率和股市本身的收益率之间相关性越来越大，波动自然也加大了。

如果遇到市场持续下跌，定投基金的净值几天之内就可能下跌10%，对定投的整体收益影响较大。

所以，在市场未发生剧烈波动的前提下，当你的定投扣款累计50次后，就可以关注定投的收益率了。

收益率达到多少止盈

网上有很多定投止盈法，常见的有4种。

- 指数参考法：用指数的涨幅、点位、估值（市盈率、市净率）等作为参考指标；

- 技术指标法：看指数的K线形态判断卖点；

- 市场情绪法：从换手率，新基金发行量，股票开户数、融资余额、周围人谈论股市的频繁程度等判断市场是否过热；

- 目标收益法：定一个目标收益率或目标金额，达到后止盈。

哪种方法最好？

我们认为，定投止盈没有必胜良策，找一种适合自己并坚决执行，就是最好的。对于大多数人，以下这个简单明了的方法可能更易于执行。

目标收益率止盈！

这个方法的关键点在于——目标收益率定多少？

定得过低，容易达到，但收益有限；定得过高，难以达到，失去止盈的意义。

为让这个方法更具操作性，说一说我们的定投止盈点：

目标收益率＝定投年限×（1年期全市场人民币理财产品预期收益率＋年通胀率）

假设当前1年期全市场人民币理财产品预期收益率约为4%，年通胀率约为3%。

如果定投了5年，那止盈率就设为35%，即35%=5×（4%+3%）；如果定投6年就是42%；如果定投8年就是56%；以此类推。

之所以采用这个目标收益率，是因为定投不是让投资者"一夜暴富"的投资方式，战胜通胀、跑赢1年期全市场人民币理财产品预期收益率是更现实的目标。而这个公式，已经充分考虑了通胀率、理财产品收益率。

需要强调的是，我们的定投止盈点仅供参考，具体定多少还取决于个人。投资者应根据自身风险承受能力和期望收益审慎决策，并独立承担投资风险。

止盈后怎么办

一旦定投收益达到目标，投资者便可以顺势将所有的份额赎回，落袋为安。那么接下来这笔钱应该怎么办呢？

相信这时候你已经被定投的魅力所征服，那就重新开启一份定投吧！

不要管指数处于短期的高点低点，也不需要听专家预测，你只需重新开启一份定投去积累份额，下一次成功就一定会到来。

之所以这么做，最重要的原因是，在上一次定投中你已经投入了很多资金，积累了很多的份额，资产的波动性开始加大。当股市来到阶段性高点，利润落袋为安之后重新定投，让份额再一点一点积累，相当于在高点进行了减仓操作。而新的定投计划，在这个时候是不惧怕波动的，何乐而不为呢！

定投止盈技巧总结

（1）定投扣款累计50次后，就要考虑止盈。

（2）目标收益率是简单、易行的止盈方法。

（3）目标达到后，可赎回止盈。定投扣款仍可继续，从下一个周期开始。

基金定投，贵在坚持，难在止盈。

| 融通基金 RONGTONG FUND | 编写 | 融通基金 RONGTONG FUND | 审阅 |

10.10　什么是智能定投

智能定投分析

假设每个月定投600元，开始3个月遇到市场大跌，基金净值由1.5元跌至1元、0.5元，最后又回到1元。

在这个过程中，普通定投的总投入金额是600×3=1800元，而期末的资产价值是2200元，收益率为22.22%，如下表所示。

	基金净值/元	普通定投/元	累计份额/份
第一期	1.5	600	400
第二期	1	600	1000
第三期	0.5	600	2200
期末净值	1	期末资产价值	2200元
		期末收益率	22.22%

如投资者在基金净值下跌过程中，每期增加300元投资，那么总投入是600+900+1200=2700元，而期末的资产价值是3700元，收益率为37.04%，如下表所示。

	基金净值/元	加大定投/元	累计份额/份
第一期	1.5	600	400
第二期	1	900	1300
第三期	0.5	1200	3700
期末净值	1	期末资产价值	3700元
		期末收益率	37.04%

不难看出，通过在基金下跌过程中，不断加大定投金额，随着市场反弹，最终可以有效提升基金定投的绝对收益，还可以大大提升整体收益率。

这就是定投增强收益的核心思想：在低位时进一步加大投资力度，获取更多份额，在高位时减少投资力度，避免抬高成本。

对于动手能力强的小伙伴，可以在市场下跌的过程，主动增加定投金额。但随着时代的进步，各种"智能定投策略"纷纷出炉，投资者可以在参加定投时设置你想要的策略，系统会自动帮你实现。

如果说普通定投的效果是"1000点不恐惧，5000点不贪婪"，那智能定投就是"1000点贪婪，5000点恐惧"。

智能定投的常见策略

1. 估值区间法

根据股票指数历史市盈率的变动区间，判断目前市场PE是相对高估还是低估，从而指导进行较低金额还是较高金额的定投。如果当前指数估值处在历史较低百分位，则加大定投金额，处于的百分位位置越低，力度越大，反之则减少定投金额。

从中长期看，在市场高估时减少定投金额，在市场低估时提高定投金额，能够有效提升投资收益。

尤其是利用股票指数基金进行定投时，通过指数的市盈率或市净率来辅助判断，是非常直接、有效的投资方法。

以定投沪深300指数基金为例，我们可以设计如下表所示的法则。

市盈率区间	定投金额
90%~100%	降低90%
60%~90%	降低50%
40%~60%	标准金额
10%~40%	增加50%
0~10%	增加100%

2. 均线偏离法

和股票走势类似，基金净值的走势中长期来看也有回归均线的特征。投资者可以在净值偏离均线较大时，相应地调整定投金额：在股价大幅高于均线时，减少定投金额，偏离度越大，减少的越多；在股价大幅低于均线时，增加定投金额，偏离度越大，增加得越多。

3. 平均成本法

投资者如果在能够降低平均成本的时候多投，在不降低平均成本的时候少投，就可以降低投资成本。具体方法是：计算投资者历次定投基金的平均成本，在基金净值低于平均成本时提升定投金额，向下拉低总成本，在基金净值高于平均成本时降低定投金额，减缓总成本的抬升。

比如当基金最新净值低于平均成本5%时，扣款金额提高50%；最新净值高于平均成本5%时，扣款金额减少50%。

智能定投的逻辑

智能定投的逻辑是相信基金虽然净值会经历一定的波动，但长期来看一定会回归内在价值，并震荡向上。在这一前提下，"低位多买，高位少买"可以帮助我们增加收益。从中国股票型基金的历史来看，是可以做到这一点的，即便是波动较大的沪深300指数，过往的长期收益也是不错的。

如果投资者觉得选择绩优的主动管理基金难度较大，不妨选择股票指数基金，效果也相当不错。

融通基金 RONGTONG FUND	编写	融通基金 RONGTONG FUND	审阅

第**11**章
看懂基金的信息披露

11.1　公募基金的各种报告都何时披露

公募基金公告分为三种，一是发行公告，包括基金合同、招募说明书及更新的定期情况；二是临时公告，包括申赎情况、人员变动等；三是定期报告，包括季报、半年报和年报。其中定期报告是基金成立后投资者最为关注的内容，因为它们会对基金的具体投资运作情况进行披露。根据监管要求，基金的季报、半年报和年报披露的时间各不相同、信息详尽程度也各不相同，通常季报最简略，半年报和年报更加详细。

定期报告披露的时间有何不同

定期报告的披露时间如下表所示。

定期报告类型	披露时间	数量
季报	1月、4月、7月、10月当月20日左右披露上个季度的季报	每年4份
半年报	8月底披露上半年报，不再披露下半年半年报	每年1份
年报	次年3月底披露上年年报	每年1份

通常情况下，季报的披露最为及时，每个季度结束后的次月20日左右就会进行披露；而半年报要到8月底才披露，此时距离上半年已经过去了近2个月；而基金年报会在次年的3月底进行披露，这时候距离年底已经过去了3个月。

季报虽然披露较快，但内容相对简略；而半年报和年报披露较慢，但内容会更加详细。

定期报告披露的内容有何不同

季报、半年报和年报分别披露什么内容，监管部门都有相应的指引和模板，具体有哪些不同呢，如下表所示。

报告类型	基本信息	基金经理情况	净值表现	合规说明	未来展望	运作说明
年报	基金简介（详细）	有	三个月、六个月、一年、三年、五年、自基金合同生效起至今	有	有	有
半年报	基金简介（详细）	有	一个月、三个月、六个月、一年、三年、自基金合同生效起至今	有	有	有
季报	产品概况（简要）	有	本报告期	有	无	有

投资组合情况如下表所示。

报告类型	资产组合情况	股票行业分类	股票持仓	股票重大变动	债券品种分类	债券持仓
年报	有	有	全部持仓	有	有	前五大
半年报	有	有	全部持仓	有	有	前五大
季报	有	有	前十大	无	有	前五大

其他重要信息如下表所示。

报告类型	份额变动	持有人情况	财务数据	财务会计报告	收益分配	审计报告
年报	有	户数、户均份额、机构占比	三个会计年度的主要会计数据和财务指标（详细）	经审计的年度会计报表及附注。	过往三年每年的基金收益分配情况	有
半年报	有	户数、户均份额、机构占比	至少应披露本报告期的主要会计数据和财务指标	半年度会计报表及附注	无	无
季报	有	无	至少应列示本报告期的主要会计数据和财务指标	无	无	无

除以上的其他信息

1. 运作说明

基金的运作情况中，最为重要的是基金经理对于过去的运作说明和未来的投资展望，不过这部分内容有的基金经理写得比较枯燥和模板化，有的基金经理则写得非常认真易读。比如博时信用的基金经理过均，他不仅业绩斐然，运作报告也写得饶有趣味，非常值得一读。

"回顾2019年上半年市场走势，转债和权益市场的表现远超市场想象，而利率债市场的表现符合我们判断，低于市场预

357

期，信用债市场违约继续发生，范围有所扩大。国际市场上，美国发动贸易战对世界经济增长形成压力，欧美各国债券收益率在经济前景走弱的背景下大幅回落，一些国家已经开始重新降息。而在中国，尽管面临美国进一步的贸易战威胁，经济政策仍维持谨慎基调，更多的利用减税降费、结构改革、打破刚兑等措施，而非大面积放水和刺激房地产市场，来应对不确定的外部环境。资本市场对此显然表示赞许的态度，年初一致预期又一次证明了是错误的：上半年权益市场出现较大涨幅，转债市场也同时走出了亮丽的表现；利率债和高等级信用债收益率在经历年初小幅下行后即回升，并未如预期般下破历史新低；低等级信用债利差则继续扩大。'不畏浮云遮望眼'，短期的小波折改变不了历史的大趋势，坚持走正确的路，今年可能就是中国经济的一个历史的转折点。"

——摘自博时信用债基金，2019年半年报

2. 重要持仓

对于投资者最为关注的股票持仓问题，基金的季度报告只披露前十大持仓股，而半年报和年报都会披露全部持仓，只不过时间比较滞后；对于债券持仓问题，基金的几类定期报告都只披露前五大持仓，但是对于处于转股期的可转债持仓，则需要全部披露。

3. 份额、户数、机构占比等

基金的份额变动情况、户数、机构投资者比例等信息也非常重要。份额大小决定了基金运作的稳定性，份额太小容易清盘，份额太

大常尾大不掉，份额申购赎回情况则代表投资者资金的流入流出情况。而机构投资者占比也提供了很多有用的信息，如机构投资者占比很大，说明基金比较受投资者欢迎，对散户投资者也是一种指引；如机构投资者占比超过90%且户数恰好刚过200人，则很有可能是机构定制产品，散户投资者需要规避这类产品。而基金的户数从另一方面也说明了基金的受欢迎程度，在相同规模的情况下，基金公司希望户数越多越好，毕竟投资者越分散，集中申赎造成的冲击就越小。

腾安研究	编写	博时基金 BOSERA FUNDS	审阅

11.2　买基金前，一定要关注合同中哪些部分

毫无疑问，公募基金是所有资管产品中信息披露机制最完善，投资运作最透明的。阅读基金的募集说明书、基金合同等，是投资者了解产品相关信息的重要途径，那么对于动辄十几页的基金公告，普通投资者应从哪里下手，如何迅速抓住关键之处呢？

招募说明书和基金合同的异同

招募说明书与基金合同十分类似，二者都披露了基金相关的大部分信息，但又有所不同。基金合同更多的是依照相关的法律、法规订立的，供投资人审阅的法律文件，投资者购买了基金相当于认可了基金合同中的内容。而招募说明书一般是供管理人说明投资事项、销售情况的文件，供投资人做投资决策参考或基金公司产品推介使用，区别如下表所示。

	基金合同	基金招募说明书
基本相同或比较相似	管理人、托管人的名称和住所	管理人和托管人的基本情况
	基金运作方式，投资组合比例投资方向和投资限制	投资目标、投资范围、投资策略、业绩比较基准、投资限制
	管理费、托管费标准与提取、支付方式其他费用的标准与提取、支付方式	管理人、托管人的报酬及其他费用的费率水平与收取方式
	净值计算方法和公告方式	基金资产的估值
作用不同	法律凭证（合同）	让投资者了解管理人基本情况，说明基金募集事宜，指导投资者认购基金份额的规范文件（说明书）
发售的确定性不同	确定份额发售日期、价格和费用的原则，以及募集失败的处理方式	募集申请的核准文件名称和核准日期发售方式、发售机构及登记机构名称发售日期、价格、费用和期限
发售和交易	发售、交易、申赎程序、时间、地点、费用计算方式以及给付赎回款项的时间和方式	申赎场所、时间、程序、数额和价格，拒绝或暂停接受申赎或延缓支付、巨额赎回的安排等
其他不同	募集基金目的和基金名称；持有人、管理人和托管人的权利和义务	认/申购费、赎回费、转换费的费率水平、计算公式、收取方式
	持有人大会召集、议事及表决的程序和规则	出具法律意见书的律师事务所和审计基金财产的会计师事务所的名称和住所
	合同解除和终止的事由、程序以及财产清算方式	风险警示内容
	争议解决方式	招募说明书摘要
	封闭式基金份额总额和期限，开放式基金最低募集份额	基金合同摘要
	收益分配原则、执行方式	托管协议摘要

投资者要关注哪7个要素

在一些关键信息上，招募说明书和合同二者基本上是一致的。以招募说明书为例，投资者打开这份数万字的文件，只需抓住其中7个要素，就可以掌握其中的重要信息（见下表）。

7大要点	所在章节
投资目标、投资范围、投资策略、业绩比较标准、投资限制	"基金的投资"
费用中的申购费、认购费、赎回费	"基金的募集"和"申购与赎回"章节
费用中的管理费、托管费、信息披露费等其他费用	"基金的费用与税收"章节
分红规定	"收益分配"章节
风险提示	"风险提示"章节

1. 投资目标

明确基金的投资目标是长期资本增值收益，还是稳定的现金红利分配。一般主动型基金都会写严控风险、稳健增值等词语，这是通用语言，而实际投资中基金的波动和基金经理的投资风格密切相关。被动型基金主要目标就是跟踪指数。

2. 投资范围

这是里面最重要的部分。主要对基金可以投资的标的进行了说明，如基金投资范围、不同标的的投资比例。这一部分基本是按照基金的类型来定的，比如股票型基金，就会写股票投资比例不得低于80%；混合型基金，就会对股票和债券的比例进行不同的配比。

随着基金类型、策略、主题越来越多，在投资范围上也越来越有特色。根据《证券投资基金运作管理办法》的有关规定，如果基金的名称中表明了投资方向，则非现金基金资产中属于投资方向确定内容的比例不得低于80%。例如行业基金，如果基金名称中带有"医药""消费"等行业的字眼，那么在投资范围中就必须写明"其中投资于本基金界定的某行业内股票不低于非现金资产的80%"。

3. 投资策略

投资目标的具体化，描述基金将如何选择股票、债券以及其他金融工具。

4. 业绩比较标准

这里的业绩比较基准并不是承诺或预期收益，而是对基金风险的一个度量。比如股票型基金就经常写"95%的沪深300指数＋5%的银行存款利率"（因为基金投资有5%的现金比例要求），混合型基金就写"沪深300指数收益率×50%+上证国债指数收益率×50%"。

5. 投资限制

主要是为了控制基金投资风险而做出的一些限制，比如双十限制、债券评级限制等。

6. 风险提示

这是招募说明书中最重要的部分。国内的基金一般从市场风险、信用风险、流动性风险、管理风险等方面进行描述。基金产品风险必须明确细分，让投资者投资时充分匹配自身风险承受能力。这一部分虽然枯燥，但建议投资者认真读一读，读懂之后再做投资。

7. 费用

主要有申购费、认购费、赎回费、管理费和托管费。这些费用信息在招募说明书中有详细说明，以便投资者比较各基金的费用水平。

招募说明书在基金成立后每半年更新一次，如高管信息变动、代销机构变动等。而基金合同的修改则比较严肃，有时还需要召开持有人大会表决，如因为法律法规的变化、基金转型，以及费率调整等影响持有人利益的事项。如果是封闭式或者定开式基金，还需要注意招募说明书中对于封闭期和开放期的规定。

博时基金 BOSERA FUNDS	编写	博时基金 BOSERA FUNDS	审阅

11.3 股票停牌期间，基金估值调整时有投资机会吗

股票停牌时，基金如何估值

2015年6月开始，A股市场出现连续下跌，很多上市公司为了躲避下跌而停牌，以至于A股出现"千股停牌"的壮观情景。我们知道，对于持有的停牌股票，基金一般是按照停牌前的收盘价格进行估值。但在这种时候，如果很多停牌股复牌的话，补跌的程度可能会远超上

证指数的下跌幅度（约40%），也就是说，在下跌期间基金净值是处于高估状态的，如果先赎回基金的人按照股票停牌前的基金净值（对应当时的高股价）成功赎回，这对没有及时赎回基金的投资者是极其不公平的。

不过，好在监管早早地就发现了这个漏洞。2008年9月，证监会发布了《关于进一步规范证券投资基金估值业务的指导意见》，先后由中国证券业协会（简称SAC）基金估值工作小组和后来成立的中国证券投资基金业协会（简称AMAC），研究并提出了4种对停牌股的估值方法进行估值，分别是指数收益法、可比公司法、市场价格模型法和估值模型法。其中，指数收益法在基金对停牌股的估值中使用最广泛。

1. 指数收益法

指数收益法，简单来说就是用停牌股所在行业的指数涨跌幅来替代停牌股票的涨跌幅。如某银行股在暴跌期间停牌了，这时银行业指数跌了20%，那么我们就按下跌幅度20%给这个银行重新估值。

但是，哪怕同样是银行业指数，因为编制方法的差异也有可能涨跌幅并不完全一致，那应该选用哪个指数呢？

中国证券业协会曾经联合中证指数公司推出SAC行业指数。2012年，中国证券投资基金业协会成立，SAC行业指数由AMAC行业指数取代。所以，现在基金公司使用指数收益法估值时主要参考的就是AMAC行业指数。

指数收益法的优点是估值方法相对公允，同一个行业有近似的属性，能反映市场变化和行业变化。而且操作上比较简单，有公开数据，容易表述，有利于剔除系统风险对个股的影响。缺点是像银行这样业务单一，不同上市公司之间的差异比较小，指数代表性比较强，但很多上市公司业务并不单一，跨行业混业经营的情况普遍存在，行业指数不能完全反映每个公司的情况，公司本身的风险可能无法反映出来。

2. 可比公司法

可比公司法就是找出与停牌股票可比的其他取得合理市场价格的公司。所谓"可比"，主要是指行业、地区、主营业务、公司规模、财务结构等方面具有相似性。

可比公司法的优点是估值方法相对公允，估值相似性高。缺点是有些股票可能找不到相应的可比公司，或找到的可比公司与停牌股票有各种不同之处，需要采取各种参数修正，涉及主观因素多，计算较复杂。

3. 市场价格模型法

市场价格模型法的原理是利用历史上股票价格和市场指数的相关性，根据指数的变动近似推断出股票价格的变动。

市场价格模型法的优点：与指数收益法相比，该方法考虑了上市公司过去自身的特点。

市场价格模型法的缺点：Beta值计算期间的选择不好确定。仅考虑了停牌前的特点，对停牌期间公司的变化没有很好地反映。

4. 估值模型法

可供参考的估值模型包括以下几种。

模型一：CAPM（资本资产定价模型）。

该估值模型偏重于理论研究，在实际应用中有很大的争议性，有很多研究也表示对CAPM正确性的质疑，但是这个模型在投资界仍然被广泛地利用。只是现在基金公司比较少采用。

模型二：DCF（现金流折现法）。

意为现金流折现估值，是通过企业未来的自由现金流折算出企业的目前价值。该估值模型所依据的参数确定涉及的主观判断较高，因此不同公司的结果可能差异较大，因此不倾向于单独使用，可作为辅助参考。

模型三：Earnings Multiple（市盈率法）。

该估值模型与市场的实际情况结合较为紧密，结果较有说服力，所用参数涉及主观判断程度较少，有利于达成一致意见。

在一些上市公司遇到黑天鹅事件停牌时，通常采用特殊估值模型法来估值。

基金停牌股套利是怎么回事

如果某基金的重仓股停牌，基金公司使用指数收益法对其进行估值，而在停牌期间，该重仓股出现了重大利好，预期该利好可以使复牌后股价出现远远超越指数的涨幅，那么就能通过申购基金的方式间接持有该股票，从而分享股票复牌后的上涨收益。当然，如果是重大利空消息，则这类基金就存在资产高估的可能性，最好及时赎回离场。

实际操作中，有以下几点要注意：

（1）停牌股票市值占基金净值比例越高越有意义。

（2）停牌股票使用何种估值方法，要看基金关于停牌股估值的临时公告，一般使用指数收益法估值时效果最好，因为相关计算较为透明。

（3）基金规模越大效果越好。当有套利资金涌进来时，如果基金规模很小，很可能将持仓比例稀释掉，效果就大打折扣。对于基金规模，可以参见最新的基金定期报告，不过该信息有所滞后。如果是场内交易的基金，可以通过查询场内份额来判断，信息比较及时。

（4）基金的申赎限制情况如何。有的基金公司为了维护持有人利益，会对基金进行限制大额申购甚至完全限购。投资者要时刻关注基金申赎调整的临时公告。

（5）关注申购赎回费，尤其是赎回费。基金短期进出的成本都比较高，7天以内赎回还要收取惩罚性赎回费。所以投资者在进行投资时，要计算好持有周期及其对应的申赎费率。在有C类份额的情况下，尽量选择C类份额。

腾安研究	编写	![广发基金管理有限公司 GF FUND MANAGEMENT CO.,LTD.]	审阅

11.4 什么是公募基金的"双十"限制

什么是双十限制

"双十限制"的具体内容如下：

（1）一只公募基金持有一家公司发行的证券，其市值不得超过基金资产净值的10%。

（2）同一基金管理人管理的全部基金持有一家公司发行的证券，不得超过该证券的10%。

这个规定的意图很明显，一是为了防止公募基金持仓过高对股价造成重大影响，二是为了防止公募基金过度集中持股，造成自身风险的增大。这虽然看起来是个限制，但同时也是对公募基金及其持有人的保护。

不过这个规定还有一点小瑕疵，那就是第（2）条中规定的是不能超过证券总规模的10%，可在A股市场中，有非常多的股票是只有部分流通的，各种限售股的比例非常大。那么即使一家基金公司对某只股票的持股比例不超过总股本的10%，也很有可能会持有非常大比例的流通股，从而对股价产生重大影响。于是又有了新的补丁。

双十限制还有哪些"补丁"

2017年10月1日开始执行的《公开募集开放式证券投资基金流动性风险管理规定》，将投资比例再度限制为单只开放式基金主动投资于流动性受限资产的市值合计不得超过该基金资产净值的15%，同一基金管理人管理的全部开放式基金持有一家上市公司发行的可流通股票，不得超过该上市公司可流通股票的15%；同一基金管理人管理的全部投资组合持有一家上市公司发行的可流通股票，不得超过该上市公司可流通股票的30%。

这几条规定，大大限制了基金公司、基金产品在某只股票上的集中持仓行为，有助于化解基金投资的流动性风险。

哪些基金不受双十限制

当然，"双十"规定目前主要是针对公募基金，而对基金专户和其他私募性质的资管产品，并无此硬性规定，一般是基金公司自己设置风控标准。所以我们会看到有一些专户产品，比如以参与上市公司定增为策略的基金专户，常常只持有一只股票，这就是它们比公募基金灵活的地方。

不过在公募基金中，有一种基金可以不受"双十规定"的限制，那就是指数基金。因为指数基金主要是被动投资，它的任务是跟踪指数，所以不大可能存在操纵股价、内幕交易等主动行为，所以可以豁免。当然，市面上大部分指数成份股都包括几十上百只证券，那么每一只证券的持仓自然就在 10%以下，偶然也有例外，比如中证保险指数，因为上市的保险公司比较少，那么在编制指数的时候，这几只股票的权重就非常大，超过10%甚至达到20%，另外再加进来一些参股保险公司的银行股票。所以我们看到个别指数基金的前十大重仓股，几只保险公司股票的持仓均超过了10%。

腾安研究	编写	景顺长城 Invesco Great Wall	审阅

第 **12** 章
基金投资技巧

12.1 牛市中，什么样的基金进攻性最强

进攻定律一：股票配置比例越高进攻性越强

何为牛市？股指大涨，A股大部分公司股票飘红！

基于此，谁持有的股票筹码越多、股票配置比例越高，自然进攻性就越强，获得高收益的可能性就越高。

翻开《公开募集证券投资基金运作管理办法》第4章，能够清晰地看到，股票型基金明确80%以上基金资产投资股票；债券型基金则80%以上基金资产投向债券；货币市场基金则主投货币市场；混合型基金则股、债、货币市场都参与，仓位更加灵活多变。

这么说，股票型基金进攻性最强。从过去5次牛市数据来观察，股票型基金收益率表现确实也是最好的！

过去5次牛市中各类型基金业绩表现如下表所示。

	2019上半年	2014年	2009年	2007年	2016年
上证指数	19.45%	52.87%	79.98%	96.66%	130.43%
股票型基金	25.28%	20.22%	82.46%	148.48%	122.98%
混合型基金	25.25%	26.06%	71.52%	132.39%	133.80%
债券型基金	2.33%	17.79%	4.58%	20.03%	12.97%
货币型基金	1.26%	4.52%	1.41%	3.31%	1.87%

数据来源：中国银河证券基金研究中心；数据截至2019/06/30

从表中可以看出，混合型基金收益并不比股票型基金差，为

什么？

事实上，混合型基金中有很多产品是混合偏股型基金，股票配置比例一般在60%以上，并不比股票型基金低多少，还有一些灵活配置型基金，最仓仓位可到95%，在收益的进攻性上自然也不差；同时，混合型基金的股票配置比例可根据市场情况灵活改变，当牛市来临时，提高股票仓位比例，收益自然比较显著，有甚者还能"弯道超车"，跑赢股票型基金。

另外不得不提的是，由于股票指数基金以跟踪指数走势为目标，通常是接近100%满仓运作，所以它们在牛市中的进攻性也是最强的。

所以说，牛市来临时，股票型基金或者混合偏股型基金都是值得配置的进攻性品种。

进攻定律二：抓住了牛市的主线进攻性越强

牛市里，同类型的股票型基金、偏股型基金业绩总是天差地别。有的显著领先，有的同类保持均值水准，有的不尽如人意，还有甚者做成负业绩！

抛开基金管理者个人决策能力问题不谈，就牛市本身而言，你会发现，以往那种系统性的牛市、全线普涨的局面越来越难见到，也就是说"闭着眼睛随便买只股票就能涨"的岁月已经很难再有了。近年来基本都是结构性的牛市，即由某些特定行业或投资热点引发的牛市行情，如"蓝筹白马"行情、"喝酒吃药"行情、"周期消费"行情等。在结构性牛市中，往往只有二成的股票品种保持上涨，另外八成的股票或略涨或不涨反跌。

有的股票基金经理偏好某个行业或主题，有的则是在产品合同中直接规定了主投的行业和主题，越来越多的指数基金也选择定位于行业和主题，这些产品都是投资者参与某类热点的优质工具（见下表）。

行业/主题类型	高弹性的指数
规模指数	中证500、中证1000、创业板、中小板等为主的指数
行业指数	证券、军工、计算机、TMT、有色等行业指数
主题指数	科技创新、中国概念股、5G等主题

总的来说，如果你持有的产品恰好契合这波牛市的主线，或基金经理前瞻性看好并重仓这波牛市的主线，你会获得丰厚的超额收益。如你持有的产品和这波牛市的主线并不相关，收益就不会太好。

从这个角度看，你必须拥有较高的证券投资专业素养、拥有自我判断下一波可能的牛市主线的能力，或能找到投研能力卓绝，发掘主题准、狠的基金经理，你才能大概率获得进攻性最强的品种。

进攻定律三：踏准了牛市的节奏进攻性就越强

当然，如果你持有基金背后的管理者具备很强的择时能力，能够在牛市初始阶段就踏准进入，那么进攻能力必然最强，能大概率跑赢同类型基金，正所谓"一步早，步步早；一步迟，步步迟"。

然而正如华尔街巨擘本杰明•格雷厄姆所言"证券市场其实是一位狂躁抑郁症患者，任何人都无法预测他明天的心情"，要想踏准牛市节奏其实非常难，股神巴菲特也不是每一次交易都赚钱。

好在绝大多数投资者早就摒弃了"准确择时"的美好意愿，他们更愿意于买入那些公司资质不错、基金经理口碑好、中长期管理业绩相对稳健或业绩排名保持均值以上的产品长期持有。也许这些产品的"矛"不是最锋利的，但却是最靠谱和最合适的。

华商基金 HUASHANG FUND	编写	华商基金 HUASHANG FUND	审阅
华商基金成立于2005年，是经中国证监会批准设立的专业资产管理机构，公司高度重视风险控制，旗下公募基金产品线齐全，已在主动权益类、量化类、固定收益类形成核心竞争力，成立以来累计获得30座金牛奖			

12.2　熊市中应如何投资基金

熊市难熬，但不代表基金没有机会，这里我们给大家介绍几种适合在熊市中投资的基金类型。

1. 避险资产：黄金基金

随着全球市场的关联度越来越大，单一或局部市场出现风险，往往会带来全球金融市场的动荡。一旦步入熊市，避险资产就会成为全球投资者们的偏好。而在所有的避险资产中，黄金是公认的第一品种。黄金本身虽然不生息，但它作为一种避险资产在任何一类投资组合中都有着举足轻重的地位。

公募基金中有两类投资于黄金的基金，一个是直接投资于国内实物黄金的基金，如华安黄金、博时黄金等，还要一类是通过QDII投资海外黄金的基金。不过这类基金以美元计价，投资黄金的同时也要考虑汇率波动（人民币升值，基金收益增加；人民币贬值，基金收益减少）。

当然，投资黄金股的基金也是一种选择，有时候黄金股票价格与金价的关联度，比实物黄金还高。

2. 稳健资产：债券基金

在市场中，股市与债市往往呈现出跷跷板效应。当股市进入熊市，往往债市会步入牛市。债券基金有票息收入，长期收益稳健，是熊市中投资者们良好的避风港。

3. 抄底利器：指数基金

熊市有风险，同时也暗藏着机会。对于高风险偏好的投资者而言，如果在熊市抄底，指数基金是最好的选择。一是由于完全分散，投资者不用承担在熊市中踩雷个股的风险；二是指数基金仓位高，反弹时涨得快；三是目前的指数基金类型全面，投资者无论是想参与结构行情还是主题行情，均有不少品种可供选择。

腾安研究	编写	华宝基金 Hwabao WP Fund	审阅

12.3　震荡行情中应如何投资基金

对比国外大部分市场，A股牛市时期不长，熊市期间指数下跌又很快，大部分时间处在震荡阶段，想抄底的投资者往往无法判断真正的底部区间，在震荡行情中手足无措，稍微不慎就会被"打脸"。那么，在这种情况下，应该如何选基金呢？这里给大家几个小建议。

量化对冲基金

量化对冲基金通过量化选股获得超越市场的阿尔法回报，再通过股指期货对冲剔除掉市场的贝塔波动风险，最终基金的收益仅取决于基金能够跑赢市场多少，而与市场本身收益高低无关。

举例来说，假如基金经理通过量化选股和择时，一年下来能够跑赢沪深300指数8%。如果今年沪深300指数跌了20%，那么基金也会亏损大约12%。但如果基金经理同时做空了指数（卖空沪深300股指期货），那么在沪深300指数下跌时，基金就可以从空头合约中获得20%的正收益，正负收益叠加，基金获得的收益就是8%。相反，如果沪深300指数涨了20%，基金就会从空头合约中亏损20%，最后留下的收益仍然是8%，这就是所谓的"市场中性"。

无论市场如何震荡，量化对冲基金的收益仅仅取决于它能跑赢市场多少点。在震荡行情中，量化对冲策略也相对更容易抓住震荡中的机会。

绝对收益目标基金

绝对收益策略基金的目标是每年都能够取得正回报，而无须关注是否跑赢市场取得超额收益，也无须和同类基金去比较排名，风格较为稳健。尤其是在震荡行情下，于不确定性中追求相对的确定性就显得更为重要。

量化对冲基金本身就是绝对收益目标基金中的一种，还有很多其他的绝对收益目标基金，不是以对冲策略为主，但基金经理会根据市场情况缓慢建仓，进行稳健投资，波动可能略大，收益和市场也会有一定相关性，但整体而言还是会尽量避免大起大落。比如新股申购策略，就是该类基金中常用的投资策略。

可转债主题基金

可转债兼具股性和债性，在熊市时债性增强，在牛市时股性增强，波动增加，上涨潜力提升。而在震荡市中，可转债往往兼具股性和债性，投资机会更多。

可转债主题基金专门投资可转债，基金经理可以从市场上的转债品种中挑选出向下防守型，向上有一定进攻性的高性价比品种进行配置，一边囤货，一边等待市场的反弹机会。

可以说，可转债基金是震荡行情中帮助投资者"穿着防护衣"的最好工具。

偏债混合和平衡混合型基金

偏债混合型基金的股票仓位一般不超过40%，其他部分配置债券，而平衡混合型基金差不多以5∶5的比例平衡配置股债资产。

他们的投资思想是一致的：股票资产预期收益率较债券高，但是波动过大，在持仓中加入大比例的债券投资，可以有效控制组合的波动，拉长时间看，可以提升组合的夏普比率，且基金持有人的投资体验也相对较好。

进行组合投资

与直接投资偏债混合基金的思想一样，投资者也可以根据自身情况，自行在股票、债券、商品等基金中进行资产配置，并以组合的形式进行投资，通过合理的资产配置和动态调整，动态控制组合波动。

目前很多基金销售机构，都为投资者推出了组合投资功能，在震荡市中作用尤其明显。

以定投方式投资

基金定投可避免择时，并均摊成本，低位震荡行情是最适合定投的行情之一。市场向下波动时反而是定投者的机会，等到市场反弹达到盈利目标后，便可止盈卖出，落袋为安。

腾安研究	编写	诺安基金	审阅
诺安基金管理有限公司成立于2003年12月，历经16年牛熊市场的磨砺与成长，积累了丰富的资产管理经验。目前公司旗下基金类型丰富，多次荣获业内奖项，截至2019/12/31，公司公募基金管理规模约930亿。秉承"领先、创新、责任、卓越"的理念，诺安基金以诚信为本，取信于社会，取信于市场，取信于每一位基金投资人。坚持走稳健之道，在有效控制风险的前提下，争取为基金投资人创造良好的投资回报			

12.4　一表看懂：如何迅速找到合适的基金

　　人们常说"低收益低风险，高收益高风险"，所以选基金时首先要考虑两个因素，一是投资目的，这决定了对产品的标的特性、期限等方面的要求；二是自身的风险承受能力，不一味地要求高收益，要合理评估自己能够接受什么样风险收益特征的产品。除了前面两点，我们还要考虑市场环境，以及决定投资的时机和品种。

　　这里把各种基金种类根据上述三个方面划分，投资者就可以按图索骥，找到合适的基金产品（见下表）。

	风险收益目标	基金种类
依据风险收益目标	追求较低风险收益	货币基金、理财型基金
	追求中低风险收益	中短债基金、纯债基金、纯债指数基金
	追求中等风险收益	二级债基、偏债混合基金、QDII债券基金
	追求中高风险收益	可转债基金、偏股混合基金
	追求较高风险收益	股票型基金、股票指数基金、QDII股票基金

续表

风险收益目标	基金种类
现金管理	货币基金、中短债基金
定期理财替代	短期理财基金、定期开放债基
长期稳健投资	纯债基金、二级债基、偏债混合基金、量化对冲基金、绝对收益策略基金
养老投资及储蓄	养老目标基金、股票基金定投
投资特定行业	行业指数基金、行业主动基金
投资特定主题	主题指数基金、主题主动基金
海外稳健投资	QDII债券基金
海外股票投资	QDII股票基金
香港股票投资	港股通基金、QDII香港基金
另类投资	油气基金、黄金基金、其他商品期货基金、房地产信托基金
资产配置投资	FOF（稳健型、平衡型、进取型）
场内股票替代	股票型ETF、股票型和偏股型LOF
希望超越指数回报	指数增强基金、Smart Beta基金
牛市进攻型	股票指数基金、股票型和偏股型主动基金
熊市防守型	纯债基金、量化对冲基金、黄金基金
震荡市攻守兼备型	可转债基金、FOF、偏债混合基金、股票基金定投

注：该表仅供参考，投资者需要根据自己的实际情况进行投资决策。

腾安研究	编写	腾安研究	审阅

12.5 什么是金牛奖，基金行业都有哪些重要的奖项

在基金行业，由《中国证券报》《证券时报》《上海证券报》三大报主导的金牛奖、金基金奖和明星基金奖具有很高的权威性，每年的颁奖名单都会吸引着无数人的眼球（见下图）。其中金牛奖甚至被誉为公募基金行业的"奥斯卡"奖。它们都综合考量每家公募基金管理公司的业绩水准、风险收益特征和长期稳健的持续回报能力等多个维度，并引入评级机构、券商等"外脑"参与评奖，力求公平、公正、公开。

中国基金业金牛奖　　中国金基金奖　　中国基金明星基金奖

基金行业三大奖项都是什么

基金行业最知名的三大奖项，如下表所示。

奖项	主办	协办或支持（更新至2019年）	奖项（2019年）
中国基金业金牛奖	《中国证券报》	银河证券、天相投顾、招商证券、海通证券、上海证券	金牛基金管理公司
			金牛进取奖
			固定收益投资金牛基金公司

续表

奖项	主办	协办或支持（更新至2019年）	奖项（2019年）
中国基金业金牛奖	《中国证券报》	银河证券、天相投顾、招商证券、海通证券、上海证券	被动投资金牛基金公司
			海外投资金牛基金公司
			量化投资金牛基金公司
			五年期开放式股票型持续优胜金牛基金
			三年期开放式股票型持续优胜金牛基金
			五年期开放式混合型持续优胜金牛基金
			三年期开放式混合型持续优胜金牛基金
			五年期开放式债券型持续优胜金牛基金
			三年期开放式债券型持续优胜金牛基金
			年度开放式混合型金牛基金
			年度开放式债券型金牛基金
			年度开放式指数型金牛基金
			最受信赖金牛基金公司
			最佳人气金牛基金公司
中国基金业明星基金奖	《证券时报》	晨星资讯、上海证券、济安金信	五年持续回报明星基金公司
			三年持续回报明星基金公司
			年度十大明星基金公司
			年度明星基金公司成长奖
			年度固定收益投资明星团队
			年度海外投资明星团队
			五年持续回报股票型明星基金
			五年持续回报积极混合型明星基金
			五年持续回报平衡混合型明星基金
			五年持续回报绝对收益明星基金
			五年持续回报积极债券型明星基金

奖项	主办	协办或支持（更新至2019年）	奖项（2019年）
中国基金业明星基金奖	《证券时报》	晨星资讯、上海证券、济安金信	五年持续回报普通债券型明星基金
			五年持续回报QDII明星基金
			三年持续回报股票型明星基金
			三年持续回报积极混合型明星基金
			三年持续回报平衡混合型明星基金
			三年持续回报绝对收益明星基金
			三年持续回报积极债券型明星基金
			三年持续回报普通债券型明星基金
			三年持续回报QDII明星基金
			年度股票型明星基金
			年度积极混合型明星基金
			年度平衡混合型明星基金
			年度保守配置混合型明星基金
			年度绝对收益明星基金
			年度积极债券型明星基金
			年度普通债券型明星基金
			年度QDII明星基金
金基金奖	《上海证券报》	银河证券、晨星资讯	金基金·TOP公司大奖
			金基金·债券投资回报基金管理公司奖
			金基金·海外投资回报基金管理公司奖
			金基金·成长基金管理公司奖
			金基金·被动投资基金管理公司奖
			金基金·社会责任投资（ESG）基金管理公司奖
			金基金·最佳基金销售平台奖

续表

奖项	主办	协办或支持（更新至2019年）	奖项（2019年）
金基金奖	《上海证券报》	银河证券、晨星资讯	金基金·股票型基金奖
			金基金·偏股混合型基金奖
			金基金·灵活配置型基金奖
			金基金·债券基金奖
			金基金·指数基金奖
			金基金·沪港深基金奖
			金基金·分红基金奖
			金基金·社会责任投资（ESG）基金奖

以"金牛基金奖"为例，在评奖方法上，主办方主要考虑如下几个方面：

（1）基金绩效评价、基金管理人能力评价、基金合规性合约性评价等相结合，对评选对象进行全面综合评价。

（2）综合实力评价和专项投资能力评价并重，多角度考察基金公司，引导基金管理人形成自身特色，形成核心竞争力，探索独特业务发展模式。

（3）注重长期评价，通过评选引导基金管理人和投资人的长期投资理念。

（4）依照法规，展开分类评选。

（5）整合主协办机构研究成果，增强评奖的权威性和有效性。

基金评价的行业倡议

2019年，是我国开展基金评价业务的第10年。为强化长期评价导向，促进权益类基金发展，培育基金业长期发展的良好环境。10家基金评价机构共同签署了《坚持长期评价 发挥专业价值》倡议书。

这10家机构是由中国证券业协会基金评价业务专家评估工作组评估，并向中国证监会备案确立的基金评价机构，包括3家独立基金评价机构、4家证券公司以及3家媒体单位，分别为晨星中国、天相投顾、济安金信、银河证券、海通证券、招商证券、上海证券、《证券时报》《中国证券报》和《上海证券报》。

就具体的倡议内容来看，明显变化有以下几点：

1. 坚持长期评价，树立长期投资理念

全面践行基金评价的长期性原则，自2020年起，基金评价主要考察三年及以上期限的业绩，不对成立不足三年的基金开展评奖。

优化基金奖项设置，取消一年期基金评奖，突出三年期、五年期等长期奖项。杜绝短期业绩排名，不对成立时间不足一年的基金进行排名，不对不足一年期的基金单一指标进行排名，不进行管理规模排名。

2. 提升专业价值，优化基金评价机制

优化基金分类标准，对不同类别的基金产品采用与其相适应的评价体系，注重基金的可比性。

优化基金评价机制，更多关注基金的长期业绩稳定性、投资风格鲜明性等评价指标，充分发挥业绩比较基准的作用，注重考察基金的实际投资运作及基金合同的履行情况。

强化基金评奖的专业价值，突出对基金管理人长期投资能力、特别是权益投资能力的评价，着力精简获奖机构数量，基金奖宁缺毋滥。

3. 宣传长期投资，引导投资者关注长期收益

加强对基金评价、基金评奖理念和方法的宣传，推动基金管理人、基金销售机构规范使用基金评价结果。着重宣传基金三年及以上期限的业务，引导投资者认识长期投资、定期定额投资的作用，培育投资者关注长期风险调整后收益的科学投资理念。

不为以"周冠军""月冠军"等名义开展的短期宣传活动提供支持，不为未在行业协会备案的机构组织的公募基金行业评奖活动提供支持，不误导投资者开展短期投资，着力为投资者提供有价值的专业服务。

腾安研究	编写	汇添富基金	审阅

12.6　冠军基金值得追吗

体育竞技里有一句名言"第二名和最后一名没有区别，人们只记得冠军的名字"。在投资圈也是如此，"冠军基金"的光芒往往让其他基金黯然失色，长期以来，基金投资者都喜欢看排名买基金，尤其

是年度冠军基金更是让投资者热烈追捧。

对于投资者而言，这种投资方式是否真的有效？而这些冠军基金经理们的业绩又是否具备延续性呢？

首先，我们先来看下表中的历年主动权益冠军基金收益率及次年排名情况。

年份	基金名称	当年收益率/%	时任基金经理	次年排名
1999	基金安信	52.29	林彤彤、王国卫	-
2000	基金天元	60.55	王宏远、李旭利	-
2001	基金兴华	-3.81	王亚伟	-
2002	基金兴华	-3.63	江晖	-
2003	博时价值增长	34.35	肖华、高阳	11/11
2004	泰达宏利成长	17.09	刘青山	4/44
2005	广发稳健增长	16.93	何震	35/75
2006	景顺长城内需增长	182.27	李学文	95/124
2007	华夏大盘精选	226.24	王亚伟	3/173
2008	华夏回报	-24.52	胡建平、颜正华	18/20
2009	华夏大盘精选	116.19	王亚伟	7/337
2010	华商盛世成长	37.77	庄涛、梁永强、孙建波	236/297
2011	博时价值增长	-7.94	夏春	14/20
2012	景顺长城核心竞争力	31.7	余广、陈嘉平	122/393
2013	中邮战略新兴	80.38	任泽松、厉建超	18/442
2014	工银瑞信金融地产	102.49	王君正、鄢耀	388/444
2015	易方达新兴成长	171.78	宋昆	719/722
2016	兴业聚利	29.85	腊博	885/1248

续表

年份	基金名称	当年收益率/%	时任基金经理	次年排名
2017	东方红沪港深	66.6	林鹏	1091/1551

数据来源：Wind、次年排名数据依据Wind二级分类

从这张表中可以发现以下几点：

（1）历年冠军基金在第二年的表现并不具有显著的延续性，这些冠军们在第二年时而表现好，时而表现一般。

（2）尤其在牛熊转换的年份，冠军基金的表现往往会出现反转，比如2015年的牛市和2016年的熊市期间。

（3）在风格转换明显的年份也会出现这种反转现象，比如2014年蓝筹股牛市和2015年的中小盘股牛市。

如果我们把样本范围扩大，观察每年的前十名基金，也会得到同样的结论。背后的原因在于，基金经理都有自己的风格特点和行业偏好，能了解所有的行业的基金经理可以说是不存在的，而A股市场又有非常明显的板块和热点轮动效应，每年能够排名在前列的基金，大概率是市场热点刚好与基金经理的持仓吻合，等到行情轮动到下一个热点，业绩自然也趋于一般。还有一个问题是基金经理的投资业绩和他的管理规模相关性非常大，"冠军基金"往往会吸引大量的资金蜂拥而入，乃至超出了基金经理的管理能力，从而导致业绩不理想。

对于普通投资者，更重要的是找到长期业绩优异的基金经理，他们也许在每个单一年度都很难进排行榜前列，但无论在什么行情下，

都可以保持中上游的投资水平，经过多年累积便能为投资者赚取丰厚的回报。而对于风格较为激进的基金（包括某些特定板块的指数基金），投资者应当把它们当成高弹性的投资工具，在看好某一类行情的时候择机参与。

腾安研究	编写	**腾安研究**	审阅

12.7　基金排行榜存在问题吗

多重扰乱业绩失真

随着基金数量越来越多，市场环境变得越来越复杂，越来越多的非投资性因素可能使得基金的业绩失真，从而不能真实反映基金经理的投资水平。常见的因素如下。

1. 赎回费

赎回费导致净值暴涨，因为公募基金的赎回费至少有25%要归入基金资产，投资者持有期越短，归入基金资产的比例越高，最高100%全部归入基金资产。一般情况下，由于基金规模相对都不小，而日常赎回规模不会太大，产生的赎回费相对基金资产而言，影响是可以忽略的。但在某些极端情况下，如果基金持有人持有期很短，同时赎回的比例很高，那么就会产生非常可观的赎回费，这笔费用如果计入剩下规模不大的基金资产中，会导致基金的净值暴涨，业绩"爆棚"。

每年的基金排行榜上，都会出现很多净值曲线跳升的基金，大多是因为这个原因，如果投资者不擦亮眼睛，很可能会被骗。

2. 打新收益

参与打新是公募基金业绩增强的重要方式之一。一般情况下这部分收益会均匀地分布在全年，每次收益不高，分多次进入基金资产，总体而言不会对基金业绩产生决定性的影响。一旦市场出现变化，打新收益有可能对基金业绩产生重大影响。比如，2019年首批科创板上市后涨幅巨大，打新收益非常高，这时候一些规模很小的基金，收益增厚就会非常明显，而一些规模大的基金，打新收益则被稀释，从而造成业绩的分化。

3. 挂名泛滥雾里看花

随着基金数量的增加，公募基金中会出现一只基金有好几位基金经理，而实际上到底由谁来管理，仅从公开信息是很难判断的。如果这只基金出现在排行榜前列，到底是谁的功劳？和它相同的基金经理管理的基金是否值得投资？这些问题都会困扰投资者。

更为极端的是，我们还会看到同一位基金经理管理的不同基金业绩相差很大，对于这种情况，投资者更要擦亮眼睛。

分类粗糙排名失效

基金分类是一个很复杂的事情，既可以从投资范围的维度分，也可以从投资策略的维度分，每一个维度还可以分为更细致的二级、三级甚至四级。但在常见的基金排行榜上，通常是把大类相同的基金放在一起，这会导致很多原本没有可比性的基金，放在一起参加排名，得出来的结果自然也不够准确。

1. 众多策略的混合基金

以混合基金为例，偏股、偏债、平衡和灵活配置型投资范围都不相同。即便同样是灵活配置型混合基金，其背后的策略也可能完全不同，既可以是股票多头策略，也可以是绝对收益策略、量化对冲策略、打新策略等。

2. 转债基金打乱债基排名

可转债是债券的一种，所以在大部分的债券基金排行榜中，可转债基金都在其中。可由于可转债是一种收益和风险都比较高的产品，它们的出现就会导致债券排名的混乱。比如熊市中可转债基金会排在债券基金排行榜的最后，而牛市中则会排在债券基金排行榜的前面。这时，如果低风险的投资者本来想买债券基金，结果看排名不慎买成了可转债基金，就会造成不必要的风险暴露。

短期导向漏掉好基

理论上，收益排名可以根据不同的周期来进行，但普通投资者最喜欢看的是短期排名，比如近3个月、今年以来、近一年等，甚至还有人把"近一年收益率"当成一种投资预期，这都是不对的做法。

基金投资是一场马拉松，只有投得久，才能赚得多。有些非常优秀的基金，尽管他们很少出现在短期排行榜上，但每一年都保持中上游的表现，时间久了便成为非常棒的基金。如果投资者只看短期排行榜，很难发现这些好基金。

只看业绩忽视风险

目前市场上的排行榜主要是收益率排行，很难体现收益率之外的其他因素，尤其是风险因素。两只收益率相同的基金，A基金波动大，B基金波动小，最后的结果一定是：A基金的投资者赚钱的比例小，因为波动大导致投资者追涨杀跌；B基金的投资者赚钱比例大，因为波动小导致投资者持有起来很安稳，不会被"震出局"。

从投资的角度，B基金的夏普比率要高于A基金，从投资者角度看，B基金才是真正给投资者带来真实回报的好基金。

腾安研究	编写	富国基金 Fullgoal Fund	审阅

12.8　该买首发基金还是老基金

首发基金和老基金有何区别

（1）首发基金有认购期，买入后不是立即开始运作，需要等到发行结束基金成立后才正式运作。而老基金已经在运作，买入后收益立即和基金持仓标的表现相关。

（2）首发基金成立后一般有封闭期，封闭期内无法赎回。而开放式的老基金一般可随时申赎，流动性更好。

（3）首发基金起始运作后有建仓期，起步阶段一般比较稳健（指数基金除外）。而老基金通常已经度过建仓期，收益和波动性已经与自身产品属性相匹配。

（4）首发基金收取认购费，老基金收取的是申购费，通常认购费要比申购费便宜。

（5）首发基金没有过往业绩，但拟任基金经理通常都会有管理其他产品的业绩供参考（指数基金不用考虑这一点）。而老基金通常已经运作了一段时间，有直接的业绩作为参考。

（6）首发基金在认购期会有"有效认购款项在基金认购期间产生的利息"，会折算成基金份额给投资者，而老基金则不涉及。

比较结果如下表所示。

	首发基金	老基金
认（申）购费	认购费，相对低	申购费，相对高
赎回费	相同	相同
管理费、托管费	相同	相同
买入后效果	认购期结束，基金成立后才开始运作，一般有封闭期，初始运作有建仓期	立即和基金持仓标的表现相关
过往业绩	无，可参考拟任基金经理其他产品	有过往业绩可供参考

注：（1）"老基金"指已经度过初始封闭期和建仓期，已根据合同正常运作的基金；（2）指数基金在成立后有可能快速建仓

个人投资者该如何选择

（1）根据自身状况选择。

由于首发基金一般会有认购期、封闭期，在这期间无法进行赎回操作。对于流动性要求较高的投资者可能选择老基金更合适，因为一般来说老基金可以随时赎回（基金更适合长期投资，建议投资者们长期持有）。

（2）根据行情变化选择。

由于首发基金有建仓期，在牛市中它通常跑不过已经有成熟仓位运作的老基金，想追涨选择老基金更佳（同时要承担相应风险）。在熊市和震荡市中，首发基金通常会选择分批买入、逐步建仓的策略，对于想抄底又怕被套的投资者而言是更好的选择。

（3）根据产品情况选择。

一般情况下投资者更偏向有历史业绩的老基金，但一些比较出色的基金经理管理的老基金产品有可能会限制申购，这时可以通过购买他们管理的首发基金来参与。

腾安研究	编写	农银汇理基金 ABC-CA FUND MANAGEMENT	审阅
农银汇理基金管理有限公司由中国农业银行控股，成立于2008年3月，始终保持银行系的稳健基因，用扎实的投研功底诠释实力，秉承"让价值回报成为一种习惯"的理念。截至2019/12/31，公募基金资产管理规模（AUM）达1356.40亿元（剔除货币及理财基金），排名位于全行业第17位（来源：海通证券）			

12.9 什么是晨星投资风格箱，如何用它描述股票基金投资风格

什么是晨星投资风格箱

　　晨星投资风格箱方法（Morningstar Style Box）创立于 1992 年，旨在帮助投资人分析基金的投资风格，一发布就迅速得到机构投资者和个人投资者的广泛认同。

　　不同的投资风格往往产生不同的风险和收益水平，因此对投资人而言，了解和考察其资产的投资风格非常重要。在此前提下，晨星投资风格箱应运而生，提供了一个直观简便的分析工具，协助投资人优化投资组合并对组合进行监控。

　　该方法把影响基金业绩表现的两项因素——基金所投资股票的规模和风格单列出来。晨星以基金持有的股票市值为基础，把基金投资股票的规模风格定义为大盘、中盘和小盘；以基金持有的股票价值-成长特性为基础，把基金投资股票的价值-成长风格定义为价值型、平衡型和成长型。

　　如下图所示，晨星投资风格箱是一个正方形，划分为九个网格。纵轴描绘股票市值规模的大小，分为大盘、中盘、小盘。横轴描绘股票的价值-成长定位，分为价值型、平衡型、成长型。该图显示的基金投资风格即为"大盘价值型"。投资风格箱简单直观地展现了基金的资产配置风格，投资人首次得以依据基金的投资组合而不是根据基金的名称或推销者的描述来评价基金。该方法是晨星对基金进行风格分

类的基础，为基金分类和追踪基金投资组合提供了行业标准。

晨星投资风格箱

基金投资风格　　**规模**

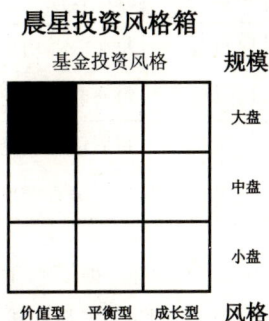

　　　　　　大盘

　　　　　　中盘

　　　　　　小盘

价值型　平衡型　成长型　**风格**

晨星投资风格箱的改进

　　2002年3月，晨星公司对原有的投资风格箱方法进行改进，推出新的晨星投资风格箱（New Morningstar Style Box）。旧方法用的是基础股票的市值中位数来分析基金持股的规模；对价值-成长坐标的定位则是建立在收益价格比和净资产价格比两项比率的基础上。新方法用"10因子分析"方法衡量股票的价值-成长定位，其中5个因子分析价值得分、5个因子分析成长得分。在衡量股票市值规模时，则采取更具有弹性的划分方法取代市值中位数来界定大、中、小盘。其中，股票的价值得分反映投资人综合上市公司预期收益、净资产、收入、现金流和分红的考虑，愿意为每股股票支付的价格状况。成长得分反映上市公司的成长性，包括收益、净资产、收入和现金流四项因素。其权重分布详见下表。

价值得分因子及其权重		成长得分因子及其权重	
预期每股收益价格比	50.00%	预期每股收益增长率	50.00%
预期每股净资产价格比	12.50%	每股收益历史增长率	12.50%
预期每股收入价格比	12.50%	每股收入历史增长率	12.50%
预期每股现金流价格比	12.50%	每股现金流历史增长率	12.50%
预期每股红利价格比	12.50%	每股净资产历史增长率	12.50%

　　新方法由股票的基础分析开始，形成一个共享的分析平台，适用于基金研究、资产配置和市场监控（指数跟踪）。晨星于2002年在美国股票和基金研究中引入上述新方法，并于2004年3月将其推广应用到非美国市场的股票和全球基金。目前，晨星投资风格箱广泛应用于股票投资产品，包括开放式基金、封闭式基金、独立账户等。

如何应用晨星投资风格箱

　　我们在晨星中国的网站输入易方达中小盘（110011），可以在详情页面找到关于风格的信息（截至2019年6月30日），如下图所示。

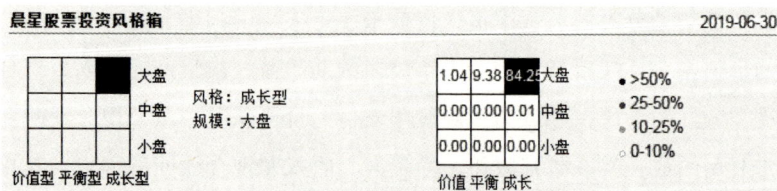

晨星股票投资风格箱　　　　　　　　　　　　　　2019-06-30

风格：成长型
规模：大盘

1.04	9.38	84.25	大盘
0.00	0.00	0.01	中盘
0.00	0.00	0.00	小盘
价值	平衡	成长	

● >50%
● 25-50%
● 10-25%
○ 0-10%

　　从图中可以看出，该基金在大盘成长风格中的得分高达82.21，所以被归为"大盘成长风格"，不过该基金的名字却是"中小盘"，真相到底如何呢？

通过查看当期持仓，我们发现该基金的重仓股以消费、医药等行业股票为主，而且大盘股居多，说明"九宫格"的分析还是准确的（见下图）。

重仓股票 (2019-06-30)	
证券名称	占净值比
泸州老窖	10.47% ↑
五粮液	9.90% ↓
贵州茅台	9.67% ↓
海尔智家	9.04% ↑
上海机场	8.92% ↑
华兰生物	8.07% ↓
白云机场	5.87% ↑
爱尔眼科	4.90% ↑
天坛生物	4.89% ↑
苏泊尔	4.80% ↓
合计	76.53%

有的基金和基金经理投资风格稳定，基本长期处在"九宫格"的相同位置，而有的基金和基金经理投资风格经常有变化，会在"九宫格"的不同位置之间漂移。经过长期观察，晨星投资风格箱可以帮助投资者更好地了解一只基金，以及该基金经理的投资风格。

腾安研究	编写	MORNINGSTAR	审阅

Morningstar晨星由现任董事长乔·曼斯威托（Joe Mansueto）于1984年美国创立。旨在为投资者提供专业的财经资讯、基金及股票的分析和评级，以及方便、实用、功能卓著的分析应用软件工具，是目前美国最主要的投资研究机构之一和国际基金评级的权威机构。晨星为全球的投资者提供关于260,000多种基金、股票投资的数据和资讯以及分析工具。晨星专注于帮助个人投资者作出正确的投资决策，通过客观全面的分析和比较，帮助他们确定完整的、合乎个人需求与特点的投资方案。

12.10　基金有哪些常见的评价指标

对一只基金好坏的评价绝不能只看收益，还要考虑风险等因素。不仅如此，针对不同类型的基金，使用的评价指标也有所不同。本文向投资者介绍如何科学地评价一只基金。

收益如何评价

在计算基金收益率时，复权净值收益率是更为科学的指标。

基金复权净值是假设基金在评价区间内将分红收益全部进行再投资而得来的，而基金累计净值并不考虑红利再投资。

风险如何评价

基金收益所需度量的风险主要包括以下几种。

（1）总风险：也就是基金的波动率，可以用收益率的标准差来度量。

（2）系统性风险：也就是基金的风险有多少来自市场本身，可以用基金的贝塔系数来度量。

（3）下行风险：由于投资者更关心下跌时的风险（上涨时的波动可以不理解为风险），即只计算所有低于无风险收益部分的标准差，得到下行风险。

（4）最大回撤：在选定周期内任一历史时点往后推，产品净值走

到最低点时的收益率回撤幅度的最大值。最大回撤用来描述买入产品
后可能出现的最糟糕情况。

什么是风险调整后收益

人们都希望享受更高的收益，承担更低的风险，收益率类似的两
个基金，A基金净值波动大上蹿下跳，B基金净值波动小稳步向上，我
想大部分人都会觉得B基金更好。

任何抛开风险只谈收益的行为都是不合适的，所以我们要认真考
察每个组合的风险调整后收益，常用的指标通常有下面几种。

- 夏普比率（Sharpe Ratio）：衡量承担单位风险而获得的超额收
  益。夏普比率是用市场总风险对收益进行调整的，投资组合相
  对于无风险资产的超额收益率除以该组合波动率，该数值越大
  越好。公式如下：

$$夏普比率 = \frac{投资组合收益-无风险收益}{投资组合标准差}$$

无风险收益率通常用短期国债收益率来替代。

夏普比率是衡量风险调整后收益的行业标准之一，也是最经典、
最广泛使用的指标。不过夏普比率也有一些弊端，因此衍生出一些新
的衡量指标。

- 信息比率（Information Ratio）：以马克维茨的均值-方差模型为
  基础，用投资组合关于某个业绩比较基准的超额收益，再除以

该超额报酬的标准差而得出，用来衡量超额风险所带来的超额收益。公式如下：

$$信息比率 = \frac{超额收益}{跟踪误差}$$

$$= \frac{投资组合收益-业绩基准收益}{超额收益的标准差}$$

由于每个投资组合的风格和定位不同，夏普比率统一用无风险收益去衡量组合收益，显然不太合适。如股票基金和债券基金，在股票牛市中夏普比率的差异会特别大，效果也会打折。而信息比率用每个资产组合的收益和自身的业绩基准进行比较，解决了这个问题。

在现实中，信息比率在指数基金和指数增强基金上应用得较多。对于标准的指数基金，投资者主要通过跟踪误差（超额收益的标准差，即信息比率中的分母）来衡量跟踪效果，而对于指数增强基金，投资者可以通过信息比率来判断基金承担了业绩基准以外的风险获取了多少的超额回报，从而对不同指数的基金进行科学评价。

- 索提诺比率（Sortino Ratio）：索提诺比率对夏普比率进行了改进，在衡量风险时用的是下行风险，只计算所有低于无风险收益部分的标准差。公式如下：

$$索提诺比率 = \frac{投资组合收益-无风险收益}{下行风险}$$

之所以用索提诺比率，是因为我们在用风险调整收益时，无论是投资组合的整体标准差还是超额收益的标准差，都把"波动"视为

"惩罚"，作为分母而存在。但在现实中，只有向下的波动才是不好的，向上的波动人们通常认为是好事，所以理应只"惩罚"向下的波动，这里就使用下行风险这个指标作为分母。

同理，还可以用最大回撤作为分母，就形成了卡玛比率。

- 卡玛比率（Calmar Ratio）：描述的是收益和最大回撤之间的关系。计算方式为组合年化收益率与最大回撤率之间的比率。卡玛比率数值越大，基金的业绩表现越稳健。公式如下：

$$卡玛比率 = \frac{组合年化收益率}{最大回撤率}$$

和索提诺比率相比，卡玛比率的分子换成了组合年化收益率，分母换成了同期的最大回撤率。相比而言，卡玛比率比索提诺比率更加简洁，应用也更多。

卡玛比率和索提诺比率标都适合对主动投资组合，特别是绝对收益目标的组合进行评估。

- 特雷诺比率（Treynor performance measure）：基于CAPM理论，衡量的是经系统风险调整的相对收益指标，用投资组合收益率除以该组合的β值，表明承担单位市场风险而获得的超额收益。公式如下：

$$特雷诺比率 = \frac{投资组合收益 - 无风险收益}{\beta\ 系数}$$

　　特雷诺比率假设基金通过分散化投资消除了非系统性风险，故只使用系统性风险（β系数）进行调整。

　　与特雷诺比率一脉相承的还有詹森指数（Jensen's α）。

* 詹森指数（Jensen's α）：基于 CAPM 理论，利用证券特征线的 Alpha（α）值来估计投资组合的超额收益率。若α显著为正，表明资金投资组合与市场组合相比表现优越；若为负值，则说明组合表现比市场组合的差。修正的Jensen 指标则采用系统风险（β值）调整后的超额收益率（α值），该比值越大说明基金业绩越好。

　　特雷诺比率和詹森指数都假设基金的非系统风险通过分散化消除掉了，但是实际组合中不一定这样，这两个指标一般只能用来排序，实际值的大小不能用来度量优劣程度。

腾安研究	编写	華富基金 HARFOR FUNDS	审阅
华富基金管理有限公司于2004年4月19日在上海注册成立，注册资金2.5亿元，是一家综合性资产管理公司。公司秉承"诚信、稳健、专业、进取"的经营理念，致力于为投资人提供专业化、高质量的金融服务。截至2019年年底，公司公募产品资产管理总规模近560亿元，累计为投资者分红超过44亿元，旗下多只基金荣获金牛基金、明星基金等权威奖项			

12.11　基金投资如何进行仓位管理

什么是仓位管理

这里所说的仓位，一般是指所持有基金的股票市值占投资者可投资金额的比例。

假如投资者一共有10万元可投资资金，买入了5万元的股票型基金，5万元的二级债基（有20%股票仓位），那么投资者的股票市值大约为6万元（5+5×20%），准确来说仓位就是60%。

当然，在实践中为了方便，投资者一般把股票型基金和偏股混合性基金作为计算仓位的主要依据，其他固定收益类资产包括债券基金、货币基金等，都不视为仓位的一部分。

散户投资者的仓位一般只有三种状态：空仓、满仓、部分仓。兴奋起来就满仓，心灰意冷时就挥泪斩仓，这种随意性的增减仓方式对投资结果危害很大，很容易出现追涨杀跌这种非理性行为。

实际上，仓位管理是一门学问，仓位的多少直接关系到你的收益率、回撤率，波动率等。仓位管理好了，投资者在投资过程中才能游刃有余。

下面来说一下有哪些好用的仓位管理方法。

估值锚定法

估价锚定法的相关说明如下。

（1）基本逻辑：高估值时低仓位，低估值时高仓位，永远保持仓位结构的正金字塔形。

（2）方法：假如我们投资沪深300指数基金，就可以把沪深300指数历史上的市盈率数据找出来，发现该指数的历史市盈率基本处在[8,50]的区间，这里可以把历史上所有的样本点排序，找到当前点位的市盈率在历史上处在什么位置，历史分位数越低，我们的仓位就可以越高，反之则越轻。一个简单的示意如下表所示，投资者可以根据自身情况进行调整。

当前点位的估值（市盈率）历史百分位	指数基金对应仓位
历史最高90%	0~10%
70%~90%	10%~30%
50%~70%	30%~50%
30%~50%	50%~70%
10%~20%	70%~90%
10%	90%~100%

由于市场是相对变化的，也不会简单地重复历史，所以判断当前市场高低是非常难的，我们只能通过历史市盈率或者市净率，PEG等指标来辅助做一个"模糊而精确"的判断。尤其是对于历史区间的选择，会直接影响我们的判断。仍以沪深300指数为例，在2006—2007年的牛市行情中，由于指数的利润增速很高，其市盈率也非常高，而在2019年的市场环境下，以银行地产为主的蓝筹股很难保持当年的利润

增速，市盈率就自然回落，所以，我们应该调整历史区间，争取在与当前市场环境最为接近的情况下进行比较，如有的分析师只取最近滚动十年的估值数据，避免出现以上情况，下图为沪深300历史市盈率情况。

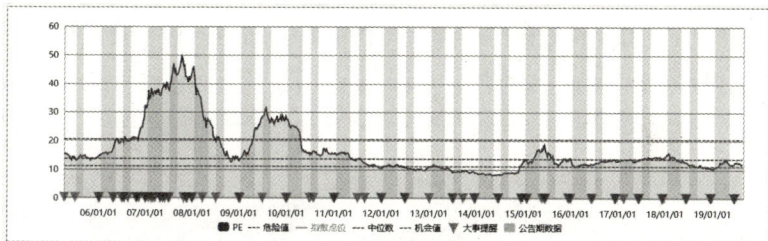

图片来源：Wind，2005/04/08—2019/08/30

（3）特点：该方法本质上是左侧建仓法，它可大大降低投资者风险，尤其是在低位投资时，副作用是会降低牛市里的回报，因为很容易提前卖出。拉长周期来看，不会买在最低点，但一定买在低估值区域；不会卖到最高点，但一定是卖在高估值区域，大概率会增加整体的回报。

趋势跟踪法

趋势跟踪法说明如下。

（1）基本逻辑：无论在牛市还是熊市，市场都会形成一定的趋势，投资者虽然很难全程参与，但只要在牛市中吃到中间的"鱼身"，在熊市中躲开主要的下跌行情，便能取得较好的投资回报。

（2）方法：以均线跟踪为例，假如投资沪深300指数基金，可以跟踪沪深300指数的历史均线情况。当指数突破60日均线时，投资者可以大比例建仓，当指数突破120日均线时，可以重仓。相反，当指数跌破60日均线时，投资者开始大幅度减仓；当指数跌破120日均线时，则轻仓。现实中，周期越短的均线，敏感度越高；周期越长的均线，敏感度越低，投资者可以根据自己期望的交易频率，进行不同均线指标和规则的调整。当然，除了均线指标，对应指数的其他指标如MACD、KDJ等，也可以应用在趋势跟踪法上，如下图所示。

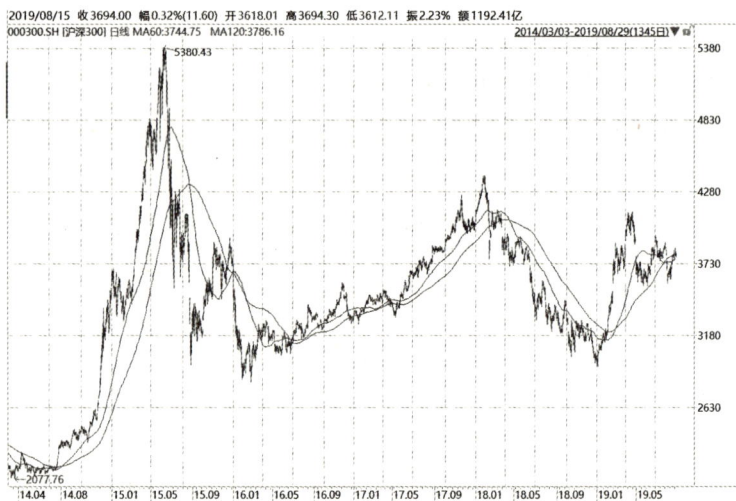

（3）特点：该方法本质上是右侧建仓法，它可以帮助投资者抓住主要上涨行情，躲避主要下跌趋势，但副作用是信号经常出错。现实中的情形是连续错几次且每次都小幅亏损，但最终会在主要行情中大幅赢利。这比较考验投资者的投资纪律，因为一旦定下规则，就要坚决地执行，否则连续几次出错后有可能改弦更张。由于趋势跟踪法不管市场点位的高低，而是依据信号来抉择，所以止损就变得非常重要。

动态平衡法

动态平衡法说明如下。

（1）基本逻辑：我们认为各类资产均存在均值回归现象，通过定期在不同资产之间进行动态平衡，使投资组合中各类资产保持稳定的比例，自动实现"低位时加仓，高位时减仓"的效果。

（2）方法：以股债平衡为例，假如投资者决定建立一个"股债三七分配"的经典组合（10万元），即持有30%的股票型基金（3万元）和70%的债券型基金（7万元）。一年之后债券行情不好时，债券基金市值仍然是7万元，而股票大涨基金市值增长到6万元，这时候组合总资产变成了13万元，股票基金的比重变成了46%，而按照30%的调整目标，我们应该卖出13万×16%=2.08万元的股票基金，余下3.92万元股票基金，剩下的全部投入到债券基金中（9.08万元）。第二年，再根据相同的方法进行调整，如下图所示。

（3）特点：该方法是一种逆向调整法，与左侧建仓法类似。缺点是可能过早卖出兑现了部分利润，导致收益下降，但对追求长期稳健收益的投资者而言，这个方法实用且效果稳定。

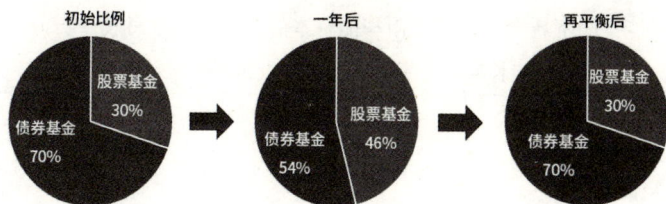

谈谈止损

在牛市行情时投资，投资者一定要注意止损，因为从一个高估值的高点跌下来，潜在跌幅可能非常大，如不及时止损，想回本就非常困难。

下表展示了亏损和赚钱之间的关系，可以发现，当你的损失不断扩大，回本的难度也变大，如果本金"腰斩（亏损50%）"，那么要翻倍才能回本，难度可想而知。

亏损比例	赚多少回本
-5%	5.26%
-10%	11%
-15%	18%
-20%	25%
-25%	33%
-30%	43%
-35%	54%
-40%	67%
-50%	100%

腾安研究	编写	长城基金 GREAT WALL FUND	审阅
长城基金成立于2001年，是"老十五家"公募基金公司，为世界500强中国华能集团下属金融部门中国华能资本的子公司，公司股东实力雄厚，始终把为投资者创造长期、可靠、安全的回报作为第一目标			

12.12　如何通过基金实现资产配置

关于资产配置的方法很多，这里介绍一些简单易行的方法。

家庭理财金字塔配置

家庭理财金字塔理论，即我们每个家庭的资产配置情况应根据投资需求的急迫性和资产标的的稳健性进行投资。底层（塔基）应该以流动性较好，风险较低的资产为主；中间层（塔身）以流动性略低，安全性较高资产为主；顶层（塔尖）以高风险资产配置为主，博取组合收益，如下图和下表所示。

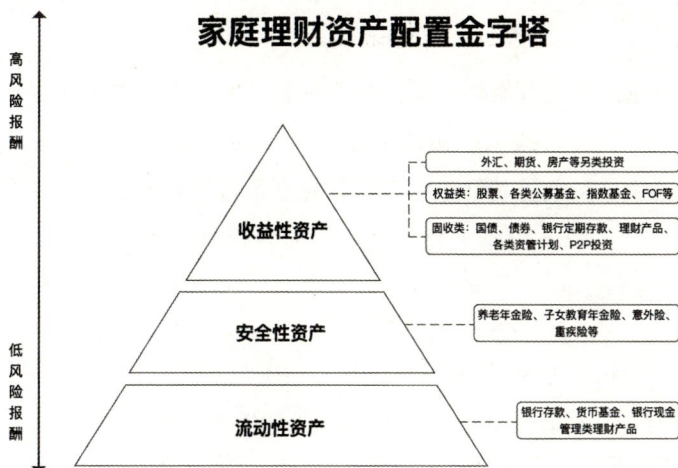

家庭理财资产配置金字塔

高风险报酬

低风险报酬

收益性资产
- 外汇、期货、房产等另类投资
- 权益类：股票、各类公募基金、指数基金、FOF等
- 固收类：国债、债券、银行定期存款、理财产品、各类资管计划、P2P投资

安全性资产
- 养老年金险、子女教育年金险、意外险、重疾险等

流动性资产
- 银行存款、货币基金、银行现金管理类理财产品

分类	作用	资产类型	占比
塔基：流动性资产	这部分资产是家庭理财的基石，为日常生活提供流动性支持，在某些情况下也可以作为应急支出	活期存款、货币基金、银行理财、债券型基金等	约占家庭月收入的3~6倍或家庭总资产的50%
塔身：安全性资产	承上启下，保障家庭资产安全及不贬值。这部分资产主要起到保障作用，为将来做准备	养老基金、基金定投计划、养老年金险、重疾意外险等	约占到家庭总资产的30%
塔尖：收益性资产	家庭投资，最顶端部分，博取较高收益，增强组合的进攻性	偏股型基金、股票、私募、另类投资等	约占家庭总资产的20%

等权重组合配置

等权重投资组合策略，即保持每种资产的投资权重为 1/N（假设有N种资产）。该策略实质上是一种反转策略，即在一段时间内，当某类资产获得超常上涨时，其持有数量将被调低；反之将被调高。因此，资产收益呈现均值反转的规律时，该策略能够以此获利。

瑞士基金管理人 Marc Faber 认为，最理想的资产配置策略即等权重投资组合策略。这种策略是将资产平均投资在黄金、股票、房地产、债券或现金上，并且认为投资者的目的不是获取巨额收益，而是实现资产的保值增值，如下图所示。

Marc Faber的理想资产配置

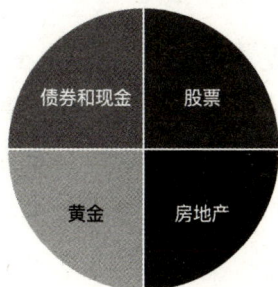

经典60/40资产组合

原始的60/40资产组合策略，即将资产的60%配置股票，资产的40%配置国债。由于当时普遍观点认为股票收益和债券收益的相关关系几乎为零，因此60/40这种配置资产的策略被认为能分散风险。60/40策略作为一种简单易行的投资策略至今仍然适用，但逐渐作为一种子策略或者策略组合成分，如下图所示。

经典60-40股债组合

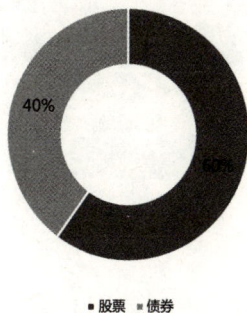

■ 股票 ■ 债券

美林时钟模型

"美林投资时钟"是 2004 年由美林证券在 *The Investment Clock* 中提出，基于对美国1973年到2004年的30年历史数据的研究，将资产轮动及行业策略与经济周期联系起来，是资产配置领域的经典理论。美林投资时钟模型将经济周期划分为衰退、复苏、过热和滞胀四个时期，资产类别划分为债券、股票、大宗商品和现金四类资产，为投资者展示了在一轮完整的经济周期中，经济从衰退逐步向复苏、过热方向循环时，债市、股市、大宗商品的收益依次领跑大类资产，如下图所示。

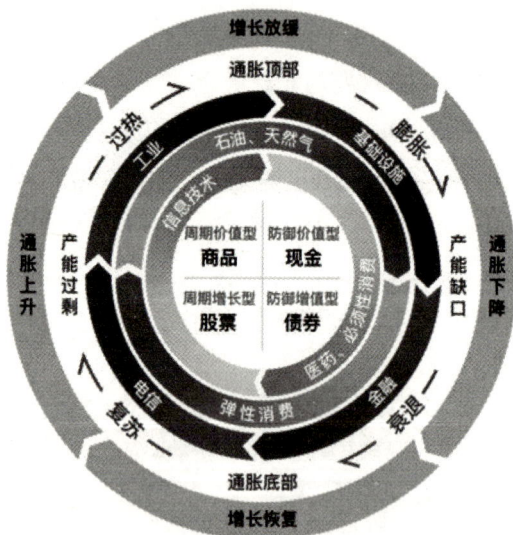

相关说明如下。

- 衰退期：经济下行，产出缺口减少、通胀下行。货币政策趋松，债券的收益表现最突出，即债券>现金>股票>大宗商品。

- 复苏期：经济上行，产出缺口增加，通胀下行。经济转好，企业盈利改善，股票获得超额收益，即股票>债券>现金>大宗商品。

- 过热期：经济上行，产出缺口增加，通胀上行。通胀上行增加了现金的持有成本，加息的可能性降低了债券的吸引力，大宗商品受益于通胀的上行，明显走牛，即大宗商品>股票>现金/债券。

- 滞胀期：经济下行，产出缺口减少，通胀上行。经济下行对企业盈利形成拖累，对股票构成负面影响，债券的吸引力提升，即现金>债券>大宗商品/股票。

FED模型

1997 年 7 月，美联储的一篇报告通过 S&P500 指数本益比（PE 的倒数）和 10 年期国债名义利率的时间序列图，公布了 FED 模型。其实质在于股票作为一种无限期资产，其收益和风险应该与长期债券相近，因而可以通过两者的价差判断股价是否合理——股票本益比（E/P）高于国债利率，即股价被低估，反之则股价被高估。

下图展示了2009—2019年十年间中国市场的FED模型情况，可以看出，在均值以上时，股票性价比更高，投资股票收益率更好，反之亦然。

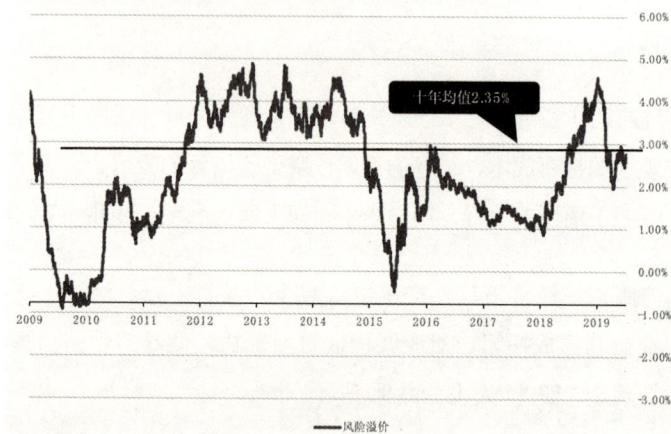

FED 模型下的十年股债性价比

FED 模型：万得全A指数市盈率倒数－十年期国债收益率＝股债风险溢价

数据来源：Wind，2009/7/10—2019/7/11

![GF] 广发基金管理有限公司 GF FUND MANAGEMENT CO.,LTD.	编写	![GF] 广发基金管理有限公司 GF FUND MANAGEMENT CO.,LTD.	审阅

12.13　什么是基金投顾业务

　　2019年10月底，证监会向证券公司、基金公司及基金销售机构下发了《关于做好公开募集证券投资基金投资顾问业务试点工作的通知》，这意味着中国基金投顾业务正式启动。首批业务试点落地华夏、南方、嘉实、易方达、中欧等五家基金公司或其子公司，第二批则落地三家独立第三方基金销售机构，包括腾讯旗下子公司腾安基金、蚂蚁金服旗下的蚂蚁基金以及盈米基金。

为什么会有基金投顾

长久以来，公募基金的销售模式主要分为直销和代销，在实践中，由于客户主要掌握在银行、券商等基金代销机构手中，所以代销仍是最为主流的销售模式。而代销机构的收入来源主要有两部分，一是申购赎回费等交易费用，二是管理费分成。这使得代销机构有天然的冲动引导投资者"买买买"，尤其是牛市高峰期，投资者风险偏好提高，很多销售机构更是引导投资者购买费率更高的股票型基金，甚至频繁进行申赎。一旦市场大幅波动或反转，投资者的回报将会被侵蚀甚至出现亏损。长久以来，市场诟病"基金赚钱，基民不赚钱"，基金投顾正是在这种背景下应运而生。

在基金投顾模式下，基金投顾方可以收取投资者的投顾费作为其收入来源，摒弃依赖申赎费和管理费分成作为收入来源的模式。既然收了客户的投顾费，基金投顾方就必须一切以客户价值为依归，根据客户的风险偏好和需求为其配置全市场成本最低、最为适合的产品。

不仅如此，基金投顾还可以对客户的基金组合直接进行调仓，通过资产配置的动态调整降低组合的波动，鼓励投资者长期持有，从而提高盈利水平，提升投资体验。

投顾业务五大看点

一、全权委托。基金投顾业务中，试点机构可以根据与客户协议约定的投资组合策略，代客户作出具体基金投资品种、数量和买卖时机的决策，并代客户执行基金产品申购、赎回、转换等交易申请，开展管理型基金投顾业务。

二、业绩展示。试点机构不得承诺收益或作出保本的承诺，不得直接或间接提及模拟业绩，为个别客户创造的收益，不得预测未来业绩。提及过往业绩的应当为1年以上的特定基金投资组合策略整体业绩，并向客户特别提示过往业绩并不预示其未来表现。

三、信息披露。开展管理型基金投顾服务的，应当按照与客户约定的频率、方式和范围，披露账户收益、持仓、交易记录等信息，每日向客户披露前一日的账户资产净值情况，以不低于每季度的频率向客户发送账户持仓、交易记录等信息。

四、收费方式。试点机构应当向客户充分揭示收费项目和方式，与客户书面约定投资顾问服务费的收取标准和方式。基金投顾服务费年化标准不得高于客户账户资产净值的5%，以年费、会员费等方式收取费用且每年不超过1000元的除外。

五、持仓要求。管理型基金投资顾问服务的单个客户持有单只基金的市值，不得高于客户账户资产净值的20%，货币市场基金、指数基金不受此限制；单一基金投资组合策略下所有客户持有单只基金的份额总和不得超过该基金总份额的20%，持有指数基金的份额总和不得超过该基金总份额的30%。

基金投顾业务展望

一、基金投顾业务需要结合用户需求、应用场景和用户行为，只有这样，投资者才能真正享受组合投资和资产配置的好处。

二、服务要贯穿投资者投资全流程和整个生命周期。无论是售前的投教沟通、售中的细节提醒、售后的跟踪反馈，都需要基金投顾方提供优质服务。

三、借助金融科技手段，运用大数据对用户画像、AI算法等技术，用更高的效率、更低的成本、更好的服务更多的人。

四、由于这类业务在国内还没有真正起步，缺乏历史业绩来证明这种服务的价值。所以策略要尽可能简单易懂，要让用户容易理解和接受。尤其是在线上，用户阅读时间很短，简单透明的策略更为合适。

五、投资顾问服务需要投入巨大的人力和技术成本。若没有投顾模式，市场会处于无序竞争，很多销售机构很难实现盈利，只能通过降低服务质量，或者在发生利益冲突时牺牲投资者的利益。虽然目前大多数机构在试点期间收费都极低，但从长远来看，为服务付费，为更好的结果付费，应该得到鼓励和提倡。

腾安研究	编写	**腾安研究**	审阅